KB193793

曹溪宗史

근현대편

간 행 사

　우리 종단은 1700년의 전통을 고스란히 간직하고 있는 한국불교의 장자 종단입니다. 한국불교가 圓融佛教的 전통에 서 있다 하지만 그 중심축을 형성하고 있는 것은 禪과 華嚴이었으며 대한불교 조계종은 선을 중심으로 화엄은 물론 제반 교학과 수행체계를 섭수하고 있습니다. 우리 종단은 명실상부하게 한국불교를 대표하며 본 종단만이 전통적인 올바른 수행법과 청정한 僧風을 간직하고 있습니다.

　현재 대한불교조계종은 道義國師를 宗祖로 모시고 있습니다. 도의국사는 曹溪 慧能의 南宗禪을 최초로 이 땅에 들여와 설악산 자락 陳田寺에서 迦智山 禪門을 열고 直指人心, 見性成佛이라는 웅장하면서도 활기찬 소식을 전해주어 주체적인 각성의 소리를 이 땅에 고동치게 했습니다. 그 이후 조계의 법맥은 고려시대 普照知訥, 太古普愚로 전해졌고 조선시대에는 西山休靜, 浮休善修를 거쳐 현대의 조계종단 명안종사에까지 이어져 내려오고 있습니다. 조선조 억불의 시대를 맞이해서도 조계종의 법맥만이 청정 가풍을 간직하면서 이심전심의 내밀한 미소를 전해왔으며 그 수행가풍이 오늘에까지 면면부절하게 된 것입니다.

　이러한 마당에 한국불교의 대표적인 중심 종단의 정체성을 밝히는『조계종사, 근현대편』이 이제서야 출간되었다는 것은 때늦은 감이 없지 않습니다. 그러나 이렇게나마 단행본으로 퍼낼 수 있었다는 것도 다행스러운 일이라고 생각합니다. 그만큼 종단이 안정되어 과거를 되돌아보고 앞날을 향한 희망찬 소식을 제시해 줄 수 있는 마음의 여유를 가졌기 때문일 것입니다.

　근현대 이후의 조계종은 1941년 조선불교조계종이 출범하면서 역사의 전면에 부각되기 시작합니다. 그러나 그 맹아는 근현대 불교의 시작을 알리는 개항기부터 서서히 싹텄다고 보아야 합니다. 특히 19세기 말 鏡虛스님의 등장과 龍城스님의 활약으로 한국불교는 새롭게 선풍을 불러일으켰습니다. 이때부터 전국 각지에서 선원이 앞다투어 개원되어 조계종의 수행풍토를 조성하기 시작했으며 1902년부터 줄기차게 일어나는 종단건설 운동은 현 조계종단이 탄생하기까지 일련의 주체적인 종단 형성과정이었습니다.

현재 한국불교에서 조계종만이 청정승가로서의 수행가풍을 올곧게 간직해 왔습니다. 1954년부터 본격적으로 일기 시작한 정화운동은 해방 이후 왜색화로 대변되는 승단의 세속화를 극복하고 청정승풍을 구현하기 위한 처절한 몸부림이었습니다. 정화의 와중에서 많은 혼란과 고통이 뒤따랐던 것은 한국불교의 본래 정신을 구현하기 위한 産苦와 같은 것이었습니다.

다행스럽게도 정화의 산고 속에서 일어났던 모든 분규가 가라앉았습니다. 이제 안정과 화합 속에서 청정 승가를 중심으로 한 사부대중의 일치 단결된 힘으로 조계종의 앞날을 힘차게 열어가야 하리라고 봅니다. 그런 의미에서 본 조계종사는 커다란 기여를 할 것입니다. 이 조계종사를 바탕으로 전종도들의 정체성을 확립하고 모든 종도들의 가슴에 흔들림없는 종지를 심어주어 선도자로서의 삶을 이 땅에 펼쳐나갈 때 조계종의 앞날이 환히 밝아올 것이며 온 인류에게 인간정신의 찬란한 모습을 보여줄 수 있을 것이라고 생각합니다.

한 가지 아쉬운 점은 삼국시대부터 근대까지 이어지는 조계종의 전근대사를 개관하는 조계종사가 편찬되지 못했다는 것입니다. 사실 전근대의 조계종사를 먼저 편찬한 다음에 근현대사를 편찬하는 것이 옳으나 연구의 미비와 시절인연이 도래하지 않아 순서가 바뀌었습니다. 하루 빨리 『조계종사, 근현대편』에 이어지는 전근대 조계종사가 편찬될 날을 고대해 봅니다.

이 책이 만들어지기까지 수고해주신 필자 여러분, 감수를 맡아주신 스님들, 그리고 지대한 관심을 기울여주신 종단 여러 어른 스님들께 감사드립니다.

佛紀 2545년 12월

대한불교조계종 교육원장 無 比

편 찬 사

오늘날 대한불교조계종은 명실공히 한국불교를 대표하는 종단으로서 천만 명이 넘는 불교신자의 구심체입니다. 한국불교의 유구한 역사와 문화속에서 조계종이 등장한 것은 9세기의 신라말부터입니다. 고려와 조선을 거치면서 불교는 부침을 거듭하였고, 그 한가운데에 조계종이 굳건하게 자리하고 있었습니다. 근대에 들어 국권상실의 암흑기에서도 자주적 불교를 수호하려는 노력은 1941년 조선불교조계종을 출범하여 현대적 종단으로서의 면모를 확립하였습니다. 이후 몇차례 명칭을 변경하여 1945년의 조선불교, 1954년의 조계종, 그리고 1962년 마침내 대한불교조계종으로 정착하여 지금에 이르고 있습니다.

이처럼 조계종의 역사는 한국불교의 역사와 궤적을 함께 합니다. 오랜 세월이 흐르는 동안 수많은 고승대덕이 한국불교의 법등을 밝히면서 사상과 신앙, 그리고 전통문화의 창달에 앞장 서 왔습니다. 그동안 조계종단은 이러한 역사와 문화의 원형을 찾고 선양하는 일에 힘을 기울이지 못한 것이 사실입니다. 다행히 최근 불학연구소에서 『강원총람』과 『선원총람』의 간행을 시작으로 이러한 한국불교의 정체성을 확인하는 첫걸음을 내딛었습니다.

이번에 발간하는 『조계종사, 근현대편』은 조계종의 역사를 종합적이고 체계적으로 검토하여 한국불교의 한 축을 정립하는 의미있는 일이라 생각합니다. 특히 많은 부분이 공백으로 남아 있는 한국불교사에서 조계종의 역사를 규명하는 작업은 불교사 연구의 심화를 기할 수 있는 계기가 될 것입니다.

『조계종사, 근현대편』을 편찬하는 과정에는 적지 않은 어려움이 있었습니다. 무엇보다 근현대불교는 오늘의 한국불교가 딛고 서있는 터전으로서 사건과 인맥 등이 직접 연결되어있는 고리라는 사실입니다. 연기의 인연에 따라 그 어느 것도 개별적 현상이 없습니다만, 특히 이 시기의 불교는 생생한 역사의 무대에 있었던 인물과 현실이 지금도 이어지고 있기 때문입니다. 그러나 역사학의 기본 자세인 객관성을 염두에 두고, "서술하되 지어내지 않는다 述

而不作" 는 원칙을 제일로 삼았습니다. 또한 원고의 집필은 어느 한 쪽에 치우치지 않는 不偏不黨의 공정성을 지키기 위해 가능한 많은 연구자들이 참여하였습니다. 이를 위해 2000년 4월 근현대불교 연구자들을 초빙하여 「조계종사 편찬위원회」를 구성하였고, 세 차례의 워크숍을 통해 목차 구성, 원고 분담, 서술 원칙 등 구체적인 간행작업에 착수하였습니다.

근현대불교에 대한 연구가 시작된 것은 '90년대 들어서의 일입니다. 오늘의 한국불교를 올바르게 이해하고, 향후의 좌표를 설정하기 위해 이 분야의 연구가 반드시 필요합니다만, 전근대의 불교사를 체계화하는 일에 연구자의 시각이 집중되어 있었던 것입니다. 그러므로 근현대사 연구의 저변이 부족하고 연구성과 역시 많지 않았습니다. 이러한 현실이지만 새로운 천년을 맞이하는 지금 시점에서 과거를 되돌아 보고, 미래를 가늠하는 작업은 더 이상 지체할 수 없는 일이었습니다. 여기에 9명의 소장학자들이 흔쾌히 뜻을 같이하여 근현대 조계종사의 연구 · 편찬이 시작되었습니다. 이 과정에서 때로는 연구자들의 치열한 논쟁이 밤이 다하도록 그치지 않기도 했습니다.

그동안 조계종사에 관한 연구는 더러 있었습니다. 일찍이 1930 · 40년대의 종조논쟁에서 비롯하여 조계종의 傳燈과 法脈을 규명하는 종합적 연구로까지 발전하였습니다. 그러나 이 과정에서도 근현대의 조계종사는 간과하였던 것입니다. 따라서 이번 『조계종사, 근현대편』은 이 분야 연구의 첫 집대성이라 말할 수 있겠습니다.

2년 가까이 집필과 교정에 헌신적인 노력을 기울인 집필자 여러분들께 다시한번 감사의 말씀을 드리고, 사진 게재를 허락한 도서출판 민족사에도 고마움을 표합니다.

佛紀 2545년 12월

불학연구소장 能 虛

목 차

Ⅰ. 근대교단의 태동

(1876 ~ 1910)

1. 개화기 불교계의 자각과 신앙

1) 불교인의 자각과 활동

개항과 불교

한국불교사에서 근대불교는 대략 19세기 후반부터 1945년까지를 말한다. 왕조체제를 청산하고 근대사회로 이행하기 위해 국호를 대한제국으로 고친 이후부터 일본의 지배에서 해방된 시기까지이다. 이러한 근대불교의 범위는 역사학의 도식적 구분에 따른 것이다. 그러나 역사학에서도 시대구분에 관한 논쟁이 분분하여 근대의 범위는 확정적으로 결론짓기 어려운 실정이다. 더욱이 불교사상과 신앙은 일반적인 역사학의 시대구분법에 그대로 적용할 수는 없다. 불교 자체의 발전과정이나 사상, 신앙 등의 특성에 기초한 개념이 아니기 때문이다.

이러한 시대구분의 어려움은 각 시기별로 불교에 대한 체계적이고 종합적인 연구가 미진하다는 데 원인이 있다. 불교사의 시대구분으로 흔히 사용하는 방법은 왕조에 따른 구분으로 신라·고려·조선, 그리고 근대불교의 순서이다. 신라와 고려, 그리고 조선시대 불교는 왕조의 변천에 따라 불교의 전개양상이 특징적으로 전개되었으므로 시대구분에 별 무리가 없다. 그러나 근대불교라는 개념은 일반적으로 조선시대 이후의 불교를 말하는 것이지만 그 상·하한을 어떻게 설정하느냐에 관해서는 논란의 여지가 있다.

예를 들어 그 시점으로 가장 널리 사용하는 대한제국 성립기 곧 1897년은 정치체제의 변동에 따른 구분이다. 여기에는 불교사 자체의 변화 등은 전혀 고려되지 않았다. 불교사의 전개는 반드시 사회와의 긴밀한 상관관계를 맺을 때 의미를 갖는 것이지만, 대한제국의 성립과 불교와는 구체적인 연관을 찾기가 어렵다. 이런 측면에서 근대불교의 시작은 승려의 도성출입금지가 해금된 1895년으로 이해하기도 한다. 조선왕조 전기간에 걸쳐 억불시책을 지속하면서 승려의 도성출입을 금지하였으나 이 때부터 자유로운 왕래가 가능해져 불교 발전의 새로운 기회를 맞게 되었기 때문이다. 그런데 이 조치로 도성 출입은 금지와 해제를 반복하면서 자유로운 왕래가 완전히 이루어진 것은 아니었다. 나아가 이러한 설정은 1895년 이전에 나타난 불교사상과 신앙활동, 그리고 민족의 근대화에 헌신했던 불교인들의 발자취를 간과하는 실수를 범할 수도 있다.

따라서 위와 같은 다양한 요소들을 총체적으로 종합할 때 한국 근대불교의 기점에 대한 올바른 이해가 가능하다. 즉 1870년대 이후 등장한 각종의 신앙결사 활동, 열강의 침탈에 수반된 기독교와 일본불교의 전래, 근대화를 위한 개화파 승려의 활동 등이 이전 시기에는 볼 수 없었던 새로운 불교의 흐름이었으므로 이 시기를 근대불교의 시작으로 설정하였다.

1876년 강화도조약을 체결하여 개항이 시작되었다. 이후 열강의 도전이 본

강화도조약 체결 당시 강화도 열무당(閱武堂)의 일본군과 대포 (1876. 2. 11)

격화되면서 조선은 국제정세의 부침에 따라 커다란 변화를 맞이하였다. 서구의 근대화된 문명과 무력이 거침없이 진입하면서 기독교를 그 첨병으로 내세웠다. 여기에 일본불교가 적극적으로 활동을 전개하면서 개항기의 한국불교는 새로운 국면을 맞이하였다. 일본불교가 한국에서 공식적으로 활동을 시작한 것은 1877년 진종(眞宗) 본원사(本願寺)가 부산에 별원을 건립하면서부터이다. 이후 19세기말까지 정토진종·일련종·정토종 등 각종의 일본불교 종파가 앞다투어 서울과 부산, 원산, 목포 등지에 사원을 건립하였다. 그들은 한국불교를 유인·포섭하기 위해 일본시찰단이라는 명목으로 불교계의 유력인사를 일본에 초빙하였다. 또한 도성출입금지 해금을 건의하는 등 조직적이고 치밀한 포교전략을 실행하였다.

　일본불교의 활동은 순수한 종교적 목적이 아니라 제국주의적 침략의 일환이었다. 1907년 이후에는 한국불교의 포섭을 위해 이른바 '관리청원(管理請願)'이라 하여 한국 사찰을 일본 종파의 말사에 편입함으로써 전통불교를 왜색화시키는 정책을 실시하였다. 그러나 개항기 한국불교는 이러한 외부로부터의 도전에 대응책을 마련하지 못하였다. 오랜 억불로 인해 교계를 통합하는 교단조직이 없었으므로 밀려들어오는 일본불교에 주체적으로 대처할 구심점이 없었던 것이다. 개항기 국가적인 변화의 소용돌이에서 불교도 이처럼 난항을 거듭하고 있었다.

개화승의 활동 ; 이동인과 무불

　19세기 중엽 조선은 열강의 도전과 새로운 변화에 적극적으로 대응하지 못한 채 봉건왕조의 보수적 전통을 고집하고 있었다. 열강의 무력과 횡포에 조선은 자주적 내정을 위협받으면서도 문호개방을 완강히 부정하는 실정이었다. 이러한 상황에서 조선의 개화와 발전을 모색하고 실천하는 젊은 선각자들이 등장하였다. 개화파라고 부르는 이들은 봉건왕조를 탈피하고 근대화를 이룩하기 위해 새로운 사고와 문물의 수용에 힘을 기울였다.

개화파에는 신분을 초월하여 각계 각층의 인물들이 참여하였다. 특히 초기 개화사상의 형성에 있어 스님과 불교계의 역할이 지대하였다는 사실은 널리 알려져 있다. 스님으로는 범어사의 이동인(李東仁)과 백담사의 무불(無佛, 卓夢聖)이 탁월한 개화사상과 실천적 활동으로 개화사상가들을 지도해 나갔다.

먼저 이동인스님은 '개화승'이라는 호칭이 이름에 앞설 만큼 19세기말 조선의 개화와 변화를 주도했던 인물이었다. 개화파의 핵심인물이었던 유대치(劉大致)·김옥균(金玉均)·박영효(朴泳孝) 등과 더불어 국내에서 개화운동을 이끌었던 인물이 이동인스님이었다. 스님에 대해서는 범어사 출신이었다는 사실 이외의 자세한 행장은 알 수 없으나 조선의 근대화를 위해 헌신했던 짧은 생애는 격변기의 파란만장했던 삶을 여실히 보여준다. 이동인스님이 역사에 등장하는 것은 1879년(고종 16) 일본에 밀항하면서부터이다. 스님은 일찍이 문호를 개방하였던 일본의 제반 문물을 직접 체득하려는 목적으로 그해

개화승 이동인

6월 부산에 있었던 일본 본원사(本願寺) 승려 오꾸무라 엔싱(奧村圓心)의 도움을 받아 일본에 갔다. 스님은 경도의 본원사에 머물며 변화된 일본사회를 체험하였다. 또한 스님은 여기서 신학문과 과학문명에 대한 서적을 구해 김옥균 등에게 발송하면서 개화파와 긴밀한 연락을 유지하였다. 이후 1880년 4월 동경으로 옮겨 일본어 공부에 힘쓰며 정치세력가와도 접촉하였다.

이동인스님이 동경 아사쿠사(淺草別院)에 머물던 1880년 8월 수신사(修信使) 김홍집(金弘集) 일행이 도착하였다. 이를 계기로 스님의 운명은 크게 달라지게 된다. 김홍집은 이동인스님의 식견과 기량을 높이 평가하여 같은 해 9월 스님을 데리고 귀국하였다. 이 때가 이동인스님의 나이 30세 무렵이었다. 스님은 귀국 후 김홍집의 소개로 민영익(閔泳翊)을 만나 서서히 개국의 일선에서 중요한 역할을 담당하게 된다. 스님의 젊은 기백과 국제 정세에 대한 해박한 지식은 마침내 국왕 고종의 총애를 받기에 이르렀던 것이다.

한편 김홍집 일행은 동경 주재 청국공사(淸國公使) 하여장(何如璋) 등을 만나 조선의 개화 자강책을 논의하였다. 즉 러시아의 남하를 막기 위해 중국·일본·미국 등과 협조체제를 구축해야 한다는 내용이었다. 이에 고종은 미국과의 조약을 서두르기로 하고 하여장에게 대미교섭의 알선을 의뢰하기로 하였다. 바로 이러한 외교정책을 추진하기 위해 임명된 인물이 이동인스님이었다.

숭유억불을 국가시책으로 표방한 조선왕조가 국가의 중대사를 담당하는 밀사로 승려를 임명하였다는 사실은 매우 획기적인 일이었다. 그만큼 이동인스님의 재질을 높이 평가하였던 것이다. 1880년 10월 이동인스님은 무불스님과 함께 동경으로 향했고, 11월 19일 마침내 하여장을 만나 미국과의 수교에 협력할 것이라는 동의를 이루어냈다. 스님은 무사히 임무를 수행하고 12월 18일 부산으로 돌아왔다. 그런데 당시 철저한 쇄국을 고집했던 대원군이 이 사실을 알고 이동인스님을 해치려 한다는 소문이 나돌았다. 이를 미리 알아챈 유대치가 한발 앞서 부산에서 스님을 맞이하여 무사히 신변의 안전을 지킬 수 있었다.

　1881년 고종은 본격적인 개화운동에 착수하여 변화하는 국제정세에서 외교를 전담할 수 있도록 통리기무아문(統理機務衙門)을 설치하였다. 이어 일본의 신식제도와 기술을 익히기 위해 신사유람단(紳士遊覽團)을 파견하였는데 이동인스님은 별선군관(別選軍官)으로 활동하면서 실질적으로 신사유람단을 주도하였다.

　이동인스님은 조선의 개국을 선도하는 기수로서 많은 활동을 하였다. 무엇보다 주목할 점은 김옥균, 박영효, 서재필 등 젊은 지식인들을 규합하여 개화사상을 전수하였다는 사실이다. 또한 고종에게 개화의 중요성을 이해시키고 그로 하여금 개국을 추진할 수 있는 확신을 심어주기도 하였다. 구체적인 활동으로는 미국과의 수교에 대비하여 수교문서의 초안을 작성하였고, 국가의 장래를 위해 유길준·윤치호 등의 일본유학을 계획했던 것이다. 1881년 3월 9일 스님은 신식군대의 창설에 필요한 무기와 군함 등을 일본으로부터 수입하기 위한 실무자에 임명되었다. 그러나 출발준비를 서두르던 3월 15일 경, 국왕의 부름을 사칭한 사람을 따라 나섰다가 행방불명되고 말았다. 항간에 소문만 무성하였지만 그의 실종은 암살이었을 가능성이 짙다.[1]

　급변하는 정세에서 조선의 개국을 위해 헌신하였던 개화승 이동인스님은 이렇게 해서 역사 속으로 사라졌다. 스님이 활동했던 기간은 1880년 중반부터 이듬해 3월에 이르는 불과 8개월 여 뿐이었다. 비록 30세 전후의 젊은 기백과 개화사상은 좌절되고 말았지만, 그가 실현하려던 개국의 의지는 김옥균과 박영효 등으로 이어져 마침내 갑신정변의 역사적 대사건으로 계승되었던 것이다.

　무불(1851~1884)스님은 이동인스님과 더불어 조선의 개화를 이끌었다. 스님은 설악산 백담사 출신의 승려로서 속명은 정식(庭植)이다. 법명은 각지(覺

---

1) 이동인스님은 김홍집의 도움으로 개화의 중심무대에 진출하게 되었지만, 유별난 성품과 선구적인 행동은 오히려 김홍집일파에게 미움을 사는 계기가 되었고, 여기서 암살의 가능성을 추측할 수 있다고 한다. 李光麟, 「開化僧 李東仁」, 『開化黨硏究』, 일조각, 1972.

地), 법호가 몽성(夢聖)이었는데 흔히 무불이라 불렀다. 관료의 집안에서 태어났으나 어려서부터 병약하여 절에서 수신하였다.

무불스님은 1880년 무렵 서울 화계사에 머물며 개화인사들과 조선의 근대화를 논의하였다. 그해 5월 일본으로 건너가 신문물을 직접 체험하였다. 스님은 이미 동경에 와 있던 이동인스님과 함께 근대화로 치닫는 일본의 모습을 개화인사들에게 긴밀히 전달하였다. 9월 수신사 김홍집과 동행, 귀국한 무불스님은 개화인사들에게 새로운 변화와 신문명을 전하고 조선의 근대화를 모색하였다.

이동인스님이 실종된 후 1881년 4월 무불스님은 신사유람단을 인솔하여 일본을 방문하였다. 이곳에서 이동인스님의 소재를 파악하기 위해 노력하였으나 허사였다. 이후 무불스님은 동경 외국어학교의 조선어교사로 활동하면서 이듬해인 1882년 4월 김옥균 일행을 맞아 일본의 문물을 안내하였다. 이와 같이 무불스님은 조선의 근대화를 위한 여러 가지 활동을 하였다. 그러나 스님은 1884년 2월 9일 갑자기 병에 걸려 입적하고 말았다. 가장 진취적으로 활동해야 할 34세의 짧은 나이에 생을 마감하면서 근대화의 열정도 중단되었다. 동경 외국어학교에서 무불스님에게 조선어를 배웠던 일본인 제자는 그를 기리면서 "학덕을 겸비하고, 기상이 웅대하였으며 고결한 성품을 지녔다"고 술회하였다.

무불스님의 활동은 대부분 이동인스님과 비슷한 행보를 걸었다. 1880년대 열강의 침탈이 본격화 될 무렵 역사에 등장하여 주체성을 확보하지 못하고 표류하던 조선을 근대화의 길로 이끌고자 헌신하였다. 이들은 승려의 신분으로서 사회적 멸시를 받으면서도 조선의 앞날을 위해 선구적 실천활동에 진력하다가 짧은 생애를 마쳤던 것이다. 이들이 뿌린 근대화의 씨앗은 이후 김옥균 등의 갑신정변 세력으로 절정에 달하여 근대불교의 위상을 한 차원 높였다고 평가할 수 있다.

개화파의 불교신앙

1884년 12월 4일 한국근대사의 커다란 전기를 마련했던 갑신정변이 발발하였다. 김옥균을 필두로 박영효, 서광범, 홍영식, 서재필 등 개화파의 신진세력들이 주도하여 조선의 자주적 근대화를 위해 일대 혁명을 일으킨 것이다.

갑신정변의 주도세력은 1870년대부터 조선의 근대화를 위해 신서적을 탐독하면서 개화사상을 적극적으로 수용하였다. 그런데 이들의 사상형성을 지도한 인물들이 대부분 불교계 인사였다. 먼저 개화사상의 효시는 중국 사신단의 통역을 담당하였던 오경석(吳慶錫)이었다. 그는 북경 등지에서 서양의 신문물을 소개한 『해국도지(海國圖志)』・『영환지략(瀛環志略)』 등의 서적을 구해 스스로 개화사상을 형성하면서 유대치(劉大致) 등과 뜻을 함께 하였다. 이 둘은 불심이 돈독한 거사였다. 한편 한성판윤 겸 형조판서였던 박규수(朴珪壽)도 일찍이 중국을 내왕하면서 변화하는 세계에 대한 새로운 사고를 절감하고 있었다. 1869년 이 세 인물이 뜻을 함께 하여 마침내 박영교(朴泳敎)・김윤식(金允植)・김옥균(金玉均)・박영효(朴泳孝)・유길준(兪吉濬)・서광범(徐光範) 등 당시의 젊은 엘리트들을 규합하여 개화사상의 전파에 힘을 기울였다. 그 근거지가 신촌의 봉원사(奉元寺)였다.

이처럼 불교사상은 개화사상의 형성에 커다란 영향을 미쳤다. 오경석의 아들인 오세창의 술회를 통해 개화사상과 불교와의 긴밀한 관계를 알 수 있다. 즉 "김옥균 등은 유대치를 통해서 신지식을 알게 되었는데, 그의 감화와 영향을 받아 불교신자가 되었다"는 것이다.

먼저 개화사상의 기초는 오경석(1831~1879)으로부터 시작된다. 오경석은 16세에 역과에 급제한 후 1853년부터 13차례나 중국사신의 역관을 맡았다. 1860년 무렵 중국은 열강의 각축장이 되어 신문물이 범람하고 있었다. 일찍부터 이러한 변화를 목격한 그는 각종의 신서적과 문물을 통해 개화사상을 스스로 익혀 나갔다. 귀국할 때마다 동지인 유대치에게 변화하는 국제정세와 신문화를 전하였고 마침내 박규수 등과 합심하여 개화사상가를 양성하기 시작하였다. 그는 평소에 불경을 즐겨 읽었고, 선리(禪理)를 좋아하였다. 특히 달마 대사의 가르침을 적은 『초조보리달마 대사설』이라는 책을 늘 지니고 독송하기도 하였다. 비록 그는 1879년 개화사상이 꽃피기 전에 생을 마감하였지만 개화사상의 선구자로서 이후 신진 개화파 인사들의 사상 형성과 불교신앙 고취에 큰 영향을 주었다.

유대치는 서울의 역관 가문 출신으로서 이름은 홍기(鴻基), 호는 여여(如如) 또는 방박재(磅礴齋)이다. 동지인 오경석과 함께 김옥균·서광범·박영효 등에게 개화사상을 전수하였다. 평소에 불교사상, 특히 선사상에 심취하였는데, 신진 개화사상가들과 선(禪)을 담론하면서 선풍을 보급시키기도 하였다. 그는 역사학에 조예가 깊었으며 해박한 지식으로 변설 또한 유창하였다. 더욱이 신체는 장대하고 홍안백발에 항상 생기가 넘치는 모습이었다. 개화사상가들 사이에서는 그를 '백의정승'이라고 칭송할 정도였으니 그의 역할과 품성이 어느 정도였는지 짐작할 수 있을 것이다.

갑신정변의 핵심인물은 김옥균(1851~1894)이었다. 충남 공주에서 태어나 신동이라 불릴 정도로 총명하였다. 그는 친척인 김병기의 양자가 되어 일찍이 서울에서 학문을 익혔는데 천재라는 명성을 장안에 드날렸다. 22세에 장원급제하여 관로에 들어섰다. 그는 여러 관직을 두루 거치면서 청년 관료로서 조선의 장래를 걱정하기 시작했고, 전통적인 봉건왕조 체제를 새로운 가치와 제도로 탈바꿈해야 한다고 믿었다. 이러한 개혁정신을 개화사상과 불교에서 찾았고, 마침내 오경석과 유대치 등을 만나 개화사상가로서 성장하게 된 것이다.

김옥균의 불교신앙은 함께 개화사상가로 활동하였던 여러 인물의 회고에서 엿볼 수 있다. 갑신정변을 주도하였던 박영효는 "김옥균이 나와 먼저 사귄 것은 불교 토론으로요, 김옥균은 불교를 좋아해서 불교 이야기를 했는데, 나는 그것이 재미있어 그와 친하게 되었소"라고 회고하였다. 이처럼 김옥균은 불교를 돈독하게 신앙하면서 뜻을 함께 하는 개화사상가들에게도 적극적으로 권유하였다. 그가 불교에 심취한 것은 일찍이 유대치 등을 만나면서부터이지

박영효   김옥균

만 직접적으로는 개화승 이동인스님의 영향을 많이 받았다. 당시 이동인스님
은 서울 봉원사에 머물고 있었는데, 김옥균은 개화파 동지들과 함께 그에게서
신학문과 불교에 대한 이해를 넓혔던 것이다.

　박영효(1861~1939)는 판서를 지냈던 박원양의 아들로 어려서부터 총명함
이 뛰어났다. 13세에 철종의 사위가 된 후 한성판윤, 내부대신 등의 고위관직
을 역임하였다. 일찍이 양반가문 출신으로 국왕의 사위가 되었으니 평생의 출
세가 보장되어 있었다. 그러나 그는 남다른 식견으로 기득권의 유지보다는 급
변하는 국제정세에서 조선의 나아갈 바를 모색하였다. 마침내 김옥균의 인도
로 개화사상을 습득하고 갑신정변을 통해 조선의 근대화를 이룩하고자 하였
다. 그가 불교를 접한 것도 역시 김옥균을 통해서이다. 유학자의 가문에서 태
어나 빼어난 학문적 소양을 지닌 그가 불교에 심취할 수 있었던 것은 개화사
상과 불교의 교리적 혹은 사상적 성격이 조화를 이루었기 때문이다. 그는
1895년 내부대신으로 재직하면서 승려의 입성금지 해제를 성사시키는 등 불

교인으로서 중요한 역할을 수행하기도 하였다.

이들 개화파가 일으킨 갑신정변은 중국이 개입함으로써 3일만에 막을 내리고 만다. 비록 삼일천하라는 일순간의 사건이었지만 이후 근대사의 전개에서 갑신정변은 대단히 중요한 의미를 지닌다. 갑신정변이 실패한 후 김옥균은 『갑신일록』에서 당시 개화파들이 추구했던 목표를 14개조에 걸쳐 피력하였다. 주요 내용은 조선의 내정을 근대적으로 개혁하고 백성의 평등권과 입헌군주제를 확립할 것 등이다. 이와 같이 갑신정변은 최초의 근대적 정치개혁 운동이었는데 그 핵심인물들이 불교사상을 지니고 있었던 것이다.

2) 신행결사와 거사불교

신행결사의 성행

19세기는 오랜 억불의 결과 교단과 사상이 침체에 빠져 있던 시기였다. 불교의 유지에 필수적인 종단과 승려, 그리고 사상의 제반 토대가 국가적으로 용인되지 않았다. 그러나 이같이 어려운 상황에서도 불교는 명맥을 유지할 수 있었고, 그 원동력은 이른바 '신앙불교'의 성행에서 찾을 수 있다.

신앙불교란 경전에 의거한 체계적 사상보다는 염불과 기도 등을 통한 기원적(祈願的) 신행활동을 의미한다. 교리와 사상을 선도할 출가자가 부족한 실정에서 대중은 결사공동체로서 미타신앙이나 관음신앙 등을 추구하였던 것이다. 불교의 발전이라는 측면에서 보면 이러한 신앙 일변의 흐름은 구원적 기능만을 강조할 위험이 있는 것이지만 19세기 후반 불교의 일반적인 경향이었다.

신앙불교의 대표적인 활동이 각종 사찰계(寺刹契)와 결사의 성행이었다. 사찰계는 사찰의 재정을 지원하고 나아가 공동체적 신앙활동을 수행하기 위해 결성한 것이다. 조선전기에 이미 등장하여 18·19세기에는 전국의 대소사찰에 존재하면서 조선후기 불교를 지탱하는 근간이었다. 특히 염불계·미타계·관음계·지장계 등은 서민대중의 호응을 불러일으키며 사찰의 재정 확충과 신앙의 보급에 큰 역할을 담당하였다. 19세기말까지 범어사에는 40여 건이 넘는 각종의 사찰계가 활동하면서 절이 부찰(富刹)로 성장하는 데 크게 기여하였다.

결사활동의 대표적 사찰은 건봉사였다. 일찍이 신라 경덕왕대에 발징화상(發徵和尙)이 이곳에서 만일염불결사를 결성한 이래 1940년대까지 모두 5차례나 개최되었다. 만일염불회는 만일, 즉 28년간을 하루도 거르지 않고 염불·독송하는 모임이다. 대개 하루 네 차례씩의 염불을 수행하는 사시염불(四時念佛)이 일반적이었다. 의식을 집전하는 염불승이 선창하면 북과 광쇠 등에 따라 승려와 재가자가 한 목소리로 독송하였다. 출가수행자의 신분으로도 이러한 수행은 쉬운 일이 아닌데 많은 재가자가 동참하여 만일염불회가 계속되었던 것이다. 한국불교사에서 한 사찰이 이처럼 150여 년간 지속적으로 만일염불회를 전개하였다는 사실은 큰 의미를 갖는다.

19세기말 열강의 침탈에 따라 기독교가 본격적으로 포교를 시작하였다. 여기에 일본불교가 상륙하면서 한국 불교계는 새로운 국면에 직면하였다. 오랜억불의 사회에서 종단조차 존재할 수 없었던 상황에 외부로부터의 도전까지 가세하였던 것이다. 이러한 현실에서 결사는 전통불교를 계승하고, 나아가 근대불교로의 변화를 모색하는 기회를 제공하였다. 즉 결사는 대중의 공동체 신앙으로서 결속력을 강화할 뿐만 아니라 교학과 참선, 염불 등을 수행함으로써 불교의 발전을 도모할 수 있었다. 더욱이 출가와 재가를 구분하지 않고 사부대중이 평등하게 참여함으로써 근대불교의 전통을 확립하는 계기를 제공하기도 하였다.

한편 결사는 사찰의 재정을 확충하여 가람을 중수하거나 전답을 증식하는 등의 경제적 보사활동(補寺活動)에도 기여하였다. 결사에는 장기간의 염불수행을 위해서 일정한 공간, 즉 염불당 등이 있어야 하고 각종의 불공비용도 필요하였다. 그 비용은 결사에 참여하는 대중이 조달하기도 하였지만 대부분 시

주와 모연으로 충당하였다. 즉 결사에 직접 참여하지 않은 재가자들도 시주에
동참함으로써 불교신앙의 저변이 확대되어 나갔다.

　이 시기에 건봉사를 비롯하여 신계사, 유점사, 범어사, 대둔사 등의 대찰은
물론 화계사, 홍국사, 묘련사, 옥천사 등에서도 만일염불결사가 진행되었다.
결사의 성행은 정토신앙의 발전을 가져왔다. 아미타불의 칭명염불(稱名念佛)
을 통해 극락왕생을 기원하는 수행은 누구나 쉽게 행할 수 있었다. 더욱이 빈
부귀천을 초월하여 각자의 근기에 따라 자유롭게 참여할 수 있어 서민대중의
큰 호응을 받았다. 사세가 크지 않은 지방의 소규모 사찰에서도 결사가 성립
될 수 있었던 것은 이와 같은 자유로운 참여가 보장되어 있었기 때문이다. 이
처럼 대중의 신행결사는 종단조차 없었던 격변기에 한국불교의 전통을 회복
하고, 외세 종교의 범람에 대처하는 자주적 실천수행이었다.

개화기 스님 모습

거사불교의 신앙

조선왕조의 건국과 함께 시작된 억불정책은 19세기말까지 지속되었다. 이미 건국초에 사원의 토지와 노동력 등 세력 기반을 상실한 이후 조선중엽에 이르면 더이상의 억불조치가 필요없을 만큼 불교의 세력은 약화되었다.

이러한 현실에서 불교는 신앙과 사상의 선양이라는 최소한의 종교적 기능조차 담보하지 못하였다. 오히려 승려는 궁핍한 사찰을 유지하기 위한 기본적 재정을 확보하는 일이 급선무였다. 그러나 쇠락한 사원경제 상황에서도 몇몇 선각자들에 의해 수행과 신앙풍토를 정립하려는 치열한 노력이 이루어졌다. 19세기 중엽 이후의 불교계에 주목을 끄는 새로운 흐름이 등장하였다. 그것은 출가 수행자가 아닌 재가의 이른바 '거사(居士)' 들에 의해 불교신앙이 전개된 것이다.

거사불교란 재가자의 신분으로 일상생활에서 수행과 신앙을 실천하는 것을 말한다. 즉 개인적 차원의 생활불교는 물론, 적극적으로는 교리와 사상을 참구하고 이를 홍포하기 위해 경전에 대한 자신의 이해를 저술로 편찬하는 등의 실천불교 활동이다.

그 대표적 인물이 추사(秋史) 김정희(金正喜, 1788~1856)와 월창(月窓) 김대현(金大鉉, ?~1870)이다. 추사는 알다시피 조선후기 서화와 고증학, 금석학의 대가로서 백파(白坡, 1767~1852), 초의(草衣)스님 등과 선에 대한 논쟁을 펼칠 만큼 불교에 해박한 이해를 지니고 있었다.

월창은 널리 알려진 인물은 아니었지만 그가 지은 『선학입문(禪學入門)』이 근래들어 주목받으면서 조선말기의 거사불교를 대표하는 인물로 부각되었다.[2]

그는 서울 출신으로 어려서부터 뛰어난 학문적 소양을 지녔다. 친구들과 어

---

2) 李永子, 「近代 居士佛敎思想」, 『崇山朴吉眞博士古稀記念 韓國近代宗敎思想史』, 원광대 출판국, 1984.

울리기보다는 조용히 사색하기를 즐겨하였으며 밤이면 창문을 열고 달을 바라보곤 하였다. 그래서 자호를 월창이라 하였다.

일찍이 관리로 입신하였고 학문에 대한 관심이 돈독하여 유학과 도교 등에 두루 미쳤다. 이후 불혹의 나이에 『능엄경』을 읽고 마침내 불교에 귀의하여 그 동안 익힌 학문을 접어두고 오로지 불교연구에만 열중하였다. 『선학입문』은 이러한 정진의 결과였다. 그런데 월창은 임종에 이르러 어떠한 이유에서인지 자신의 여러 저술을 모두 불태우고 『자학자전(字學字典)』과 『술몽쇄언(述夢鎖言)』만을 남겼다. 『선학입문』역시 사라졌으나 다행히 필사본이 남아 1918년 신문관에서 발행하여 세상에 알려졌다.

『선학입문』의 발문은 근대불교의 대강백이었던 박한영(朴漢永, 1870~1948)스님이 썼다. "김병용(金秉龍)이라는 거사가 선학을 애호하였지만 입문의 가법(家法)이 없어 개탄하다가 월창의 『선학입문』을 얻자 기뻐하면서 천하에 널리 보시하고자 간행하였다"고 하였다. 19세기말의 기울어져 가던 불교계에 이 책의 발간은 커다란 화제였다. 박한영스님과 함께 당대의 저명한 학자 오철호와 최남선도 발문에 참여하였을 정도였다.

『선학입문』은 선의 입문서이다. 월창은 평소 알고 지내던 유혜월(劉慧月)거사에게서 천태 지의(天台智顗)가 찬한 『선바라밀(禪波羅密)』이라는 책을 구했다. 유혜월은 월창에게 책을 전하면서 "이 책은 내용이 복잡·광범하여 이해하기 어려우니 요지를 간추려 놓으면 이해하기 쉬울 것이다. 그러면 이 책을 학습하는 사람이 많아지고, 결국 불교에 입도(入道)하는 사람도 많아질 것"이라며 요약본의 저술을 권고하였다.

이후 월창은 『선바라밀』을 탐독한 후 마침내 자신의 교리적 이해를 바탕으로 선불교를 쉽게 풀어 쓴 『선학입문』을 저술하였던 것이다. 그는 자서에서 저술의 동기이자 목적을 선의 대중화라고 하였다.

『선바라밀』은 중국의 천태 지의(538~597)가 지은 『선바라밀차제법문(禪波羅密次第法門)』 10권을 말하는데 『선학입문』은 이를 요약하여 상·하의 2권으로 구성하였다. 이상과 같은 월창의 저술은 19세기말 명맥만을 유지하던 불교계가 새롭게 나아갈 향방을 모색하였다는 점에서 중요한 가치를 지닌다. 비록 지나친 겸손으로 자신의 저술을 모두 소각하였지만, 그가 『선학입문』을 통해 추구하고자 했던 불교의 대중화는 높은 평가를 받을 만하다. 19세기 중엽 이후 물밀듯이 들어온 기독교와 이에 대응하는 동학의 등장 등 혼란의 와중에서 대중들을 위한 선학 입문서를 저술한 것은 선불교의 저변확대를 통해 불교가 민족 종교로서의 정통성을 확립하려는 노력이었던 것이다.

한편 1872년 묘련사(妙蓮寺)에서 결성한 거사들의 신앙결사도 주목된다. 거사들이 집단적으로 결사를 맺고 관음보살을 통해 암울한 시대속에서 구원을 얻고 중생을 구제하려는 불교신앙 운동이었다.

2. 도성출입의 해금과 승풍회복

1) 도성출입의 해금 과정과 의의

조선시대 억불정책의 모습은 다양하고 지속적으로 나타났다. 그 가운데 대표적인 사례가 승려의 도성출입금지 조치로서 조선중기에서 말기까지 변함없이 시행되었다. 도성출입금지는 세종대에 시행되어 16세기말에는 잠시 완화되었다가 1623년(인조 1) 재차 강화되어 19세기말까지 이어졌다.

이 조치는 "승려로서 도성에 들어가는 것을 금지하고, 이를 어긴 자는 곤장 1백대에 처한 후, 노비에 충당한다"는 중형으로서 억불숭유정책을 유지하기 위한 방편이었다. 이러한 금지 조치가 실제에 있어서 얼마나 엄격히 지켜졌는지는 의문이다. 조치가 반포되기 이전에 이미 도성내에는 적지않은 사찰이 존재해 있었고, 여기에 주석하는 승려조차 도성밖으로 출타할 수 없었던 것인지 불분명하다. 따라서 승려의 도성출입이 원천적으로 봉쇄되었던 것이 아니었음을 짐작할 수 있다.

그러나 도성출입금지는 억불정책의 의지를 가장 상징적으로 표현한 조처였으므로 당시 승려의 사회적 위상은 실추될 수밖에 없었다. 이러한 상황은 1895년 3월 29일 고종이 도성출입금지를 해제할 때까지 계속되었다. 도성출입 해금 조치는 총리대신 김홍집(金弘集)과 내부대신 박영효의 진언으로 이루어졌다.

도성출입금지의 해제는 19세기말 다양한 개혁정책을 시행하는 일련의 과정에서 비롯되었다. 1894년 6월 국가에서는 교정청(校正廳)을 설치하여 자주적인 내정개혁을 시도하였고, 이 내정개혁을 의결하는 기관으로 군국기무처를 설치하였다. 군국기무처는 국가의 모든 법제와 행정, 재정 전반에 걸친 강력한 심의기관으로서 이른바 갑오경장의 대대적인 개혁을 단행하였다. 1894년 12월 폐지될 때까지 군국기무처에는 많은 개혁안이 상정되었고, 이 가운데 승려의 도성출입금지 해제가 포함되어 있다. 즉『매천야록』1894년 6월 당시 군국기무처의 심의내용 중에 "승려의 도성출입금지를 폐지한다"는 조항이 들어 있다.[3]

그런데 해금이 이루어지기 직전인 1895년 3월 일본 일련종(日蓮宗)의 승려 사노(佐野前勵)가 총리대신 김홍집(金弘集)에게 해금을 건의한 일이 있었다. 이 무렵 일본은 조선침략의 방책으로 일본불교의 전파를 모색하고 있었다. 이를 위해 무엇보다 조선불교의 실추된 사회적 위상을 격상시키는 일이 급선무였고, 그 지름길이 도성출입금지를 해제하는 일이라고 여겼다. 그러나 해금은 19세기말 조선의 근대화를 위한 일련의 개혁과정에서 주도적으로 시행된 것으로 이해해야 할 것이다.

앞에서 말했듯이『고종실록』을 비롯한 여러 기록에 김홍집과 박영효 등의 건의에 따라 왕이 해금을 결정하였다고 하였다. 당시 박영효는 내부대신으로서 대불교시책을 심의하는 내부의 최고책임자였다. 그는 해금의 필요성을 인식하고 있었고, 왕이 이를 따랐던 것이라고 볼 수 있다. 박영효는 조선의 근대화를 굳게 실천한 개화세력의 중심 인물이었고, 당시 천주교나 개신교의 외국 선교사들도 도성을 자유롭게 왕래, 포교하는 현실에서 승려들에게만 금족령을 채운다는 것은 있을 수 없는 일이라 여겼던 것이다.

또한 조선말기 일시나마 국가적인 불교행사가 개최되면서 불교에 대한 인식의 변화가 있었다는 점도 주목할 수 있다. 특히 왕실과 종친, 상궁 등의 불교신앙은 억불의 체제에서도 중단없이 이어져왔고, 이들의 노력으로 조정내에

---

3) 황현,『매천야록』, 허경진 옮김, 한양고전산책6, 한양출판 1996, p.204. 한편 당시 오스트리아 · 헝가리 제국의 외교관이 자국에 보낸 외교보고서에도 군국기무처가 국정개혁을 위해 결의한 18가지의 사항 중에 도성출입 해금이 포함되어 있다고 하였다.(『오스트리아 헝가리 제국 외교 보고서(1885~1913)』 서울대학교 독일학연구소 옮김, 신원문화사, 1992, p.209.)

우호적 불교관이 형성되어 있었을 것이다. 다른 한편, 갑신정변 이후 신분제 타파에 대한 열망이 고조되고 국가적으로도 근대화를 이룩하기 위해서는 도성출입금지와 같은 악법을 폐지할 필요가 있었다.

해금은 불교계에 새로운 힘과 기운을 불러일으키는 획기적 조처였다. 삼백 년 이상을 지속해 온 도성출입금지가 사라짐으로써 승려는 이제 자유롭게 도성을 왕래하면서 제반 불교활동을 펼칠 수 있는 법적·사회적 지위를 확보한 것이다. 이듬해인 1896년 7월 도성 안 원동의 북일영(현재의 동숭동 서울대 병원 자리)에서 무차법회(無遮法會)를 성대히 개최한 일이 있었다. 4백년 이상 도성 출입이 금지되어 차별받아온 스님들이 이제 도성안에서, 불법 앞에 상하 귀천이 없다는 의미의 무차법회를 연 것은 대단히 큰 의미를 지닌다. 이 법회에 참석한 이능화(李能和, 1869~1943)는『조선불교통사』에서 당시의 역사적인 감격을 다음과 같이 묘사하였다. "환호하는 군중들 가운데 어떤 이는 '조선 승려들은 수백 년간 문외한이었는데, 오늘에야 비로소 온 하늘에 구름이 걷히고 부처님의 광명이 다시 빛나게 되었구나!'라고 하며 크게 기뻐하였다"[4]

해금 이후 한국불교는 새로운 발전의 계기를 얻었으나 이듬해인 1896년 다시 금지령이 내려지면서 기회를 놓치고 말았다. 이후 1898년에도 재차 금지되는 등 금지와 해제가 반복되면서 1905년 7월에 가서야 완전히 출입의 자유를 얻을 수 있었다.

2) 수행결사와 승풍진작

결사의 성립

도성출입이 해금된 후 새로운 시대에 대한 교단의 자각과 자질향상을 위해

---

4) 李能和,『朝鮮佛教通史』下, p.927.

시행된 것이 경허(鏡虛)스님의 정혜결사(定慧結社)이다. 결사는 1899년부터 시작되었는데 이 시기는 한국불교사에 있어서 격변의 시대였다. 조선조의 억불정책으로 승려들이 산중에만 갇혀 있다가 도성출입이 해금되면서 민간에 내려와서 자유로이 홍법할 수 있는 계기가 마련된 시기이기 때문이다. 이러한 때에 한국불교에서 산중불교를 탈피하고자 하는 자각의 움직임이 담겨져 있는 결사는 큰 의미를 지닌다.

경허스님이 결사를 결성하기 시작한 것은 1899년이다. 스님은 호서지방을 떠나 가야산 해인사로 옮겼다. 해인사에서 결사를 시작한 후에도 통도사·범어사·화엄사·송광사 등을 순력하며 선원을 복원하고 수행을 이끌었다. 이러한 노력은 1903년까지 5년 동안 계속되었고, 그 결과 영·호남지방에 선풍이 부흥하였다. 이 시기의 한국불교는 안으로는 불맥이 쇠퇴해져 신앙적으로 말세의식이 만연하였고, 발심수행의 의욕도 저하된 시대였다. 밖으로는 일본불교가 침투하여 한국불교의 전통이 위협받는 등 혼돈의 시대였다.

경허스님

경허스님은 결사의 이념을 홍포하기 위해 전국을 두루 편력하면서 선을 실천하고 도반을 규합하였다. 이러한 이념을 천명한 것이 해인사 퇴설당에서 지은 결사문(結社文)이며, 결사의 생활을 세부적으로 규정하고 있는 것이 청규(淸規)이다.

결사문에서 경허스님은 내부적인 모순과 외부의 압력이 가중될 때 불교가 보존될 수 있는 길은 수행을 통한 자기성찰과 그것을 대중에게로 회향하는 자리이타의 실현이 급선무임을 강조하였다. 즉 인간 스스로가 유한성을 깨닫고 스스로 정진한다면 정법의 교화가 자연스럽게 유통된다고 하였다.

경허스님은 결사에서 한국불교가 제자리를 찾을 수 있는 개선책을 제시하였다. 먼저 교법이 바로 서고 불교를 올바로 이해하려는 수행풍토의 조성이다. 이런 분위기가 되어야만 불교가 홍성할 수 있다는 것이다. 불교가 홍성하면 선지식을 찾아 정법을 구하는 수행자가 많아지고, 특별히 산림의 납자만이 견성할 수 있는 것이 아니며 위로는 천자로부터 아래로는 왕공과 귀족, 그리고 초야에 묻혀 사는 사람들까지 깨달음을 증득할 수 있다는 것이다. 그러나 정법이 침체되고 미약하여 거짓된 도가 유행하는 말세가 되면 정혜(定慧)의 근본을 통달하지 못하고 잘못 수행하게 된다는 것이다. 따라서 이러한 폐단을 막기 위해서 선지식을 찾아 도업(道業)을 함께 닦을 수 있는 결사가 필요하다고 하였다.

경허스님은 결사를 통해 중생들을 제도하는 목적을 세 가지로 구분하였다. 첫째, 인간의 유한성을 지적하기 위함이다. 그것은 경허스님이 주도했던 결사의 배경이 인생을 무상으로 보고 있는 것과 동일하다. 둘째, 스스로 깨닫고 닦아야 함을 일러주기 위함이다. 이는 경허스님이 개인의 정진을 중요시하는 자력문을 권고하고 있다는 데서 잘 드러난다. 셋째, 정법의 교화가 후대에 계승되기 위함이다.

경허스님은 생애를 통해 자유분방한 행적을 보이고 있다. 그렇다고 해서 경허스님을 단순한 파계승으로 본다면 그것은 겉만 보고 본질은 보지 못하는 일이다. 스님은 누구보다도 원칙을 존중하는 수행승이었다. 다만 근본을 살리기 위해 지말(枝末)의 변용을 허용하고 있는 것이다. 결사의 목적은 수행을 통해 불교의 근본을 회복하는 일이다. 그 목적에 비추어 생각한다면 수행을 하고자 하는 발심이 우선되어야 하지 수행하는 장소나 사람은 차후의 문제가 되는 것이다. 따라서 결사에 동참하는 자는 일정한 곳에 모여서 수행하지 않아도 무방하며, 결사에 참여하는 사람도 승속은 물론 남녀노소, 귀천을 가리지 않았다. 다만 수행의 분위기와 이타의 정신을 실천하기 위해 참여 대중의 화합을 강조하였다.

선풍 진작

경허스님이 결사를 주도했던 시대는 사회적으로도 혼란의 시기였지만 불교계도 그에 못지 않은 혼돈의 시기였다. 불법의 쇠잔함은 물론 깨침의 인가와 의발을 전할 사람이 없을 정도였다. 이와 같은 상황에서 결사가 이루어졌다는 것은 사뭇 그 의의가 크다.

이러한 결사가 지니고 있는 의의는 몇 가지로 요약할 수 있다. 먼저 한국불교 가운데 나타나고 있는 결사의 전통을 계승하고 있다는 점이다. 경허스님은 결사의 이념을 멀리는 여산 혜원(廬山慧遠)과 가깝게는 보조 지눌(普照知訥)의 정혜결사(定慧結社)에서 찾고 있다.

경허스님이 주도한 결사의 사상적 특징의 하나는 정혜를 닦는 가운데에도 현실적 구원사상을 제시하고 있다는 점이다. 스님은 결사의 모임에 도솔천 상생을 발원하는 미륵사상을 도입함으로써 근기가 미치지 못하는 중생들에게도 구원의 희망을 제시하고 있다. 이것은 당시 시대상과 무관하지 않다. 경허스님이 결사를 주도한 때는 말세의식이 만연하여 발심수행의 의욕이 상실된 시기였다. 이 같은 현실 속에서 의식있는 수행자에게는 시대적 사명감을 불러일으킬 수 있는 정혜를 제시하였고, 상대적으로 도가 미숙한 자에게는 불교를 쉽게 이해할 수 있도록 미륵신앙으로 인도하였다.

　1903년까지 경허스님은 범어사, 통도사, 송광사, 태안사, 대승사 등 영호남의 주요 사찰을 찾아 선풍을 일으키고 선원을 개원하였다. 한암스님은 이렇게 선풍이 질풍노도처럼 일어나고 선원이 우후죽순처럼 개창된 시기를 가리켜 다음과 같이 말했다.

　"사방에서 선원을 다투어 차리고 감격스럽게도 발심한 납자 또한 구름일듯 하니 이 기간처럼 부처님 광명이 다시 빛나 사람의 안목을 열게 함이 없었다." 이처럼 법맥이 쇠잔한 시대에 각처에 선원을 개설하여 불교계에 새로운 선풍을 진작시켰고, 오늘날까지 이어질 수 있도록 기반을 마련하여 경허스님을 근대불교의 중흥조라 칭송하고 있다.

　그리고 스님의 사상은 일제의 침략이라는 시대적 상황에서 각종 통제와 함께 내적 모순을 극복하고 불조의 정맥을 계승하고자 했던 선풍운동의 사상적 배경이 되었다. 선풍운동을 주도한 인물들이 그의 제자이거나, 결사와 관련이 깊은 사람들이었다는 점에서 더욱 그러하다. 또한 선의 대중화 운동도 경허스님의 정혜결사에서 보이듯 공동체 운동으로서의 이념을 계승하고 있었다. 이

백용성스님

것은 1942년 그의 문집인 『경허집』을 발간할 때, 당시 전국 선원의 수좌 40명
이 발기인으로 동참하고 있는 사실에서 확연히 드러난다.

이러한 경허스님의 선풍 외에 한국선을 부흥시킨 또 하나의 인물이 용성(龍
城)스님이다. 용성스님도 1886년에 낙동강변에서 오도 이후 전국을 주유하면
서 오지에 선원을 창설하고 주요 선원의 조실 및 입승을 지내면서 선풍을 진
작시켰기 때문이다.

경허스님의 전법 제자로는 흔히 경허의 세 달[月]로 부르는 수월(水月), 혜월
(慧月), 만공(滿空, 스님의 법명은 月面이다), 그리고 혜봉(慧峰)스님이 있으
며, 이 밖에도 한암(漢岩), 침운(枕雲), 남전(南泉), 제산(霽山) 등이 스님의 법
을 이었다. 나아가 경허스님의 선풍은 한국불교의 근대사를 개척한 많은 인물
에게 영향을 주었는데, 성월(惺月), 학명(鶴鳴), 진하(震河), 태수(泰秀) 등이
그 대표적인 경우에 속한다. 이들은 모두 근대 선원 및 강원의 조실로서 한국
선과 전통 강원을 이끌어갔다.

한편 용성스님 문하에서는 아홉 제자로 불리는 동산(東山), 동암(東庵), 인
곡(仁谷), 운암(雲庵), 혜암(慧菴), 소천(韶天), 고암(古庵), 자운(慈雲), 동헌(東
軒)스님이 배출되었다. 동산스님의 법제자 성철(性徹)스님도 용성 문하의 대
표적인 거장이었다.

한국불교 근현대를 이끌어온 대종장(大宗匠)들은 대다수가 경허, 용성이라
는 이 양대산맥에서 태동하였다. 이들 기라성 같은 종장들이 1920년, 30년대
에 선학원 운동과 해방 이후 정화 운동의 주축을 이루며 조계종 성립의 단초
를 마련했을 뿐더러 한국불교 청정가풍을 선양하는데 크게 이바지했다.

3. 불교 관리체제의 변화와 대응

1) 원흥사의 창건과 의의

원흥사의 창건

원흥사(元興寺)는 근대에 접어들면서 한국불교가 새로운 활동을 모색한 요람지였다. 밀려오는 일본불교의 빈번한 활동, 특히 정토종의 확산을 견제하는 한편 한국불교의 위상을 정립하고자 국가에서 불교를 관리하겠다는 의도로 1902년 1월 창건하였다.[5] 즉 일본불교의 침투에 대응하여 한국불교를 수호하기 위한 목적이었다. 당시 일본불교의 각 종파는 한국에 포교소를 설치하고 체계적인 법회를 통해 포교에 열을 올리고 있었다. 일본불교의 활약에 위기를 느낀 정부는 그에 대한 방안을 강구할 수밖에 없었다. 한국 정부는 일본 정토종의 경성개교소가 설립되어 본격적인 활동을 시작하자, 이에 대한 대비책을 건의하였다. 그 결과 동대문 밖의 별장이었던 영미정(穎眉亭)을 매입해서 원흥사라 하고 총섭(總攝)을 두게 되었다. 당시 원흥사 창립의 관리자는 권종석(權鍾奭)이었다. 권종석은 1902년 7월에 고종의 명을 받아 사사관리서(寺社管理署)의 시행규칙인 '국내사찰현행세칙'을 제정하고 그에 대한 연의(演義)를 기록할 당시 관리서의 관리였다. 당시 원흥사의 창건에 20만냥의 경비가 소요되었다.

1월 25일에 거행된 개당식에는 권종석과 중추원의관(中樞院議官) 조병덕(趙秉悳) 그리고 도섭리(都攝理)로 임명된 순일(順一)스님을 중심으로 승려 500여 명과 재가신도 약 300여 명이 모였다. 또한 한국에 포교소를 설치하고

---

5) 원흥사를 건립한 자리에는 원래 1901년 12월에 창건한 소흥사(紹興寺)가 있었다. 『황성신문』 1901년 12월 30일. 『新聞으로 본 韓國佛敎近現代史』上, 1999, p94.

원흥사

있던 일본불교의 개교사장(開敎使長)을 초청하였다. 이는 사원관리에 대한 국가적 배려를 과시하려는 의도였고, 국가적인 차원에서 원흥사의 위상과 함께 그 역할이 중요하였음을 보여주는 단서라고 할 수 있다.

원흥사는 창건되면서부터 한국불교의 총관리서의 역할을 담당하였다. 원흥사에 설치된 승직 가운데 중요한 것은 도섭리(都攝理)와 내산섭리(內山攝理)였다. 도섭리는 곧 총무원장이며 내산섭리는 경성부근의 사찰을 총감독하는 위치였다. 여기서 내산이라고 하는 것은 경산(京山)을 말하는 것이다. 경산은 경성내의 궁녀와 양반의 내방과 특별한 관계를 맺고 있었기에 귀부인의 참배가 빈번하였으므로 자연히 외도의 사찰과 구별하여 취급할 필요가 있었다. 이러한 승직 이외에도 좌우교정(左右敎正), 대선의(大禪議), 상강의(上講議) 각각 1인 그리고 이무(理務) 5인을 두었다. 이와 동시에 13도에는 각각 1개소의 으뜸 사찰 즉 중법산(中法山)을 두어 도내 사찰의 사무를 담당하였다. 중법산에는 섭리(攝理), 도교정(道校正), 부교정(副校正), 선의(禪議), 강의(講議)를 각각 1인씩 두었고, 각 사찰에는 주지 1인씩을 두었다.

이 제도는 조선시대 명종 이전의 선교양종종무원(禪敎兩宗宗務院)과 유사하며 또 일본의 본산말사(本山末寺)와 유사한 성격을 지녔다. 이러한 원흥사의 창건과 승직의 설치는 조선조 억불정책의 기조에서 본다면 승정의 대변화를 가져온 역사적 사건이었다. 그것은 억불의 사회에서 불교에 대한 새로운 관심이 고조되었음을 의미하며 불교가 다시 그 역량을 발휘할 수 있는 계기가 될 수 있었기 때문이다.

중법산은 16개 사찰만이 선정되었다.[6] 한편 통도사 인근의 범어사, 송광사 인근의 선암사, 동화사 인근의 은해사, 유점사 인근의 건봉사 등은 전통적으로 경쟁관계를 지니고 있었다. 이러한 관계에서 이들 사찰들은 중법산으로 채택되지 못한 것을 불평하고 중법산에 오를 수 있도록 노력하였다. 이러한 움직임이 본격화되자 이들 4개의 사찰을 중법산으로 승격시키고 다시 고운사 등 10여 사찰을 추가하였다. 이것이 곧 뒤이어 전개되는 30본산의 전신이다.

그러나 이러한 제도가 성립되었다고 해서 격변기의 한국불교가 국가적인 차원에서 원활하게 관리된 것은 아니었다. 지속적으로 실행되어온 조선조의 억불정책으로 산중불교시대라는 한계 상황을 안고 있는 탓에 한국불교계는 자체적으로 발전의 방향을 모색할 수 있는 능력이 부족하였기 때문이다. 그 결과 발전의 좋은 기회가 주어졌음에도 불구하고 실제로 그것을 활용하는 단계에까지 이르지는 못했다. 한편 정부의 계획도 보다 적극적인 불교정책으로 연계되지 못하고 2년만에 관리서가 폐지되자 원흥사는 대법산(大法山)의 역할을 수행할 수 없었으며 승단과 승직들도 점차 폐지될 수 밖에 없다.

짧은 존속기간과 국가적인 관리의 미흡에도 불구하고 원흥사를 중심으로 이루어진 활동은 한국불교 개화기 교단사에 있어서 일대 전환점이었다. 즉 조선중기 이후 명맥이 끊긴 교단체계가 새롭게 구성되어 법통을 계승할 수 있는 기회였다. 그러나 산중불교의 위치를 벗어나지 못했던 불교가 도시에서의 포교활동이 시작되는 계기를 마련하는 등 올바른 시대적 인식을 가지고 발전을

6) 중법산 16개 사찰은 봉은사·봉선사·용주사·마곡사·법주사·송광사·금산사·해인사·동화사·통도사·월정사·유점사·석왕사·귀주사·보현사·신광사 등이다.

도모하였지만 한국불교계의 현실 때문에 많은 성과를 남길 수 없었다.

2) 사사관리서의 설치와 현행세칙

사사관리서의 설치

원홍사는 한국불교의 중흥을 목적으로 설립되었다. 사사관리서는 그러한 조직관리를 국가적인 차원에서 체계적으로 이루고자 1902년 4월 11일 설립된 부서였다. 사사관리서의 성격은 그해 7월 시행규칙인 '국내사찰현행세칙(國內寺刹現行細則)'을 제정할 때 그 연의를 쓴 권종석의 글에 잘 나타나 있다.[7] 연의는 다음과 같은 내용을 담고 있다.

먼저 시대적 배경으로서 구한말 근대적 시민의식이 성숙되어 가던 시대적 상황임에도 불구하고 승려들 스스로가 자신들의 폐해를 정화할 수 없다고 하였다. 그러나 승려도 교화하고 가르쳐야 할 백성이며 불교계의 유적이 폐허가 되어 체계적인 관리가 필요하다. 이를 위해 정부가 관리서를 세워 사찰을 총괄한다면 불교계를 정리·발전시킬 수 있다. 이처럼 불교계를 통합·정리하고자 함은 궁극적으로는 일본의 침략과 일본불교의 침투에 따른 위기감에서 국가를 보위하고자 하는 것이다. 아울러 한국불교계가 이 뜻을 받들어 더 이상 참혹한 경지로 빠지지 않도록 노력해야 한다고 하였다.

이러한 내용들이 사사관리서를 설치한 목적이라고 할 수 있다. 일본불교의 침략에 따른 국가적 위기감에서 상대적으로 미약한 처지에 있는 한국불교계를 통합·정리해서 발전시킨다면 그것이 곧 일본과 일본불교의 침략에서 국가를 보위할 수 있는 길이라고 생각하였던 것이다. 이러한 불교관은 조선조 억불경향에서 본다면 상당히 변화된 인식이다. 일본의 근대적 변화에서 불교

---

7) 權鍾奭, 「國內寺刹現行細則演義」, 『韓國近現代佛教資料全集』 권65, 民族社, 1996, pp.408~410.

의 역할이 컸음을 인식하고 한국에서도 그와 같은 근대적 변화에 불교의 역할을 기대하고 있었던 것이다. 그것은 앞에서 살펴본 바와 같이 원흥사의 개당식에 일본 정토종 개교사장인 히로야스(廣安眞修)가 초청을 받아 행한 연설에서도 살펴볼 수 있다. 이러한 배경에서 국가적인 차원으로 원흥사를 창건하였으며, 그 안에 관리서를 설치함으로써 체계적인 관리를 수행하고자 했다.

그러나 사사관리서는 큰 역할을 하지 못했다. 사찰관리에 대한 뚜렷한 방향과 체계를 제시하지 못했으므로 실효성을 거둘 수 없었기 때문이다.

마침내 1904년 1월 관리서는 폐지되었다. 관리서의 소관업무는 내부 관방으로 이관되었다. 다시 2월에 칙령 제15호로 사찰에 관한 사무를 내부지방국으로 옮겼다. 1910년 이후에는 조선총독부 내무부 지방국으로 이전되어 사사계로 편성되었고, 여기에서 제일 먼저 실시한 것이 전국의 사찰조사였다. 당시 총독으로 부임한 데라우찌(寺內正毅)는 1911년 3월말까지 전국 372개 사찰의 건축 유래, 중수 및 비석 건립 그리고 고승들의 실록에 이르기까지 모든 것을 조사하도록 하였다. 그후 사사계는 1919년에 학무국 종교과로 이관되었다.

국내사찰현행세칙의 내용

1902년 7월 사사관리서에서 제정한 국내사찰현행세칙은 모두 36조로 되어 있다. 이는 일본불교의 침투에 따른 한국불교를 보호하기 위해 제정한 것이므로 당시 불교의 사회적 위상과 역할을 살펴볼 수 있다.

세칙은 먼저 한국불교를 통불교로 이해하고 있다. 하나의 교리나 종파에 구애되지 않고 돈(頓) · 점(漸) · 비밀(秘密) · 부정(不定) · 장(藏) · 통(通) · 별(別) · 원(圓)의 8교(教)의 수기문(隨機門)을 선양하여 견성성불의 진리를 개시할 것을 말하고 있는 것에서 그러한 의미를 찾을 수 있다.

천태의 교판에서 제시하는 위의 돈 · 점 · 비밀 등의 8교란 듣는 사람의 근기에 따라 설했던 대소승의 모든 경전을 망라하는 것이므로 그것은 부처님이 설한 교(教)의 모든 입장을 충분히 대변하고 있는 것으로 볼 수 있다. 여기에

다가 견성성불의 진리를 개시한다는 것은 선(禪)의 최종 목표를 견지하고 있음을 보여준다. 종래 조선불교에서도 선의 입장에서 교를 받아들였으나, 다소 현학적인 화엄 교학 일색이었음을 볼 때 이러한 8교에 입각한 선교의 조화는 다양한 교학의 수용 위에서 선을 추구했다는 점에서 통불교의 새로운 특징을 보여준다고 하겠다.

다음으로 제2조와 3조에서는 불교의 사회적 역할에 대해 거론하고 있다. 이 세칙에 의하면 "불교는 부모를 버리고 임금에게 예를 표하지 않는 종교가 아니다. 부모를 효양하고 스승과 연장자를 공경한다. 제왕을 중심으로 섬기며, 진실한 마음으로 붕우를 믿는다. 안과 밖의 친속과 서로 멀리 떨어지지 아니하는 일상적 윤리를 지닌다. 또한 정법을 따르고 오역죄를 짓지 않는 종교적 수행으로서 일반인을 교화한다"고 말함으로써 유교적 가르침과 다르지 않음을 피력하였다.

또한 제3조에서는 불교 행사를 실시할 때에는 항상 그 은혜가 사부대중에게 미치고, 그들이 진리를 체득하여 종교적 감화를 얻는 데에 목적이 있음을 이야기하면서 정치적인 이해관계는 일절 허락하지 않았다.

세칙은 승려의 법계를 1, 2, 3급의 3단으로 구분하고 이에 맞는 자격과 가사의 착용을 규정하였다. 또한 세칙은 본산제도를 규정하여 모두 16본산 체제로 정비하였다. 이 체계는 원흥사를 창건하여 국내 수사찰(首寺刹)로 삼고 각도의 중요사찰을 중법산으로 삼았던 것과 동일하다. 이와 같이 본산제도를 완비하고 각 본산에 두었던 승직은 종래 교단에 있었던 총섭·승통·화상·주지 등의 명칭을 구비하였다.

대법산의 승직으로는 좌교정(左敎正), 우교정(右敎正), 대선의(大禪議), 상강의(上講議), 이무(理務), 도섭리(都攝理), 감원(監院), 서기(書記), 지빈(知賓) 등이 있다. 이러한 승직 가운데 좌우 교정·대선의·상강의 등은 상징적 존재였다. 이들을 제외하고 실제적인 권한은 도섭리에게 있었다. 도섭리는 행정적으로 전국 사원의 일체 사무와 함께 새로운 건축은 물론 중수 및 흥폐분합(興

廢分合)과 사원의 산림관리, 그리고 승려들의 규찰까지도 관여함으로써 막강한 권한을 가졌다.

이와 같은 수사찰의 승직과 임무에 비해 중법산에 소속된 승직은 도교정(道敎正)·부교정(副敎正)·선의(禪議)·강의(講議)·섭리(攝理)·감원·서기·지빈 각 1인씩을 두었다. 중법산의 승직이 대법산과 다른 점은 이무라는 승직이 없다는 점이다. 그것은 대법산에서 이무가 보던 업무를 중법산에서는 선의와 강의가 겸하여 맡았기 때문이다. 중법산의 등급과 그들의 임무는 대법산과 동일하였다. 이들은 대법산의 명을 받아 도내 각 사찰을 지휘하였다. 행정적으로 어려운 일은 대법산에 자문을 받은 뒤 처리하였으며, 일체의 서류는 의무적으로 대법산에 제출하도록 되어 있다.

각 사찰에 둘 수 있었던 승직은 주직(住職)·감원·서기·지빈이었다. 물론 이들의 수는 사찰의 크기나 상황에 따라 다소 증감이 있었다. 임원의 임명은 중법산이 대법산에 품의하여 허가를 받는 절차를 거쳤다. 그러나 각 사찰의 사무만은 중법산의 지휘를 받아 시행하였다. 대법산은 물론 중법산과 각 사찰의 임원의 임기는 모두 1년이었다. 그러나 별다른 과오가 없거나 업무성적이 뛰어나면 1회의 연임도 가능하였다.

이와 같이 국내사찰현행세칙을 통한 승직과 행정조직의 완비는 산중불교시대에 세인의 관심 밖으로 밀려났던 불교가 새로운 발전의 기틀을 마련한 것을 의미한다.

먼저 국가의 사찰관리, 제한으로 나타난 두드러진 현상은 행정적 지휘감독권을 전적으로 관리서에 일임하여 사찰이 독자적인 사원관리를 수행할 수 없다는 점이다. 좌우교정이나 도교정은 사원과 승려에 관한 범위 내에서의 사무만 관장하고 나머지 행정상의 일들은 모두 관리서의 감독을 받아야만 했다. 또한 좌교정 이하 각 사원의 임원 첩지를 관리서에서 발급하고 있는 것도 국가적인 관리에서 벗어나지 못하고 있음을 보여주는 사례이다.

사사관리서가 설치되고 국내사찰현행세칙이 반포되면서 역사적으로 주목할 만한 것은 국가에서 승려가 되는 길을 공식적으로 인정하였다는 사실이다. 출가하고자 하는 자에게는 2냥을 본사에 납부한 후 도첩을 받고 그 뒤에 삭발하도록 하였다. 그리고 무적승들은 다시 승적을 발급받을 수 있도록 하였으며, 거짓으로 출가하는 승려를 엄금하였다. 도첩과 명적(名籍)이 없는 사실이 적발되었을 때에는 중징계하여 환속시킬 것을 성문화하였다.

국내사찰현행세칙은 그 동안 사찰본위로 이루어졌던 사원경제가 국가주도형으로 전환되는 과정을 보여준다. 이는 일본불교의 침투가 빈번해지면서 한국사찰을 병합하려는 의도가 노골화되자 이를 제지하기 위한 목적이었다.

가장 먼저 시행된 것은 사원내의 불상의 수, 탑과 부도, 사우의 크기, 건물의 건축양식, 사찰에서 사용하는 불기(佛器), 문서 및 탱화 등을 상세히 기록하게 하였다. 사원 소유의 전답과 산림 등도 주요 조사대상이었다. 그것을 책자로 만들어 해당 사원에 1부를 보관하고 각 도의 본사에 1부, 그리고 관리서에 1부를 두어 철저한 관리를 실행하도록 하였다.

이밖에도 조선조에서 당연한 것처럼 행해지던 사원의 제반 잡역을 혁파하고 있다. 이러한 경향은 조선말엽부터 현저하게 나타나고, 현행세칙이 반포됨으로써 법적으로 엄단하여 불교계의 짐을 덜어주는 계기가 되었다.

위에서 거론한 내용 이외에도 국내사찰현행세칙은 승려의 사회적 신분을 높이고 교단의 발전을 위해 보상과 징계의 규칙을 시행할 것, 학교를 설립하여 승려 가운데 총명하고 재주가 있는 자를 교육하여 교단의 발전을 도모하려는 정책들을 담고 있다. 결국 세칙은 사찰 및 승려들이 국가행정의 범위 안으로 편제되어 제도적인 보호를 받게되었고, 이에 따라 승려의 위상과 대우가 다소 향상되는 결과를 가져왔다.

3) 불교계의 사회활동

불교연구회

1904년 사사관리서가 폐지된 후 원흥사는 대법산의 기능을 상실하면서 점차 사세가 약화되어 갔다. 또한 1906년에는 원흥사를 일본불교의 전진기지로 사용하고자 하는 획책이 야기되기도 하였다. 이러한 시기에 원흥사를 보존하고 발전시키려는 목적으로 1906년 2월 불교연구회(佛敎硏究會)가 이곳에 들어섰다.

불교연구회는 홍월초(洪月初), 이보담(李寶潭)스님이 중심이 되어 원흥사에 본부를 두고 지방 각 사찰에 지부를 두었다. 회원들에게는 금동 팔각형의 회장에 '정토종교회장(淨土宗敎會章)' 이라는 여섯 글자를 각인해서 나누어 주었다. 이러한 불교연구회는 일본불교 가운데에서도 특히 정토종의 영향을 받아 설립하였으므로 실제 활동에 있어서도 정토종의 종지를 천양하였다.

1905년 을사보호조약 이후 불교계에 나타난 특징은 일본불교와의 연합이다. 이런 시대적 분위기에서 처음 연합을 모색한 곳이 불교연구회였다. 불교연구회는 일본 정토종과 결탁하여 한국불교를 일본불교에 합병시킬 계획을 수립하기도 하였다.

이와 같은 연합을 계획했던 이유는 당시 한국불교가 처한 억압과 천대를 벗어나려는 시대적 산물일 수도 있다. 왜냐하면 한국불교의 입장에서는 사회적 천시를 극복하고 나아가 새로운 사회질서 속에서 올바른 수행과 포교를 진행하기 위한 방법의 하나로 일본불교의 보호를 얻으려 하였음을 생각해 볼 수 있다. 또한 일본불교의 입장에서 보면 한국포교의 효과를 극대화하기 위해서는 한국의 사찰과 승려를 이용하는 것이 효과적이었고, 그 방법이 한일불교 연합으로 나타난 것이다.

불교연구회의 활동은 명진학교(明進學校)를 설립하고 불교와 신학문을 연마할 것을 호소하여 한국불교의 근대적 교육을 제창하였다는 점에서 높은 평가를 받는다.

불교연구회가 학교를 설립하려는 목적은 당시 각 지역에서 관립(官立), 공립(公立), 사립(私立)학교 설립의 난립으로 사찰의 토지가 이러한 학교에 귀속되어 학비로 사용되는 것을 막으려는 의도도 포함되어 있었다. 즉 사찰의 토지를 공공(公共)의 것이라는 이유를 들어 불교계의 의사와 관계없이 학교 설립 재정으로 쓰이는 것을 막고자 하기 위함이었다. 다시 말해서 무계획적인 학교 설립의 난립으로 학교를 유지할 수 있는 경비가 부족할 수밖에 없었고, 이에 따라 사찰 공유의 재산을 모두 학교에 이속하려는 움직임이 일어났다. 이를 방지하기 위하여 명진학교를 원흥사 터에 설립하고 성내 각 사찰에 청년 승려를 모집한 것이다.

학교의 설립과 교육활동

불교연구회의 총무를 맡고 있던 이보담스님은 1906년 2월 5일 명진학교 설립에 관한 청원서를 내부(內部)에 제출하였다. 내부는 2월 19일 이를 허가하면서 학문을 연구하고 교육을 개발하여 자비(慈悲)와 수선(修禪)에만 힘쓸 것을 당부하였다. 그러나 만약 교육을 빙자하여 폐단이 발생하면 그 일에 따라 상당한 조치를 취할 것이라는 단서를 붙여 승인하였다. 허가를 받은 불교연구회는 각 도의 수사찰에 통문을 보내 취지를 설명하고 학생을 모집하였다.

통문의 내용은 먼저 한국불교의 위상이 현저하게 낮아져 있음을 시인하는 한편, 당시 이교도들이 많아 곳곳에서 불교를 파괴, 훼손하고 그 전답을 학교에 부속시켜 학비로 충당하고 있어 불교계가 위기의식을 갖고 있다는 것이다. 그리고 그 원인은 승려들이 세계의 학문에 도달하지 못했고 사물의 이치를 등한시하였기 때문이라고 하였다. 따라서 그러한 모순을 척결하고 앞으로 불교가 흥왕하기 위해 학교를 설립해서 불교의 묘리를 연습하고, 새로운 가르침의 책을 배우고, 다른 나라의 언어를 배워야 한다는 것이다. 이러한 목적에 의해 설립된 명진학교는 당시 의식있는 승려들의 지지와 경제적인 후원을 받았다.

이와 같은 통문을 각 도의 수사찰에 보낸 후 마침내 1906년 4월 10일 학생을 모집하여 명진학교를 설립하였다. 그 후 6월 14일에 이르러 경무사 박승조가 직접 원흥사에 와서 섭리 김월해스님과 다른 승려들을 해산시키고 사찰건물을 명진학교에 위탁하여 학생을 교육하는 데 사용하도록 하였다.

명진학교의 교과과정

1학년		2학년	
제1학기	제2학기	제1학기	제2학기
法界觀門	天台四敎儀	華嚴經	華嚴經
三部經	楞伽經	拈頌及說話	傳燈錄
梵網經	四分律	涅槃經	宗鏡錄
宗敎學及宗敎史	布敎法	法制大要	法制大要
算術	算術	哲學及哲學史	哲學及哲學史
歷史及地理	歷史及地理	算術	算術
(本國歷史地理)	(本國歷史地理)	歷史及地理	歷史及地理
理科	理科	(外邦歷史地理)	(外邦歷史地理)
(博物·生物大要)	(博物·生物大要)	理科	理科
珠算	測量	(物理·化學大要)	(物理·化學大要)
農業初步	圖畵手工	測量	經濟大要
日語	日語	日語	日語
體操	體操	體操	體操
參禪勤行	參禪勤行	參禪勤行	參禪勤行
11과목	11과목	11과목	11과목

명진학교는 불교인들의 염원으로 세워진 근대적 교육기관으로서의 역할 때문에 처음 신입생을 뽑는 과정이 상당히 엄격하였다. 당시 명진학교에 입학하려면 전국의 중법산 사찰에서 수학하여 대교과를 마친 자로서 중법산의 추천이 있어야만 가능하였다. 입학이 어려운 만큼 학업과정도 상당히 어려웠다.

수업연한은 2년제로서 정원은 각 학년당 35명씩이었다. 한 학기에 11과목의 강좌가 마련되었는데 '보통신학(普通新學)' 이라 하여 불교과목보다 근대학문의 기초분야 즉 이과 · 측량 · 산술 · 경제 · 법제 등에 비중을 두었다. 따라서 명진학교에서 근대학문을 수학한 승려들은 한국불교의 근대화 과정에 일익을 담당하였다.[8]

특히 근현대불교를 이끌어간 권상로(權相老, 1879~1965) · 강대련(姜大蓮, 1875~1942) · 안진호(安震湖, 1880~1965) · 이종욱(李鍾郁, 1884~1969)스님 등이 명진학교 출신이었다.

명진학교는 최초의 근대식 불교학교로서 새로운 시대를 선도할 인재를 양성할 수 있는 교육체계를 구비하였다는 점에서 큰 의미를 찾을 수 있다. 즉 명진학교는 중앙의 최고 교육기관으로 존재하고, 그 기초 예비학교로서 각 지방 사찰에 보통학교를 설립하였다. 용주사의 명화학교, 건봉사의 봉명학교, 범어사의 명정학교 등 전국의 사찰에서 세운 보통학교는 1910년 당시까지 10여 개에 달했다. 이러한 제도의 완비는 명진학교로 하여금 고등교육기관으로서의 위상과 역할을 가질 수 있게 하였다.

한편 당시에도 전통강원은 계속 유지되었다. 강원제도의 원류는 고려시대 보조 지눌(普照知訥)로부터 시작되어, 조선후기인 17세기의 인조~숙종조를 거치면서 교과과정이 완비되었다. 강원의 학제는 사미과(沙彌科), 사집과(四集科), 사교과(四敎科), 대교과(大敎科)의 4단계로 되어 있었으며 이 밖에도 일종의 대학원 과정이라 할 수 있는 수의과(隨意科)도 마련되어 있었다. 전통적으로 강원의 수업년한은 10년제와 11년제가 양립하고 있었다.

---

8) 南都泳,「舊韓末의 明進學校」,『歷史學報』제90집, 歷史學會, 1981, pp.118~121.

전통강원의 학제와 과목

10년 과정			11년 과정		
과정	과목	기간	과정	과목	기간
沙彌科	朝夕誦呪·沙彌律儀·般若心經·禮懺·初發心自警文	1년	沙彌科	朝夕誦呪·沙彌律儀·般若心經·禮懺·初發心自警文·緇門警訓·禪林寶訓	3년
四集科	書狀·都序·禪要·節要	2년	四集科	書狀·都序·禪要·節要·壇經	2년
四敎科	楞嚴經·起信論·金剛經·圓覺經	4년	四敎科	楞嚴經·起信論·金剛經·圓覺經	2년 6개월
大敎科	華嚴經·拈頌·傳燈錄	3년	大敎科	華嚴經·拈頌·傳燈錄·十地論·禪家龜鑑·妙法蓮華經	3년 6개월
隨意科	法華經·涅槃經 등을 본인의 근기에 따라 修學함				

※ 李能和,『朝鮮佛敎通史』下, p.989

4. 원종의 성립과 의의

원종의 성립과 역사적 의의

한국불교의 발전과 체계적인 종무를 위해서는 종단의 재건이 무엇보다 시급한 과제였다. 그러나 불교계 내외 사정은 격변기였다. 1905년 을사조약에 반발하여 전국에서 의병운동이 일어났고, 1907년에 이르러 민중들 사이에 자발적인 반일운동인 '국채보상운동'이 전개되었다. 여기에 해인사·건봉사·범어사와 같은 사찰에서도 조직적으로 참여하였다. 반일민족운동이 격화되자 당시 일본 정토종의 후원을 받던 불교연구회장 이보담스님은 여론에 밀려 회장직과 명진학교 교장직에서 물러났다.

1907년 6월에 전국 사찰 대표자 50여 명이 총회를 열고 불교연구회장과 명진학교장에 이회광(李晦光, 1862~1933)스님을 선출하였다. 전국 사찰의 대표자들은 제방에서 신망받던 이회광스님을 추대하여 한국불교의 새 진로를 모색하여 나갔다. 그리하여 1908년 3월 6일, 전국 사찰 대표자 60여 명이 원흥사에 모여 총회를 열고 원종(圓宗) 창종을 결의하였다. 한국불교계는 드디어 교

---

9) 원종이라는 종명이 지니는 의미는 다양하게 해석된다. 먼저 이능화는 종명을 원종이라 이름한 것은 불교의 원융무애(圓融無碍)의 뜻에서 연유된 것이라 하였고(『朝鮮佛教通史』下, P937), 다까하시는 자신이 당시 대종정에 피선된 이회광으로부터 직접 들었다며 영명사(永明寺) 연수(延壽)의 『종경록(宗鏡錄)』에 의거한 선교겸수종문(禪教兼修宗門)을 표방한 것이라 하였다. (高橋亨, 『李朝佛教』 pp.920~921) 두 가지 견해 이외에도 원종은 당시의 불교가 선이나 교의 어느 한쪽에 치우치지 않고 참선·간경·염불, 그리고 밀교까지 두루 수행한다는 뜻에서 원종이라 하였다는 주장도 있다. (金包光, 『조선불교사(朝鮮佛教史)』 p.121) 세 가지 주장 모두가 표방하고 있는 의미는 선이나 교 어느 한쪽에 치우치지 않는 모습이라고 할 수 있다. 당시 불교계의 현실적 입장과 사회에서 요구하는 불교계의 자세가 바로 이러한 것이었으므로 이 세 가지 뜻이 모두 담겨있는 원종이라는 종명이 가장 합당한 이름일 수 있다. (金敬執, 『한국근대불교사』, 경서원 1998, pp.246~251)

단 재건의 깃발을 든 것이다. 원종은 1908년 3월 17일『황성신문』에「불교종
무국 취지서」라는 광고를 게재하여 본 종이 각도 사원의 총람기관이자 전국
승려의 원동력임을 천명하였다.[9]

원종이 출범하자 일본불교계 각 종파에서는 원종에 경쟁적으로 접근하였
다. 일본 진종 경성별원과 정토종 포교사들은 대종정 이회광에게 감언이설로
결합을 제의하였으나 스님은 명백히 거절도 승낙도 하지 않은채 오로지 전 사
찰을 통일하는 일에만 힘을 기울였다. 원종은 창립 2년만인 1910년에 전국 사
찰의 원력을 모아 한국불교사에서 새 시대를 열어 가는 사업을 추진하였다.

먼저 서울 도성 안에 처음으로 사찰 건립을 추진하였다. 승려의 도성출입과
4대문 안 사찰의 건립은 당시 불교계의 숙원 불사였다. 원종은 이러한 숙원을
해결하고자 1910년 음력 2월부터 전국 사찰에 모금운동을 전개하여 종로 수
송동에 각황사를 건립하였다.

이회광스님

그리고 원종은 명진학교를 개편하여 불교사범학교로 승격시키는 등 교육사업을 확장하려 하였다. 이 결과 원종은 명진학교를 고등 수준으로 승격시키기로 하고 1910년 4월에 불교사범학교로 승인을 받았다. 또한 원종은 종단 기관지인 『원종』을 1910년 12월에 창간하였다. 이 『원종』은 불과 2호를 내고 중단되었으나 불교계 최초의 잡지로서 큰 의의를 지닌다.

한국불교 근대사에서 최초의 종단인 원종은 이렇듯 짧은 기간에도 불교사에서 새시대를 여는 획기적인 사업을 추진하였다. 특히 4대문 안에 대규모 사찰을 세워 불교의 위상을 높이는 등 산중불교에서 도시불교로 전환하는 일대 계기를 만들었다.

그러나 이렇듯 수백년 만에 재건된 원종에도 해결되지 않은 문제가 있었다. 그것은 당시 정부당국이 원종을 합법적인 종단으로 인정하지 않고 있었던 것이다. 1908년 창립과 동시에 원종 지도부는 당국에 인가 신청을 하였지만, 1910년까지도 인가를 받지 못했다.

정부의 인가를 받지 못했음에도 불구하고 원종 지도부는 서울 한 가운데에 사찰 건립을 본격적으로 추진하여 1910년 5월 초에 개원한 것이 각황사였던 것이다. 또한 13도 사찰을 대표하는 원종 종무원의 설립 신고서를 한성부윤에게 보냈다. 그러나 결국 원종도 각황사도 인가를 받지 못하였다. 원종 지도부는 인가 문제를 해결하기 위해 친일파였지만 정계 실력자였던 일진회장 이용구를 통해 인가 문제를 청원하였다. 그러자 이용구는 시천교(侍天敎)와 불교의 병합을 제안하였다. 이 황당한 제안에 이회광종정을 비롯한 원종 지도자들은 당연히 거절하였다.

1910년 8월 일제는 대한제국의 국권을 강탈하였다. 이제 원종 지도부는 한국불교의 미래를 고민하지 않을 수 없었다. 원종 지도부는 1910년 9월, 전국 72개 사찰 대표자들을 모아 총회를 소집하고 원종의 진로 문제를 논의하였다. 이 자리에서 이회광종정은 한국불교는 일본불교의 힘을 빌리지 않으면 한국불교의 개혁을 도모할 수 없다는 주장을 하였고, 사찰 대표들은 이회광종정의 의견에 공감을 표하고 일본불교와 연합할 위임장을 작성하여 넘겨 주었다.

1910년 10월 초 원종의 대표 이회광종정은 일본으로 건너가 조동종 관장을 만나 연합에 관한 의견을 나누었다. 종정은 조동종과 연합을 통해 조선 포교의 발전을 도모하기를 희망한다는 뜻을 전했다. 그러나 조동종 대표는 한국불교가 아직 발전하지 못했기에 대등한 연합은 곤란하니 얼마간 조동종에 부속하는 것이 어떠냐고 말하였다. 그러자 이회광종정은 자신이 위임받은 것은 연합이지 부속은 아니라고 거부하며 자리를 떴다. 여기서 나라를 잃고 고육지책 끝에 일본불교와 연합을 추진한 원종 이회광종정의 마지막 자존심을 느낄 수 있다. 사실 이것은 어찌보면 한국불교의 자존심이기도 했다.

이러한 이회광의 고집에 조동종 종무원은 결국 원종의 연합 제의를 받아 들이되 조약서의 대표를 관장보다 한 단계 낮은 종무 대표가 맡도록 하였다. 우여곡절 끝에 1910년 10월 6일 조선 원종과 일본 조동종의 연합을 확인하는 7개조의 연합맹약을 체결하였다.

맹약 7개조는 대체로 근대화에 앞선 일본 조동종이 아직도 전근대적인 조선 원종의 인가와 포교, 교육을 지원한다는 내용이다. 특히 '조동종이 조선 원종 종무원의 설립 인가를 알선해 줄 것'이라는 조항을 세 번째에 넣어 원종이 창립 이후 숙원이었던 인가 문제에 얼마나 큰 기대를 갖고 있었는가를 알게 해준다.

일본에서 조동종과 연합을 성사시킨 이회광종정은 며칠 뒤 귀국하자마자 연합 맹약을 추인받고자 전국 사찰을 순방하였다. 전국을 순회하며 조동종과의 연합을 추인받은 이회광종정은 여세를 몰아 다시 원종 종무원 인가운동에 돌입하였다. 일본 조동종도 맹약에 따라 특사를 파견하여 총독부에 조선불교 원종 종무원의 인가를 청원하였다.

원종 종무원은 1910년 10월말 조동종의 특사가 와서 청원운동을 전개하는 우호적인 분위기에서 총독부 내무부에 각황사 개원과 원종 종무원 설립 신고서를 다시 제출하였다. 그러나 일제 당국은 11월 중순 경기도 장관 앞으로 보낸 공문에서 원종 종무원의 인가는커녕 지난 5월에 이미 각하했음에도 여전히 사찰과 종무원의 이름을 쓰는 것은 법규를 위반한 것이니 이회광종정을 의법조치하라고 지시하였다.

일제는 1천6백년의 역사와 전통을 간직해 온 한국불교가 새시대를 맞아 수백년 만에 서울에 다시 사찰을 세우고 종단을 재건하겠다는 뜻을 받아 들이기는 고사하고 법을 위배했다며 징역형으로 협박하였다. 이처럼 천신만고 끝에 자주적으로 설립한 원종 종무원이 인가를 받지 못한 상태에서 한국불교계를 뒤흔드는 크나큰 문제가 발생했다.

이 사태의 전말은 1910년 12월 무렵 원종 종무원 서기가 조동종과의 연합맹약 7개조 전문을 통도사 대중들에게 누설하면서 밝혀졌다. 이회광종정은 전국을 다니며 맹약을 설명할 때 조동종의 원종 인가 지원 등 유리한 3개 조항만을 말하였는데 이 밖에도 한국불교에 불리한 4개 조항이 더 있다는 사실이 세상에 알려지게 된 것이다.[9] 불교계는 망국적인 한일합방조약 체결일로부터 불

---

9) 원종과 조동종의 연합맹약 전문은 다음과 같다.
「조선 원종 - 일본 조동종 연합맹약」
一. 조선 전체의 원종 사원 대중은 조동종과 완전히 또 영구히 연합 동맹하여 불교를 확장한다.
一. 조선 원종 종무원은 조동종에 고문을 부탁한다.
一. 조동종무원은 조선 원종 종무원이 설립 인가 취득을 알선하는데 노력한다.
一. 조선 원종 종무원은 조동종의 포교에 대하여 상당한 편리를 도모한다.
一. 조선 원종 종무원은 조동종무원에서 포교사 약간명을 초빙, 각 수사찰에 배치하여 일반 포교 및 승려 교육을 맡기고, 또 조동종무원이 필요하여 포교사를 파견할 때에는 조선 원종 종무원은 조동종무원이 지정하는 곳의 수사찰이나 사원에 숙소를 정하여 일반 포교 및 승려 교육에 종사케 한다.
一. 이번 동맹 체결은 쌍방의 뜻이 맞지 않으면 폐지 변경하거나 개정할 수 있다.
一. 이번 동맹 체결은 각각 관할처의 승인을 받은 날로부터 효력을 발생한다.

1910년 10월 6일
조선 원종   대표자 이회광   ㉑
일본 조동종 대표자 홍진설삼   ㉑

과 45일만에 조인한 맹약은 매종행위와 다름없는 것이라 규정하였다.

이러한 비판에도 불구하고 원종은 4대문 안에 각황사 건립과 교육사업 확장, 최초의 불교잡지인 『원종』의 창간 외에 대중적 관심을 바탕으로 도심 포교에서 상당한 성과를 거두었다. 먼저 1911년 11월 원흥사에서 전국의 유명한 법사를 초청하여 열반경회를 개설하였고, 1912년 초에도 역시 원흥사에서 금강계단을 설치하고 구족계와 보살계의 장엄한 의식을 시행하였다. 이는 각 사찰의 출가자를 한 곳에 모아 수계산림을 개설한 것으로서 근대들어 최초의 체계적 행사였다. 근대적 종단으로서의 원종의 위상이 한층 의미를 갖는 일이었다. 또한 원종은 도시 포교당의 설립을 적극 추진하였다. 고운사, 해인사, 용주사 등이 참여하여 10여 곳의 포교당이 등장한 것이 이 무렵의 일이었다. 이 밖에도 원종은 각황포교당에서 석가세존의 탄신과 열반을 기념하는 성대한 법회를 개최하였고, 종정 이회광은 경성감옥소에서 법회를 여는 등 처음으로 재소자 포교의 문을 열었다.

II. 민족불교의 시련과 극복
(1910 ~ 1945)

1. 불교중흥의 노력과 식민지불교

1) 임제종과 종단건설

한국불교 원종을 일본 조동종과 연합시키려는 이회광종정의 의도가 알려지자 많은 승려들이 분노하였다. 그것은 한국불교를 일본 조동종에 팔아 넘기는 매종행위와 다르지 않았기 때문이다. 이에 1910년 10월 박한영, 진진응(陳震應), 김종래(金鍾來)스님 등은 광주 증심사(證心寺)에서 연합을 반대하는 승려대회를 갖기로 하였다. 그러나 모이는 사람이 많지 않아서 유회되고, 다시 한용운(韓龍雲, 1879~1944)스님 등이 합세하여 유세와 격문(檄文)으로 연합 반대 운동을 크게 확대시켰다. 그리하여 1911년 1월에 영호남의 승려들은 순천 송광사에 모여 원종과 대항하는 별도의 종단으로 임제종(臨濟宗)을 설립하기로 결의하였다. 임시 종무원은 송광사에 두고 관장으로는 선암사(仙巖寺)의 경운(擎雲)스님을 선임했다. 그러나 경운스님은 연로하여 집무하기가 어렵다고 사양하였고, 한용운스님이 관장대리로 종무를 맡게 되었다.

한용운스님은 임제종이 창종한 본 뜻을 역사와 전통을 자랑하는 한국불교가 일본에 합병될 수 없다는 자주의식의 실천이라고 평가하고 이를 통해 한국불교의 부흥을 도모하고자 하였다. 한편 전국의 강사, 선사들로서는 원종 지도부가 자신의 종지와 법맥도 모른채 일본 조동종에 의탁하는 것을 도저히 받아 들일 수 없는 일이었다. 그것은 한국불교의 정신과 법통을 팔아 먹는 매불 매종 행위였다. 이러한 배경에서 한국불교의 자주성을 지키려는 많은 인물들이 결집하여 임제종을 창종한 것이다.

원종은 뚜렷한 법맥을 제시하지 못하였으나 임제종은 "한국의 선종은 태고 이래로 임제종의 법맥을 이어왔으므로 임제종이 정당하다"고 하였다. 이후 임제종은 범어사로 종무원을 옮긴 뒤 서울을 비롯하여 광주, 대구, 부산 등지에 포교소를 세우고 북쪽의 원종과 대치하면서 세력을 확장해갔다. 또한 1912년 5월에는 백용성(1864~1940), 한용운스님 등의 주도로 서울 대사동(현 인사동)에 '조선임제종 중앙포교당'을 설립하였다. 개교식에서 한용운스님이 취지를 설명하고, 백용성, 정운복, 이능화 등의 연설이 이어졌다. 개교식은 1300여 명이 참석할 정도로 성황을 이루어 임제종 운동을 대중화하는 데 크게 기여하였다.

한편 총독부는 한국불교를 순량화(純良化)하여 식민통치에 활용할 목적으로 1911년 사찰령과 그 시행세칙을 발포하여 30본말사제도를 확립하였으며, 그에 따라 30본산 주지를 새로 인가하였다.[10]

1912년 총독부는 남당 '임제종'과 북당 '원종'으로 대립양상을 보이는 한국불교에 대해서 모두 간판을 내리게 하였다. 그러나 원종측의 이회광 등 다수의 본산 주지들은 총독부가 한국불교의 종지와 종명을 '조선불교선교양종(朝鮮佛敎禪敎兩宗)'으로 정한 것을 사전에 알고 있었다. 이에 30본산주지회의소 회의에서 그 종명을 그대로 채택하였으며, 30본산주지회의소를 '조선선교양종 각본산 주지회의원'으로 개칭하여 초대 원장에 이회광스님을 선출하면서 계속 세력을 유지하려고 하였다. 주지회의원은 1915년 30본산 연합사무소가 성립할 때까지 불교계 대표기관으로 활동하게 되었다. 그 규칙에 보면 "사찰령과 시행규칙을 준행(遵行)하며 그에 의하여 사찰을 완전하고 또 영구히 보호하며 승려교육과 인민포교를 일층 장려할 것"을 목적으로 하는 한편, 각 본산 주지들이 총독부에 함께 나가 신년 축하식을 거행키로 하는 등 일본과의 현실타협적 성격이 깊이 깔려 있었다.

---

10) 당시 30본산은 용주사·전등사·봉은사·법주사·마곡사·동화사·김룡사·고운사·은해사·기림사·범어사·통도사·해인사·위봉사·보석사·선암사·송광사·건봉사·월정사·유점사·성불사·패엽사·법흥사·영명사·보현사·석왕사·대흥사·백양사·봉선사·귀주사 등이다. 그 뒤 1920년 화엄사가 승격하여 31본산이 되었다.

한편 한용운스님을 중심으로 한 승려들은 '임제종 중앙포교당'을 '조선선종 중앙포교당'으로 개칭하여 활동을 지속하는 한편, 사찰령의 이른바 30본산 제도에 대응하는 불교계의 대표기관을 세워 불교를 확장시키자는 취지로 조선불교회(朝鮮佛教會), 불교동맹회(佛教同盟會) 등을 조직하려 했으나 일제의 제지로 실패하였다. 이러한 임제종운동은 한국불교의 전통을 수호함으로써 3·1운동과 불교청년운동, 사찰령철폐운동, 총본산건설운동 등 자주적 불교 건설과 항일 민족운동의 정신적인 근원이 되었다. 또한 임제종 운동에 적극 참여한 선사들의 전통은 선학원, 선리참구원, 조선불교선종 건립 등으로 이어져 나갔다고 평가할 수 있을 것이다.

2) 일제의 종교정책과 사찰령

일제가 한국을 본격적으로 지배하기 시작했던 통감부(統監府) 시기의 종교 정책 목표는 한마디로 종교를 한국침략에 이용하는 것이었다. 신도(神道)와 불교를 비롯한 일본종교의 한국내 진출을 제도적으로 지원하는 한편, 일본 종교인을 정치적으로 이용하여 한국인의 일본에 대한 호감을 유도하고 친일 여론을 조성하는 데 주력하였다. 그러다가 1910년 이후 1919년까지의 소위 무단통치기는 종교 통제의 제도화를 위한 법규를 마련하여 종교에 대한 통제기반을 완성하는 시기라고 볼 수 있다.

결국 모든 종교활동은 총독의 허가에 의하여 이루어지도록 함으로써 종교·신앙의 자유는 정치적인 제약을 벗어날 수 없었다. 모든 종교를 하나의 법규로써 통제하는 것이 아니라 불교와 기독교, 일본종교를 각기 다른 법규에 의하여 통제하였다. 유교에 대해서는 경학원규정(經學院規定, 1911년)을 제정하여 유교의 영향력을 거세하려 하였고, 기독교에 대해서는 포교규칙(布教規則, 1915년)을 통해 모든 종교활동에 대한 파악과 정치적인 통제를 제도화하였으며, 일본신도와 일본불교는 별도로 신사사원규칙(神社寺院規則, 1915)을 두어 보호하였다.

이러한 종교 통제정책의 일환으로 한국불교에 대해서는 1911년 사찰령과 그 시행규칙을 제정하여 한국불교에 대한 행정적인 통제를 완성하려 하였다. 일제가 한국불교에 대하여 취했던 정책은 한국불교를 일제에게 동조, 또는 호감을 가지는 교단으로 유도하려는 것이었다. 즉 한국사람들을 이른바 '순량한 인민으로 화성(化成)하기' 위해서는 불교의 영향력을 이용하는 것이 무엇보다도 효과적이라고 생각했던 것이다. 이러한 목적을 달성하기 위해서는 불교를 강력히 통제·장악할 필요가 있었고, 이에 따라 만들어진 것이 사찰령이었다. 겉으로는 "한국불교는 일본불교의 지배를 받지않는 독자적인 종파로서 스스로 교세를 회복해야 한다"는 취지를 내세워 한국불교계를 회유했지만, 사실은 식민지 통치 기구의 일종이었던 것이다.

일제의 사찰령은 1911년 6월에 발포되었는데 전문 7개조로 이루어졌다. 그 시행규칙은 1911년 7월 전문 8조로 제정하였다. 이후 사찰령 제3조에 의하여 각 사찰은 사법을 제정하여 총독의 허가를 받게 하였다. 이것은 불교 자체의 발전보다는 한국불교를 행정적으로 장악하기 위한 식민지 통치 기구의 일환이었다. 그러므로 한국불교의 교정(敎政)을 총독이 완전히 장악하도록 만들어질 수밖에 없게 되었다.

예를 들면 "사찰을 병합, 이전하거나 폐지하고자 할 때는 총독의 허가를 받아야 한다"(사찰령 제1조)고 한 것이나, "본산 주지는 총독, 말사 주지는 도장관(道長官)의 허가를 얻어야 한다"(시행규칙 제2조)는 규정에서 일제의 통제 의도를 명확히 알 수 있다. 조선총독은 사찰 행정의 주체인 주지들을 관권으로 임명함으로써 한국불교의 교정을 장악하는 계기를 마련하였던 것이다.

뿐만 아니라 "사찰의 본말관계, 승규법식(僧規法式), 기타 필요한 사법을 각 본사에서 정하고 조선총독의 허가를 얻어야 한다"(사찰령 제3조)는 규정에 의해 각 본사가 사법을 제정하여 승인을 받게 되었는데, 그 사법의 성격이 또한 문제였다. 즉 총독부 종교과 관리가 일본 불교 제도를 토대로 식민지 통치에 편리하도록 미리 초안하여 각 본산으로 하여금 작성케 하였다. 따라서 각 사법은 그 내용이 동일하였고 사찰의 특성이 감안될 수 없었다. 또한 주지의 권력이 비대하게 규정되었고, 각종 법식에 있어서도 기원절(紀元節), 천장절(天長節) 등 불교와 관련이 없는 일본의 축제일과 역대 천황 제일(祭日)을 지키게 하는 등 이른바 '충량(忠良)한 일본신민'을 만드는 데에 초점이 맞추어져 있었던 것이다.

사찰령과 그 시행규칙, 그리고 사법은 일제가 그들의 식민지 통치 목적에 부응하도록 한국불교를 장악하기 위해 만들어 놓았다. 그러므로 불교 자체의 진흥과는 아무런 관계가 없었던 것이다. 오히려 수많은 폐해를 남겨 놓음으로써 오늘날까지도 악영향을 미치는 최대의 악법이었다. 그러나 당시 불교계 인사 중에 그 본질을 깨닫고 있던 사람은 희박하였다. 불교계로서는 불교가 국가의 관리를 받게 된 것에 대해 오히려 옹호, 찬양하는 분위기가 주류를 이루었다. 당시 여론을 이끌었던 『조선불교월보』와 같은 불교 잡지의 논조를[11] 보더라도 사찰령에 대한 옹호가 주조를 이루고 있다.

그런데 이것은 일제의 집요한 정책적 배려에 의한 것이기도 했다. 즉 본산 주지 및 기타 유력 인사들을 우대하여 여러 차례에 걸쳐 일본시찰을 알선하고, 천황 면담 주선, 총독에 대한 신년하례 등을 추진하여 그들의 환심을 사는 데 주력했던 것이다. 이러한 환대는 그 동안 핍박받던 조선시대에 비하면 천양지차의 변모라 할 만한 것이었다. 그리하여 최소한 1910년대의 한국불교는 이러한 역사 인식의 부족이라는 공통적인 한계를 가질 수밖에 없었던 것이다.

사찰령이 한국불교에 남겨 놓은 폐해는 여러 가지가 있다. 구체적으로 예를 들면 먼저 본말사 관계를 종교적 차원이 아닌 행정적 편의주의로 개편함으로

11) 예를 들면 "사찰령이 실시되어 승려의 몸이 안고(安固)되고 사찰 소유의 재산이 보호되었으니, 이 때에 죽은 승려는 소생한 심지로 성은의 넓고 크심에 감격 운운" 등과 같은 것이다.

30본산 연합사무소의 일본사찰단, 동경 증상사 (1917. 9. 7)

써 한국불교의 관료화를 초래하였다는 점이다. 또한 본산 주지의 권한 집중과 경제적 부로 인해 그들의 지계(持戒) 정신과 개혁의지를 약화시켰다는 점도 빼놓을 수 없다.

본산 주지들이 지나치게 속화(俗化)·타락한 결과, 이로부터 이른바 '주지 전단(專斷) 시대'라는 특수 용어가 생겨날 만큼, 교단에 여러 가지 부작용을 낳았다. 사찰의 주지는 원래 산중 공의(公議)에 따라 추대되는 것이 전통적인 관습이었다. 그런데 그 임면권이 총독에게로 옮겨짐으로써 주지들의 안중에 는 오직 총독이라는 감독관이 있을 뿐, 여타의 시비는 두려울 것이 없게 된 것 이다. 뿐만 아니라 재산에 대한 처분 및 관리권이 주지에게 있었고, 동시에 인 사권이 주어졌다. 이러한 모든 특권은 일제의 사찰령이 초래한 결과였으니 주 지들의 친일 성향도 어찌 보면 거부할 수 없는 추세였던 것이다.

또한 사찰령 체제는 한국승려의 취처(娶妻)를 가능하게 함으로써 한국불교 를 결정적으로 왜곡하고 말았다. 사실 사법을 처음 제정할 당시에는 '대처식 육하는 자에게는 비구계를 불허'하였는데, 막강한 권력과 경제적 부에 몰두 한 주지들이 이 조항을 삭제하도록 청원함으로써 결국 1926년에 가서 대처식 육을 허용하는 사법이 개정되었던 것이다. 이로써 승려들은 앞다퉈 처첩을 거느리게 되었으니, 이것은 주지들의 타락상을 보여주는 단적인 예라고 할 수 있다. 이들 타락한 주지들은 겉으로는 불교의 개혁을 주장하면서도 사실은 교권의 유지에만 급급하였으며, 종권(宗權) 장악을 위해서는 적극적인 친일 행위도 서슴지 않았던 것이다. 이는 총독부의 획일적인 지배정책이 의도한 결과였다.

한편 1910년대 말경에는 불교계에서 사찰령과 일제의 무단통치에 대한 직접적인 항일 투쟁도 서서히 일어났다. 그 대표적인 예가 1918년 제주도 법정사(法井寺)에서 방동화(方東華) 등의 승려들이 중심이 되어 일으켰던 항일 무장봉기였다. 1919년 3·1운동과 그 이후의 본격적인 불교계 항일 투쟁을 위한 첫걸음이었다.

3) 불교개혁론의 제창

일제의 사찰령으로 인해 질곡 속으로 빠져들고 있는 와중에서도 한국불교는 새로운 시대상황에 적응하면서 변화와 발전을 모색하게 된다. 이러한 상황은 분명 혼란스러운 것이었지만 한편으로는 희망과 의욕을 가지기에 충분한 것이었다. 특히 기독교의 급속한 발전상은 가장 큰 충격이었다. 용성스님의 「귀원정종(歸源正宗)」(1910년)은 그에 대한 최초의 체계적인 대응이라는 점에서 주목된다. 스스로 말하기를 "다른 종교에서는 곳곳마다 교당을 짓고 종소리가 쟁쟁하여 교중이 만당함을 보았으나 우리 불교에는 각황사 하나만이 있을 뿐이다. 더욱이 우리 선종에서는 한 사람도 선전함이 없음을 한없이 탄식하고, 즉시 임제선사의 제접함을 본받아 종지를 거양하였다"고 한 것처럼, 기독교의 배척과 공격에 대하여 교리적인 반박과 변론을 시도했던 것이다.

그런데 기독교에 대한 이러한 경쟁의식을 더욱 강화시켜 준 것은 당시 지식계를 풍미했던 이른바 사회진화론이었다고 할 수 있다. 우승열패(優勝劣敗),

적자생존의 논리가 널리 알려지면서, 불교가 타종교와의 경쟁에서 뒤지지 않고 살아남기 위해서는 구태의연한 불교를 새롭게 개혁해야 한다는 시대 사조를 자연스럽게 형성하게 된다. 개혁 성향의 인사들 뿐만 아니라 보수 기득권 층으로 알려진 인사들까지도 개혁과 유신을 내세웠으니, 바야흐로 당시 한국 불교계에서는 '개혁'이 하나의 패러다임을 형성하고 있었다고 해도 과언이 아니다. 『조선불교월보』를 비롯한 당시의 불교 잡지에 실린 글들을 보면 대부분이 불교의 '진화' 또는 '개혁'을 주장하고 있어, 개혁 패러다임이 당시 불교인들 사이에 광범위하게 영향을 끼치고 있었음을 알 수 있다.

개혁의 당위성이 광범위한 공감대를 형성하는 분위기 속에서 이를 이론적으로 체계화한 인물이 퇴경 권상로(權相老)와 한용운스님이었다. 권상로는 발행을 책임지고 있던 『조선불교월보』를 통해 1912년 4월부터 1913년 7월까지 총 12회에 걸쳐 「조선불교개혁론」을 연재하였고, 한용운스님은 1910년에 탈고한 「조선불교유신론」을 1913년 5월에 발표하게 된다.

권상로의 불교개혁론이 갖는 특징은 다음과 같다. 이 논문은 '조선불교진화자료(朝鮮佛敎進化資料)'라는 부제에서 나타나듯 사회진화론에 따른 종교 경쟁을 입론의 근거로 삼았다. 조선불교의 폐쇄성에 대한 신랄한 비판을 전제로 개혁의 불가피성을 역설하였고, 불교의 평등주의에서 불교개혁의 최고 이상을 발견하였다. 또한 석가가 불교를 열고 달마가 선종을 개창한 것처럼, 근본적인 의미에서의 종교 개혁을 추구하였고, 제도적 개혁 이전에 믿음, 즉 신근(信根)을 확고히 하는 정신 개혁을 강조하였다. 끝으로 제도적으로 하나의 재단(財團)으로 단합해야 함을 강조하였고, 교리를 연마하기 위한 교육 제도의 개량을 구체적으로 제시하였다.

그의 불교개혁론은 무엇보다도 교계 최초로 개혁 논의에 불을 지피고 개혁의 당위성을 계몽하는 역할을 했다는 데 의의가 있다. 사실 구체적인 방안 제시보다는 대부분 현실 비판과 개혁의 당위성, 그리고 정신적인 각성을 촉구하는 것으로 이루어져 있다고 할 수 있다. 특히 자신이 전통 강원교육을 통해 성

권상로

한용운스님

장했으면서도 전통 불교학을 상당히 비판적으로 보고 있는 점이 주목되는데, 치열한 종교 경쟁에서 불교가 승리하기 위해서는 과거의 구습을 철저히 타파해야만 한다고 주장하였다. 또한 양계초(梁啓超)의 신사학(新史學)에 영향을 받아 '단체(團體)'를 중시함으로써, 1920년대부터 본격화되는 '교단 통할기관 건설운동'에 이론적인 근거를 제시했다고 할 수 있다. 그러나 이 개혁론은 한용운스님처럼 지속적인 실천운동으로 승화되지 못하고 다만 이론적인 천착에 그쳤으며, 오히려 1937년 중일전쟁 이후에는 완전히 반동화되어 일제에 순응하는 노선으로 선회하였다는 데 문제가 있었다.

한편 한용운스님의 『조선불교유신론』의 특징을 살펴보면 다음과 같다. 불교가 다종교 상황 속에 놓여 있는 여러 종교 중의 하나라는 분명한 인식을 가지고 비교종교학적인 시각에서 논의를 전개하였다. 우승열패·약육강식의 사회진화론에 입각하여 유신론을 주장하였고, 불교의 평등주의·구세주의에 개혁의 이상을 두고 있었다. 한편 유신에 앞서 한국불교 천오백여 년의 폐단을 철저히 파괴해야 한다는 강력한 현실 비판 의식을 지니고 있었다. 이어 승려 교육의 진흥을 강조하였고, 참선법을 고치며 염불당을 폐지하여 불교의 본질 회복을 주장하였다. 포교를 중시하고 사원의 위치를 도회지로 옮기며 석가상을 제외한 모든 소회(塑繪)를 제거하며, 각종 의식을 간소화함으로써 불교의 종교적 본질 회복을 주장하였다. 다음으로 걸식의 중지와 승려 취처의 허용, 그리고 주지의 선거 등 시대에 맞는 불교 발전책을 꾀하였고, 끝으로 승려의 단결을 촉구하여 교단 통할기관의 설립을 주장하였다.

권상로의 불교개혁론이 개혁의 당위성을 계몽하고 정신적 각성을 촉구한 것이라고 한다면, 한용운스님의 불교유신론은 그러한 공감대 위에서 개혁의 구체적 방안을 제시한 것이라고 할 수 있다. 그 주제는 한마디로 '시대에 맞는 불교의 종교적 본질 회복'이었다. 기독교와 서양철학, 그리고 사회주의의 반종교 사상 등과 경쟁해서 승리하기 위해서는 불교도 상황에 따라 변화해야 한다는 파사현정의 기조 위에서 개혁론을 전개하고 있는 것이다. 특히 염불당 폐지, 사찰 소회의 제거, 의식 간소화, 걸식 금지, 취처 허용 등은 당시로서는 상당히 파격적인 주장으로 유신론의 급진적 경향을 보여주는 것이다. 또한 교단 통할 기관의 필요성에 대한 주장은 그가 1931년에 발표한 「조선불교개혁안」에서 더욱 구체화되었다. 이것은 1920년대 초 조선불교유신회의 정교분립 운동, 1920년대 말의 종헌 제정운동, 그리고 1930년대의 총본산 건설운동으로 이어지는 불교개혁운동의 이념적 토대로 작용하게 된다. 결국 그의 개혁안을 주목하게 되는 것은 유신론 발표 이후 개혁에 대한 입장이 변질되지 않고 「조선불교개혁안」을 비롯한 그의 논설에 일관되게 나타남은 물론, 항일을 위한 실천에 꾸준히 참여함으로써 불교개혁 사상을 실천에 옮겨 나갔다는 데 있다.

이상에서 살펴 본 두 선각자의 개혁론에 있어서 공통적인 의의를 부여한다면 다음과 같다. 개혁의 전제 조건으로서 무엇보다도 불교인의 정신적 자각을 촉구하고 있다는 점이다. 신근(信根)의 확립, 정신적 단결, 또는 영적 혁명 등 무엇보다도 불교 본연의 사명이 무엇이고, 불교인이라는 긍지를 지닐 수 있는 요소가 무엇이냐를 자각케 하는 일에 최우선의 가치를 두고 있다. 또한 개혁의 실천과 관련해서는 통일적인 교단의 건설을 한결같이 강조하고 있다. 교단의 건설을 제일 먼저 촉구한 것은 권상로였지만, 한용운스님은 본산제도를 인정하는 바탕 위에서 총본산의 건설을 제안함으로써 이를 현실화시키고 있다. 또한 불교개혁의 구체적인 방법론으로서 포교를 중시하면서, 포교의 진흥을 위해서 교육을 강조하고 있다는 점이다. 권상로는 교육기관의 개량을 네 가지 측면, 즉 사범, 서적, 체제, 장소로 제시하였고, 한용운스님은 승려 교육의 급선무로 보통학교, 사범학교, 외국 유학의 세 가지를 제시하였다. 또한 불교의 평등주의를 통해서 서양 민주주의 평등 이념의 원초적 형태를 발견하고자 했던 점도 공통적인 부분이다.

한편 이들의 불교개혁론에는 몇 가지 한계도 나타나고 있다. 예컨대 불교를 어떻게든 개혁하려 했던 것은 긍정적이지만, 개혁의 모델을 설정하는 과정에서 일본불교의 영향을 받기도 하였다. 한용운스님의 불교개혁 주장은 역사와 전통의 입장에서 보면 과도한 측면이 없지 않다. 또한 타종교, 특히 기독교의 확산을 경계하는 면이 많이 보이는데, 그것이 너무 지나쳐서 불교의 전통을 버리고 오히려 그것을 모방하려는 경향마저 보이고 있다는 점도 한계로 지적할 수 있다. 물론 타종교의 장점은 배워야겠지만 그러한 모방이 혹시 불교 고유의 특징과 장점을 버리는 것은 아닌가 하는 데에는 의문의 여지가 남는다.

한편 박한영스님도 비록 체계적인 불교개혁론을 저술하지는 않았지만 활발한 개혁 활동을 전개하였다. 그에게 있어서 개혁의 과제는 불교의 부활과 진흥의 시대를 맞기 위한 불교 현대화론이라고 할 수 있다. 그는 특히 불교인의 정신적 자각을 가장 근본적인 문제로 인식하였는데, 안일한 소아적 독선과 무지 등의 정신적 병으로부터 벗어나야만 불교가 소생할 수 있다고 보았던 것이다. 그는 불교인의 치유하기 어려운 병폐를 공고(貢高)·나산(懶散)·위아(爲我)·간린(慳吝)·장졸(藏拙)의 다섯 가지로 진단하고, 이에 대한 처방으로 각각 허심박학(虛心博學)·용맹정진(勇猛精進)·망아이생(忘我利生)·희사원통(喜捨圓通)·호문광익(好問廣益)을 제시하였다. 나아가 그는 무엇보다

도 청년의 교육을 중시하였는데 1924년 불교고등강숙의 강사가 된 이래 중앙
학림과 전통 강원에서 인재 양성에 진력하였다. 또한 그는 1913년『해동불보
(海東佛報)』를 창간하고 포교의 현대화를 촉구하는 글을 통해 여론을 환기하
기도 했다.

4) 근세 교육체계의 완성

불교개혁이 광범위한 동의를 얻고 있는 가운데 가장 시급한 과제는 교육 제
도의 근대적 개혁이었다. 즉 타종교와의 경쟁에서 승리하고, 세계 문명과 어
깨를 나란히 하기 위해서는 불교개혁의 주체로서 청년 인재를 길러내지 않으
면 안 된다고 보았기 때문이다. 앞에서 언급한 바와 같이 권상로, 한용운스님
의 불교개혁, 또는 유신론에 있어서도 불교교육 제도의 개혁은 무엇보다도 가
장 중시되고 있다. 1906년에 설립하였던 최초의 근대식 불교학교인 명진학교
도 불교계의 이러한 인식에서 출발한 것이다.

1908년부터 명진학교의 경영을 맡게 된 원종 종무원에서는 통감부의 이른
바 사립학교령에 의거 명진학교를 개편, 일본 전문학교 학제에 따라 인가를
신청하였다. 또한 지방 각 사찰에서 운영하던 보통학교 또한 인가를 받도록
하였다. 이로써 새롭게 등장한 것이 불교사범학교였다. 1910년 4월 개교한 불
교사범학교는 그 교육목표를 '승려에게 불교 및 교육에 필요한 학과를 교수하
여 포교원의 인재를 양성함'에 두었는데, 학제는 3년제 사범과와 1년제의 수
의과(隨意科)를 두었다. 교육과정을 보면 수신(修身), 불교사학, 교육, 국어,
한문, 일어가 있고, 보조과로서 역사, 지리, 이과, 수학, 측량 등 신구학문을 겸
비하고 있다. 또한 1912년에 이능화가 원흥사에 설립한 능인보통학교를 비롯
하여 지방 각지에 보통학교들이 속출했다.

불교계 설립 보통학교

학교명	설립연도	설립 · 운영 사찰	전 거
明立學校	1906	해인사	대한매일신보, 1908. 11. 15
明化學校	1906	용주사	대한매일신보, 1908. 11. 27
鳳鳴學校	1906	건봉사	건봉사지, p.14
明正學校	1906	범어사	범어사 박청호 구술
釋王寺普通學校	1906	석왕사	조선제종교, p.151
大興普通學校	1906	대흥사(해남)	
慶興學校	1907	대승 · 김룡 · 남장 · 용문 · 명봉 · 경흥사	대한매일신보, 1907. 1. 10
鳳翊學校	1907	위봉사	대한매일신보, 1907. 4. 17
新明學校	1909	화엄 · 천은 · 태안 · 관음사	화엄사 이관수 구술
普明學校	1910	쌍계사	불교 53호, p.87
普明學校	1910	송광사	송광사지
華山講塾	?	화장사(장단)	대한매일신보, 1910. 11. 27
江明學校	1912	대원사(산청)	불교월보 4호, p.73
悉達夜學校	1912	범어사	범어사 박청호 구술
明新學校	1912	통도사	불교월보 4호, p.73
能仁普通學校	1912	30본사주지회의	
光明學校	1913	동화사	불교진흥회보 3호, p.82
佛教專門講塾	1913	불국사	불교월보 17호, p.74
廣城講塾	1913	백양사	불교월보 15호, p.66
海明學校	1913	해인사	불교월보 15호, p.66
壺洞普通學校	1913	4대사찰	
進化講塾	1914	보석사(금산)	대한매일신보, 1914. 3. 8
昇仙學校	1914	선암사	해동불교 7호, p.82
傳燈學舍	1915	전등사	불교회보 5호, p.80
金龍學校	?	김룡사(문경)	
正東講塾	1923	송광사	불교 5호, p.71
佛教學院	1927	명봉사(예천)	불교월보 45호, p.44

그러나 불교사범학교는 이후 일제의 사찰령과 원종·임제종의 대립 등으로 인하여 많은 시련을 겪지 않을 수 없었다. 1914년 30본산주지회의원의 결의에 따라 불교사범을 개편하고 전문학교로서 불교고등강숙(佛敎高等講塾)을 설립하여 박한영스님을 강사로 선임하였다. 그러나 개교한 지 불과 반년도 못되어 폐교되는 운명에 처하자, 불교고등강숙 학생들은 30본산 주지들의 친일태도 및 무능한 교육시책에 반발하여 조선불교회를 조직, 30본산제도 반대 운동을 벌였다.

1915년에는 중앙의 불교고등강숙을 불교중앙학림으로 개편하고 지방에는 불교지방학림을 두어 근대식 교육제도를 확립하였다. 즉 초등학교 과정의 보통학교, 중등학교 과정의 지방학림, 전문학교 과정의 중앙학림에 이르는 근대 승가교육 체계를 완성하게 된 것이다.

지방학림의 수업년한은 3년으로 그 동안 전문강원에서 배웠던 사집과 사교 이외에 계율학, 불교사학, 국어 및 수신(修身)이 교과과정으로 포함되어 있어 근대식 교육과 전통강원의 교육을 절충한 형태를 보여주고 있다.

한편 지방학림의 설립으로 전통강원은 점차 문을 닫았다. 불교계의 신교육 강화정책으로 강원은 폐교되어 1916년부터 지방학림으로 전환되고 구학 중심의 교육은 쇠퇴하였다. 1917년 무렵만 해도 전통강원이 지방학림과 상당수 병존하고 있었으나 1920년에 들어서는 대다수 전통강원이 자취를 감추고 만다. 당시의 교육 풍조는 재래식 강원 교육으로는 새로운 시대에 맞는 인재를 양성할 수 없을 뿐만 아니라 불교가 사회에 기여할 수도 없으므로 강원교육보다는 신학문을 익혀야 한다는 분위기가 지배적이었던 것이다.

이렇게 전통강원은 신학문에 밀려 쇠퇴일로를 걷고 있었지만 선원은 경허, 용성스님의 선풍 진작 이후 점차 늘어나게 되었다. 1910년까지 창설된 선원은 해인사의 퇴설당 선원을 비롯하여 40여 개로 추정되며 1913년에는 72개의 선원으로 증가하였던 것이다. 1913년『해동불교』의 기사를 보면 건봉사를 제외한 각본말사에 있는 염불당을 모두 선당으로 이름을 고쳐 부르기로 결의했다고 기록으로 보건대, 출가 사문들의 오도를 의한 발걸음이 커다란 물결을 타고 있었음을 알 수 있다.

불교학의 발전

1915년 이후 중앙학림은 정식으로 전문학교로의 승격을 앞두고 폐교하는 등 난항을 겪었지만 불교계는 한국불교를 중흥시킬 수 있는 인재 육성을 위하여 많은 노력을 기울였다. 그 결과 신구학을 겸비한 많은 인재들을 배출할 수 있었으며, 일반 민중들을 계몽시키고 근대화하는 데에도 큰 기여를 했던 것이다. 그런데 이러한 교육제도의 근대화는 무엇보다도 불교학의 발전과 별개로 생각할 수 없다. 불교학의 근대적 발전은 곧 불교 교육제도의 근대화를 가져왔고, 여기서 배출된 많은 인재들이 근대적 불교개혁을 위한 사상적 기초를 제공할 수 있었던 것이다.

한국에 있어서 이른바 '근대불교학' 성립의 기점을 어디에 두느냐 하는 것은 정확하게 말하기 어렵지만, 1910년대를 전후한 시기는 이전과는 다른 새로운 흐름이 생겨나고 있는 것만은 분명하다고 할 수 있다. 즉 과거의 호교적(護敎的) 교리 연구나 훈고학적인 경전탐구 일변도에서 서서히 탈피하여 객관적, 과학적인 불교연구의 틀을 잡아가게 되는 것이다.

이른바 '신교(信敎)의 자유'로 인해 새롭게 조성된 다원적 종교현상은 그동안 신앙의 대상일 뿐이었던 불교를 처음으로 학문적 탐구의 대상으로 볼 수 있는 안목을 제공하였다. 또한 당시 민족주의 사학을 발전시켰던 사회진화론적인 진보사관은 과학적인 불교연구의 토대를 제공하였다고 할 수 있다. 결국 근대 한국불교학의 성립은 바로 한국불교사의 정립이라는 과제로 나타나게 되었던 것이다.

이것은 여러 가지 의미를 갖는 것인데, 우선 선성(先聖)이나 조사들을 무조건 숭배하고, 역사를 성인시대로부터의 타락이나 퇴보로 여기는 편협한 역사인식의 극복으로 볼 수 있다. 즉 진화론적 역사인식에 의해 퇴보가 아닌, 진보라는 개념으로 역사를 파악하게 되었다. 이에 바탕하여 한국불교사를 서술했다는 것 자체가 비판적인 안목을 보여주는 것으로서 불교학의 근대화를 의미하는 것이라고 할 수 있다. 또한 종교연구에서 역사학적 연구는 가장 기본적인 관점으로서 한국불교사의 정립이 이후 한국불교의 과학적 연구에 밑받침이 되었음은 분명한 사실이다.

이리하여 일제에 나라를 빼앗긴 직후부터 한국불교사 정립이라는 시대적 과제에 눈 뜬 선각자들이 먼저 착수한 일은 한국불교사의 서술을 위한 자료 수집이었다. 그것은 개인적인 차원에서 각고의 노력으로 진행된 것이었지만, 1912년에 『조선불교월보』가 창간되면서부터는 지면을 통해서도 고승들의 전기와 옛 비문을 중심으로 다양한 자료가 소개되었다.

이러한 불교 전문잡지에 실린 기초자료와 글을 종합하여 한국불교사를 통사적으로 다룬 단행본들이 나오기 시작했으니, 권상로의 『조선불교약사』(1917)와 이능화의 『조선불교통사』(1918)가 그것이다. 이 두 저술은 한국불교사 연구의 단서를 열었다는 점에서 중요한 가치를 지닌다. 특히 한국불교 종파의 기원과 법통 문제, 선의 본질 논쟁, 한국불교사의 시대구분과 같은 문제의식을 학계에 남겨 놓음으로써 이후 한국불교학의 방향 정립에 큰 기여를 하였다. 또한 뒤에 나온 김영수(金映遂)의 『조선불교사고(朝鮮佛敎史稿)』와 일본인 다까하시(高橋亨)의 『이조불교(李朝佛敎)』(1929), 누까리야(忽滑谷快天)의 『조선선교사(朝鮮禪敎史)』(1930) 등 진전된 연구의 기초가 되고 있다는 점에서도 의의가 큰 것이다.

한편 불교 교육제도 및 불교학의 근대적 발전을 기반으로 하여 불교를 좀더 대중화시키고 여론을 진작시키려는 노력들이 생겨나기 시작하였다. 이것은 불교계몽 활동으로 볼 수 있는데, 무엇보다도 불교 전문잡지를 중심으로 전개되었음이 주목된다. 일제강점기 초반, 즉 1910년대는 불교개혁의 분위기를 타고 대중적 잡지가 속출하면서 학술, 문화 발전에 큰 기여를 했던 것이다.

1910년 원종종무원의 기관지로 탄생한 『원종』(발행인 金之淳, 통권 2호)을 시작으로 하여 『조선불교월보』(1912. 2~1913. 8, 권상로, 19호), 『해동불보』
(1913. 11~1914. 6, 박한영, 8호), 『불교진흥회월보』(1915. 3~1915. 12, 이능
화, 9호), 『조선불교계』(1916. 4~1916. 5, 이능화, 3호), 『조선불교총보』(1917.
3~1921. 1, 이능화, 21호), 『유심(惟心)』(1918. 9~1918. 12, 한용운, 3호) 등이
연이어 발간되었고, 1914년에는 재일본 조선불교 유학생들이 『금강저』(1924.
5~1943. 1, 李英宰, 26호)를 창간하기도 하였다.

　이러한 불교잡지들은 불교의 사회적 위상을 쇄신하고 타종교 및 일반인의
비판에 대해서 불교를 옹호하기 위한 계몽운동을 주도적으로 펼쳐나가게 된
다. 즉 불교가 기복적이며 비과학적이라는 비판과 오해를 불식시키고, 자각을
중시하는 불교 본래의 종교성을 강조하였다. 또한 한국의 역사와 문화에서 차
지하는 불교의 비중을 드러내어 대중을 포교하기 위한 학문적 노력을 경주하
였던 것이다. 한편 고승들의 전기와 비문을 발굴, 소개함으로써 한국불교사 서

『조선불교월보』

『불교진흥회월보』

술을 위한 자료를 제공하는 등 그 동안 잠자고 있던 불교계의 역사 인식을 고취하고, 불교의 우수성을 널리 계몽하는 데 큰 역할을 했다고 평가할 수 있다.

그런데 이러한 불교 계몽운동과 관련하여 빼놓을 수 없는 움직임이 있었다. 바로 이능화, 최동식(崔東植), 이명칠(李命七), 양건식(梁建植), 장지연(張志淵), 송헌석(宋憲奭) 등의 거사들이 중심이 되어 일으킨 불교진흥회이다. 이들은 대개 구한말 정부가 설립한 외국어 학교를 나온 근대적 지식인으로서 한학적 교양과 외국어 능력을 겸비하였고, 당시 불교계의 여론을 이끌만한 실력과 경륜을 갖춘 인사들이었다. 이들은 전통불교 속에서 근대적 개혁의 가능성을 발견했고, 일제의 발전된 근대불교학에 대한 반작용으로 한국불교의 지적 전통을 확인하려 했다. 그것은 식민지 현실에 대한 나름대로의 대응 작업이기도 했다. 이들은『불교진흥회월보』에 불교의 위상 제고와 옹호를 위한 글을 발표하면서 집단적인 문화운동을 펼쳐나가게 된다.

불교진흥회는 친일적 성향에 대한 잡음과 보수적인 주지들의 외면으로 인해 대중의 폭넓은 지지와 참여를 이끌어내지는 못했다. 그러나 주권상실 초기의 암담했던 시기에 불교학을 통해 우리 문화의 우월성과 보편성을 확인하고, 나아가 일제에 대한 정신적 대응으로서 국학의 전통을 이어나갔다는 점은 주목할만한 사실이라고 하겠다.

2. 불교자주화와 종단건립 운동

1) 불교계의 항일운동

3·1운동과 불교계

일본은 1910년 8월에 조선을 강제로 병합하고 10년간 무단통치를 실시하였다. 병합 직후부터 실시된 토지조사 사업의 결과 많은 농민들이 농토를 빼앗기고 말았다. 이러한 농민 가운데는 도시로 나아가 일일 노동자로 전락한 사람들도 있었고, 또 다른 부류는 화전민으로 힘든 생활을 영위해야만 했다. 토막민들이라 불리는 도시의 빈민들과 화전민들은 열악하기 짝이 없는 환경속에서 비참한 생활을 꾸려갔던 것이다.

가혹한 식민통치에 시달리던 조선의 민중들은 1919년 식민통치에 항거하는 3·1운동을 일으켰다. 일제하 최대의 항일운동이었던 3·1운동은 천도교와 불교, 기독교 등 종교계가 중심이 되어 일어났다.

종교단체가 중심이 되었던 것은 당시 국내외 독립세력의 전반적인 움직임과 무관하지 않다. 무단통치 하에서 삼엄한 감시와 탄압으로 인하여 대부분의 독립운동 세력들은 해외로 망명하여 중국 만주나 러시아의 연해주 방면 등에 독립운동 기지를 건설하고 후진 양성에 힘을 기울였다. 국내에 남아있던 민족진영 세력들의 독립운동은 비밀결사를 통한 지하활동으로 전환하였다. 살벌한 감시망 속에서 그나마 자유롭게 집회를 가질 수 있었던 곳은 학교와 종교단체뿐이었던 것이다.

3·1운동 발발의 외적 배경으로는 미국 대통령 윌슨이 발표한 민족자결주의를 들 수 있다. 민족자결주의는 제1차 세계대전의 결과 패전국 문제 해결을 놓고 발표된 것으로 조선과는 직접적인 해당 사항이 없었다. 왜냐하면 일본은

제1차 세계대전의 패전국이 아니고 승전국이었기 때문이었다. 이때 발표된 윌슨의 민족자결주의는 패전국의 식민지 문제를 피식민지국의 자치에 맡기도록 한다는 것이었다. 그럼에도 불구하고 윌슨의 민족자결주의는 조선의 지식인들에게 커다란 영향을 주었다.

3·1운동의 직접적인 계기가 되었던 것은 일본 동경 유학생들이 1919년 2월 8일 YMCA 회관에서 개최하였던 2·8독립선언이었다. 2·8독립선언을 주도하였던 유학생들은 국내의 천도교 세력과 연결을 시도하였다. 이것이 3·1운동 초기에 천도교 세력이 주도적인 위치에 있었던 배경으로 작용하였다.

지금까지 불교계의 3·1운동은 독립선언서에 서명한 민족대표 33인에 포함되는 한용운스님과 백용성스님을 중심으로 이해되어 왔다. 그러나 불교계의 3·1운동은 두 사람의 민족대표 뿐만 아니라 범어사·해인사·통도사·동화사·표충사·석왕사 등 여러 곳에서 전개되었으며, 많은 승려들과 불교도들이 참여하였다.

대한독립만세를 외치는 시민들 (1919. 3. 1)

한용운스님은 3 · 1운동의 계획 단계에서부터 참여하였다. 스님은 불교계와 유림 인사들을 포섭하고 독립선언서를 불교계에 배포하는 역할을 맡았다. 한용운스님은 유림측 대표로서 경남 거창의 거유(巨儒) 곽종석(郭鍾錫)을 찾아가 3 · 1운동에 민족대표로 참가할 것을 요청하자 곽종석은 흔쾌히 승낙하였다. 그러나 곽종석은 3월 1일 직전에 급환이 생겨 아들에게 인장을 주어 한용운스님을 찾아가도록 하였으나 긴박한 상황에서 만남은 이루어지지 못했다. 그래서 민족대표 가운데 유림계는 한 사람도 참여를 하지 못하게 된 것이다.

한용운스님은 박한영 · 진진응(陳震應) · 도진호(都鎭鎬) · 오성월(吳惺月) 스님 등 불교계의 인사들과도 교섭하려 하였으나 성사되지 못하였다. 사찰이 깊은 산속에 위치하였기 때문에 막상 선언서에 날인을 할 때 제대로 연락이 닿지 못하여 이들은 참가하지 못하고, 마침 경성에 와 있던 해인사의 백용성 스님만이 참여하였던 것이다.

1918년부터 중앙학림의 강사로 재직하고 있었던 한용운스님은 3 · 1운동이 발발하기 전날인 1919년 2월 28일 밤, 평소에 자신을 따르던 중앙학림 학생들을 계동(桂洞)에 있는 집으로 불러모았다. 한용운스님은 당시 이곳에서 『유심(惟心)』이라는 불교 잡지를 발행하고 있었다.

이때 한용운스님의 집에 모인 학생들은 신상완(申尙玩) · 백성욱(白性郁, 1897~1981) · 김법린(金法麟, 1899~1964) · 정병헌(鄭秉憲) · 김상헌(金祥憲) · 오택언(吳澤彦) · 김대용(金大鎔) · 김봉신(金奉信) 등이었다. 한용운스님은 이들에게 3월 1일에 독립선언식과 만세시위가 있을 것임을 알렸다. 그리고 이러한 사실을 그동안 비밀에 부칠 수밖에 없었던 경위를 설명하고, 3천여 매의 독립선언서를 결사일에 전국 각 사찰에 배포할 것을 당부하였다.

집을 나온 중앙학림 학생들은 인근에 있는 범어사 포교당으로 가서 독립선언서의 배포 계획을 논의하였다. 신상완을 총수격으로 하고 백성욱을 참모격으로 하여 모든 일을 서울에서 총괄하기로 하고 서울 시내에서 독립선언서 배포가 끝나는 대로 연고가 있는 지방으로 내려가기로 하였다. 김법린과 김상헌은 범어사로, 김봉신은 해인사로, 오택언은 통도사로, 김대용은 경북 방면, 정병헌은 전라도 방면으로 내려가기로 결정하였다. 이들은 지방에 중앙의 사정을 전하고 각 지방에서 만세시위를 주도하기로 하였다.

범어사에 간 김법린과 김상헌은 3월 4일에 유석규·김상호·차상명·김성구 등을 만났다. 경성의 상황을 전하고 동래에서 시위운동을 일으킬 것을 협의하였다. 또한 절 안에 있는 명정학교 학생들과 협의하여 30여 명의 결사대를 조직하였다. 3·1운동 당시 범어사에는 초등학교 과정의 명정학교와 중등학교 과정의 지방학림이 있었다. 결사대원들은 5,000여 장의 선언서를 등사하고 6일 오후 경내에서 선언식을 거행하였다. 이튿날 3월 7일이 동래 장날이기 때문에 야간에 동래로 잠입하여 사람들이 모이기를 기다렸다. 동래 만세시위는 차상명·김봉환의 주도하에 김영규·허영호·윤상은·오병준 등 30여 명이 시장 중앙에서 선언서를 배포하고 만세를 부른 후 경찰서로 가서 왜경을 구타, 옥사를 파괴하였다. 이들은 곧 출동한 무장헌병들에 의해서 모두 체포되어 체형을 받았다. 이 사건으로 허영호·김봉환·차상명·김한기·이영우·황원석 등 33명이 징역 언도를 받았다. 범어사의 3·1운동은 이후에 전개되는 경남 지역 사찰의 만세시위운동에 큰 영향을 미쳤다.

해인사의 3·1운동은 경성에 유학 중이던 도진호스님이 여러 통의 독립선언서를 송만복·김봉신·김봉율·김용기·박근섭·최항형 등에게 전하면서 비롯되었다. 강재호·송복만 등은 독립선언서를 보다 많이 인쇄하기 위하여 삼엄한 감시망을 뚫고 2백여 리나 되는 대구를 밤낮으로 돌아다니며 선언서를 등사할 종이 3만여 장을 사 모았다.

이들은 해인사의 등사판과 학교 등사판을 가져다가 독립선언서 1만여 매를 등사하였다.그리고 학생 대표 30여 명은 해인사 뒷산 숲속에서 비밀회합을 거듭하면서 독립선언서 배포방안과 만세시위 방법을 토의하였다.

참석한 학생들은 지역별로 분담하여 3인씩 1개 대(隊)로 3개의 대를 편성하였다. 강재호·김봉율·기상섭 대는 경주·양산·통도사·범어사·동래·

부산·김해 지역에서 활동하기로 하였다. 송복만·송복룡·최범술 대는 합천·삼가·초계·의령·진주·사천·곤양·하동 일대를 돌면서 지방의 동지들을 규합하였다.

나머지 또 한 대는 박달준·박덕윤·이덕진·김장윤으로 편성되었는데 거창·안의·함양·산청·남원 등지를 맡았다. 이들 3개 대는 일을 마친 후에 통영에서 만나기로 되어 있었으나 보조가 맞지 않아 통영 회합은 실패하고 말았다.

해인사 내에서의 3·1운동은 당시 해인사 부속 지방학림 학생인 홍태현이 그곳의 학생인 백성원·김경환·김성구 등과 더불어 해인사 내의 지방학림 기숙사에서 의거를 모의하였다. 이들은 학생들이 연극을 구경하고 돌아오는 기회를 틈타 군중과 더불어 봉기하려 하였으나 시간을 앞당겨 3월 31일 밤 11시 경에 실행하였다. 드디어 해인사 홍하문 밖에 약 2백명의 학생들이 모여 독립만세를 외쳤다. 다음 날 학생들은 해인사 주재소로 몰려갔으나 경찰들이 총을 발사하여 일단 해산하였다. 그 날 밤 11시 경 약 2백여 명의 군중들이 다시 봉기하여 해인사 앞 도로에서 만세시위를 전개하자 학생들은 이들과 합류하였다. 그러나 일경들의 발포로 인하여 강제 해산당하고 말았다. 홍태현은 다른 주동자들과 함께 검거되어 6개월의 형을 선고받았다.

다음으로 통도사의 만세시위는 1919년 3월 4일 오택언이 독립선언서를 가지고 통도사로 내려와 비밀리에 승려 및 학생 대표들과 의거를 모의하면서 시작되었다. 그러나 얼마지나지 않아 발각되었고 오택언은 일경에 검거되어 2년의 실형을 선고받았다.

통도사의 3·1운동은 3월 29일 통도사 부속 보통학교 및 지방학림의 학생 40~50명과 불교전수부 학생 약 10명, 그리고 승려 약 10여 명이 주동이 되어 부근의 하서면 신평리 장터에서 군중들과 함께 만세 시위를 감행하였다. 이 때 불교전수부 학생들은 독립선언서를 낭독하고 배부하는 데 큰 역할을 하였다. 이 사건으로 김진오가 검거되어 2년형을 선고받았다. 한편 3월 31일에는 하서면 석계에서도 군중들의 만세 시위가 있었다.

통도사의 3·1운동은 표충사와 연계하여 진행되었다. 1919년 3월 20일경 통도사 승려 50여 명이 밀양군 단장면 표충사로 찾아와 비밀리에 독립운동을 모의하였다. 표충사 시위는 당시 강사 이장옥스님과 김종석스님이 '선서' (宣書)라는 격문을 등사하면서 시작되었다. 격문의 내용은 "조선민족대표들의 신탁에 따라 우리는 조선을 위해 생명을 바쳐야 하며, 2천만 민족은 사람마다 만세로써 품고 있는 정의의 군을 길러 민족대표의 최후의 신탁을 저버리지 말아야 한다"는 것이었다.

4월 4일 단장 장날을 기해 거사를 일으키기로 하고 이장옥·오학성·손영식·김성흡·구연운·오응석 등 승려·학생 30명이 태극기를 품고 장터로 갔다. 정오에는 약 5천여 명의 군중들이 모였으며 12시 30분 경에 이장옥·오학성 등이 '조선독립만세'라고 쓴 깃대를 앞세우고 장터를 돌기 시작하자 군중들이 순식간에 호응하여 만세를 소리높여 불렀다. 그러나 밀양 헌병대에서 급파된 일본 헌병의 발포로 말미암아 군중들은 해산하지 않을 수 없었다. 일본 헌병들의 무자비한 탄압은 군중들의 의분을 사서 다음날 오후 2시까지 군경의 경계 속에도 수차례 주재소를 습격하는 일이 벌어졌다. 그러나 일본군 응원부대가 도착함에 따라 군중들의 항쟁은 계속될 수 없었다. 이 밖에도 안변 석왕사·대구 동화사·양주 봉선사 등의 사찰에서도 많은 승려들과 불교도들이 참여하여 만세 시위를 전개하였다.

불교계의 임시정부 참여와 항일운동

3·1운동 직후 독립운동은 주로 상해 임시정부를 거점으로 전개되었다. 이곳에서도 불교계 인사들 다수가 참여하여 독립운동에 헌신하였다. 상해 임시정부의 법통을 제공한 것은 한성 임시정부였고, 이보다 앞선 13도 대표자모임이 상해 임시정부의 모태였다. 바로 여기에 이종욱과 박한영스님이 대표로 참가하였던 것이다.

상해 임시정부가 설립되자 국내의 만세운동을 주도하였던 많은 인물들이 이

곳으로 갔다. 이종욱스님과 김법린을 비롯하여 김상호·백성욱·신상환·이
석윤·김상헌·송세호·백초월·정남용스님 등이 대표적 인물이었다. 먼저
중앙학림의 학생이었던 신상완과 백성욱은 한용운스님의 지시를 받아 불교계
3·1운동의 행동대원으로 나서서 지방운동의 정세를 종합·연락하는 한편, 해
외 세력과도 연락을 취하고 있었다. 4월 중순 이들은 상해에 임시정부가 성립
되었다는 소식을 듣고 김대용·김법린 등의 4인과 함께 상해로 밀행하였다.

이들은 상해 하비로(霞飛路)에 있는 임시정부를 방문하여 요인들을 만났
다. 때마침 미국에서 귀국한 안창호의 강연을 듣기도 하였고, 북만(北滿)에서
온 이동휘를 만나 격려를 받기도 하였다.

김법린과 김대용은 귀국 후 김상호·김상헌·박민오·김봉신 등과 협의하
여 국내에 있는 모든 동지들에게 상해의 사정을 보고하고 해외 소식을 신속히
국내에 전달하기 위하여 『혁신공보』라는 지하신문을 발간하기로 하였다. 박

이종욱스님

민오·김봉신은 서울에서 간행을 담당하고 김법린·김대용은 안동현 육도구에 주재하면서 상해에 있는 신상완·백성욱이 보내주는 신문 및 정보를 전달하였으며, 김상호·김상헌은 지방으로 내려가서 활동하기로 하였다. 임시정부는 신상완·백성욱 등을 통하여 국내 불교계의 대표를 파견해달라는 요청을 하였다. 이에 신상완·김봉신·김상헌·김상호 등은 중앙학림 강사였던 김포광을 대표로 선발하였다.

한편 지암(智庵) 이종욱스님은 박한영스님과 함께 1919년 4월 한성임시정부가 수립할 때 13도 대표자로 참여하였다. 이종욱스님에 관해서는 1940년대를 전후하여 조계종의 창립과 종단운영 과정에서 일제에 협력하였다는 비판적 평가가 있어 왔다. 그러나 3·1운동 이후 그는 독립운동의 일선에서 헌신하면서 많은 활동을 하였다. 상해임시정부의 국내 특파원과 의정원 의원을 역임하였고, 청년외교단, 애국부인회, 대한적십자사 등의 민족운동 단체에 적극적으로 참여하였다. 이러한 과정에서 청년외교단이 일제의 탄압을 받으면서 지명·수배되어 궐석재판으로 3년형을 선고받았다. 또한 1919년 10월에는 대동단의 김가진총재와 왕세자 이강의 국외탈출을 도모하였으며, 임시정부의 국내 행정조직인 연통제의 국내본부를 조직하기도 하였다. 이어 그는 1920년 3월에 대한승려연합회가 주도한 '승려독립선언서'의 작성에 참여하였고, 신상완, 김상헌과 함께 승려를 대상으로 '임시의용승군제'를 조직, 추진하였다.[12]

---

12) 승려독립선언서는 당시 12명의 승려가 참여하였는데 불교계가 일제와 혈전을 감행한다는 결의를 논리적으로 설명하였다. 또한 한국의 자유와 독립을 완성하고, 한국불교를 일본화와 절멸에서 구하는 것이 불교의 항일항쟁의 근본 목적임을 밝혔다.
　의용승군과 독립선언서는 독립을 위해 불교계의 인적·물적 기반을 모두 투입한다는 치밀한 계획아래 이루어졌다. 또한 상해 임시정부와 의용승군을 연합하여 국내의 주요 사찰을 그 거점으로 활용하겠다는 의도가 내포되어 있었다.
　金昌洙,「日帝下 佛敎界의 抗日民族運動」,『伽山李智冠스님華甲紀念 韓國佛敎文化思想史』하, 1992.
　김광식,「일제하 불교계 독립운동의 전개와 성격」,『2001만해축전』자료집, 2001.

벨기에 브뤼셀의 피압박민족반제국주의대회에 참석한 이극로 · 허헌 ·
김법린 · 이의경 (우로부터)

이종욱스님은 이러한 지속적인 항일운동의 과정에서 1921년 8월 무렵 체포,
수감되어 함흥교도소에서 3년간 옥고를 치르기도 하였다. 이상과 같은 항일
활동에도 불구하고 1940년을 전후하여 종단건립과 운영의 과정에서 일제와
타협하였다는 점만을 부각하여 그를 친일파로 단정하는 시각은 재고되어야
할 것이다. 당시 독립운동가들의 주장에 의하면 이종욱스님은 1944년에도 비
밀항일운동 결사에 참여하였다고 한다.

3 · 1운동 이후 국내에 남아있던 불교계의 청년들 가운데는 더이상 국내에
서의 독립운동이 불가능함을 깨닫고, 국권회복을 위한 무장투쟁 대열에 참여
하고자 만주로 건너간 사람들이 있었다. 해인사의 박달준(朴達俊), 김봉률(金
奉律), 그리고 대흥사의 박영희(朴英熙)가 그들이다. 이들은 만주로 건너가서
만주군관학교에 입학하여 군사훈련을 받았다.

3 · 1운동 직후 상해로 건너갔던 김법린은 6월 중순 임시정부의 지시를 받
고 경성에 들어와서 1884년 갑신정변 이후부터 1910년 경술국치까지의 항일

운동 자료들을 수집하였다. 그 후 황성신문·대한매일신보 등의 신문기사와
기타 자료들을 수집하여 상해로 건너갔다.

상해 임시정부를 다녀온 사람들은 임시정부의 재정적인 어려움을 덜기 위
하여 불교계에서 군자금 모금을 전개하기로 의견을 모았다. 김상호와 김상
헌·김석두(金石頭)스님 등은 범어사의 원로인 이담해(李湛海)·오성월(吳惺
月)·김경산(金擎山), 그리고 오이산(吳梨山)스님 등과 논의한 끝에 거액의 자
금을 마련하여 김상호를 상해로 파견, 임시정부에 제공하였다.

1920년 2월 상해에서 돌아온 김상호는 김상헌과 논의하여 전국적인 모금운
동을 전개하기로 하였다. 그러나 김상호와 김상헌은 모금운동을 전개하던 중
일본 경찰에 체포되어 계획은 무산되었고, 5년간의 옥고를 치렀다.

불교청년운동의 주도자 김법린은 당시 프랑스 유학승으로 1927년 2월 5일
벨기에 브뤼셀에서 열린 세계피압박민족회의에 독일 유학생인 이극로(李克
魯)와 이의경(李儀景, 일명 이미륵) 등과 함께 한국대표단으로 참석하였다. 이
들 한국 대표단은 이 회의에 다음과 같은 세가지 요구사항을 제출하기로 하였
다. 첫째, 시모노세키 조약을 실행하여 한국의 독립을 확보할 것. 둘째, 조선
총독정치를 즉각 철폐할 것. 셋째, 상해의 대한 임시정부를 승인할 것 등이다.
대회가 열리기 전날 대회 간부진에게 이 안을 제출하였으나 채택되지 않았다.
본 대회 첫날인 2월 10일에 이극로는 의장단에게 공정하지 못한 대회 진행을
강하게 공박하였다. 결과는 한국 문제에 대한 토의 여부를 중의(衆議)에 붙여
거수 표결하게 하였으나, 3표 차이로 부결되고 말았다. 2월 14일 대회 최종일
에 상설기관으로 '제국주의와 식민지 압박을 반항하고 민족 자유를 위하는 대
연맹'을 창립, 영국의 린스베리(집행위원장) 등 9명의 집행위원을 선출하였
다. 대회 집행위원회는 아시아 문제 연구와 상호 연락을 위하여 아시아 민족
회를 열고, 한국·중국·인도·시리아 등 4개국을 위원국으로 선정하였는데,
파리에 가 있던 김법린이 한국 대표가 되었다.

2) 불교청년운동과 사찰령 철폐 노력

불교청년 운동의 전개

식민지 시대 불교계는 사찰령 체제에서 자주권을 상실하고 있었다. 조선총독이 30본산 주지들의 인사권과 경제권을 장악한 상황에서 일부 주지들은 기득권을 지키기 위하여 식민지 지배권력과 타협하였고, 그로 인해 교육사업은 지지부진하였으며 재정운영도 불투명하였다.

불교계 일각에서는 청년 승려들이 중심이 되어 관권과 결탁한 일부 주지들의 권위적인 행태를 시정하고, 불교계의 당면한 현실을 자주적이고 민족적인 방향으로 개혁하려는 움직임이 나타났다.

1920년 5월 12일 당시 불교계 교육의 중추기관이라고 할 수 있었던 중앙학림 학생들이 중심이 되어 각 지방으로 전국불교청년회 대회 개최에 관한 통지서를 보냈다. 마침내 6월 6일 중앙학림에서 전국불교청년회 발기인 총회를 개최하여 임시 실행위원을 선정하였다. 6월 9일 중앙학림에 모인 회원들은 청년회에 대한 규칙 및 취지서를 제정하였으며, 위원회에서 이를 통과시켜 창립총회에 대한 방침을 협의하였다. 6월 20일 오후 1시에 각황사에서 창립총회를 개최하였는데, 수백명이 참가하여 제반 회무를 조직하고 임원을 선출하였다.

당시의 창립취지서를 살펴보면, 첫째는 교조 석가모니의 정법으로 세계 민중을 제도하기 위한 불타정신의 체험, 둘째는 삼국시대의 찬란했던 불교문화를 부흥시키기 위한 합리적 종정(宗政)의 확립, 셋째는 조선의 불교는 천년 세월이 지난 낡은 집과 같아 나이든 노승들은 옛날 이야기만 하고 앉았고, 쏟아지는 새로운 지식을 수용하지 않는 현실의 모순을 지적하였다. 이러한 상황을 극복하고 대중불교의 실현을 위하여 우리 청년들은 기존의 제도를 개혁하고자 청년회를 창립한다고 밝혔다.

조선불교청년회는 1920년 12월 15일에 지방위원들과 간부들이 모여 유신예비회를 개최하였다. 그리고 다음 날인 16일 유신협의회를 개최하고 불교계가 당면한 제반 문제들에 대해서 8개항의 건의문을 채택, 30본산연합사무소에 제출하였다.

조선불교청년회가 8개조의 건의문을 채택하는 과정에서 논의하였던 주요 내용을 살펴보면 다음과 같다. 종래 30본산 주지들의 독단적인 사찰운영을 부정하고, 만사를 민중적 공의에 의해서 결정할 것, 30본산연합제규를 수정하여 위원장 아래 의사(議事) · 서무 · 재무 · 교육 · 포교 · 법규부장을 둘 것, 재정 부분에 있어서는 재정관리를 일원화해서 30본산연합사무소에서 관리할 것 등 이다.

교육문제는 일요학교 · 유치원 · 보통학교를 신설할 것과 지방학교를 병합하여 도시에 중학교를 경영할 것, 그리고 중앙학림을 전문학교로 승격시킬 것과 일본 · 중국 · 인도에 유학생을 파견할 것을 건의하였다. 아울러 종래의 번잡한 의식을 개선하고, 경성에 홍교원(弘敎院)을 세워서 포교에 힘쓰게 하고, 인쇄소를 설치하여 인쇄물의 발간을 통한 교리의 전파와 홍보활동을 전개할 필요성을 제기하였다.

조선불교청년회는 이러한 구체적인 사업을 실천할 수 있는 중앙기관을 확립하고, 통일적 집권제를 수립하기 위하여 해당 각 부문에 부서를 배치하고 30본산연합사무소와 교섭할 교섭위원으로 김석두 · 이환해(李幻海) · 이춘담(李春潭) · 김경봉(金鏡峰) · 김락순(金洛淳)스님 등 15명을 선출하였다. 조선불교청년회의 구성원들은 당시 조선불교계의 문제점을 정확하게 파악하고 있었으며, 그러한 과제들을 해결할 수 있는 방안을 제시하였다는 점에서 큰 의의를 가진다고 하겠다.

다음으로 조선여자불교청년회는 지방마다 선교회, 친목회, 부인회 등의 다양한 형태로 존재하고 있었다. 여기서는 1922년 경성에서 조직되었던 중앙조직인 조선여자불교청년회를 중심으로 살펴보고자 한다.

조선여자불교청년회는 우봉윤(禹鳳允) · 김광호(金光浩) · 이명규(李明珪) 등이 중심이 되어 창립하였다. 이들은 당시 신식학교를 졸업하였거나 일본 유

학을 다녀와서 여성해방 및 여성운동에 참여하였던 경력을 가진 사람들이었
다. 창립 목적을 살펴보면 "불타의 정신으로 여성의 덕성을 함양시키는 지식
계발"이라 하였다.

조선여자불교청년회의 회장이었던 우봉윤은 정신여고를 졸업하고 간도에
서 여학교 교사를 지냈으며 훗날 신간회 운동에 참여하기도 하였다. 김광호는
일본 유학을 다녀와서 신간회의 방계단체인 근우회에서 활동하였다.

조선여자불교청년회는 매월 정례 모임을 가지고 강연회·토론회·부인강
좌 등을 실시하여 불교를 일반 민중들에게 보급하고자 하였다. 그러나 조선여
자불교청년회는 남성 중심의 불교청년회나 불교유신회와는 별다른 교류가 없
었던 것으로 보인다. 이러한 모습은 당시 불교계가 비구니와 여성불자들의 활
동을 경원시하였던 데서 비롯된 것이라 생각된다. 이러한 현상은 1931년 6월
조선여자불교청년회가 조선불교청년총동맹 산하의 불교청년여자동맹으로
전환되면서 다소 해소되었지만 당시로서는 불교계에서 여성의 지위향상은 지
난한 과제였다.

사찰령 철폐운동

1920년에 창립된 불교청년회는 불교계의 제반사항에 대해서 개혁을 단행하
려는 포부를 가지고 있었다. 그러나 당시의 객관적인 형세가 여러 가지 제약을
받지 않을 수 없었으므로 실제 전면에 나서 실천적인 행동에 나설 행동대원을
필요로 하였다. 이러한 필요성에 의해서 조선불교유신회가 탄생하였다.

불교유신회는 1921년 1월 30본산 주지 총회가 열릴 때 조직되어 여러 가지
일을 건의한 바 있지만 임시조직에 불과했다. 1921년 12월 13일 김법광(金法
光)스님 외 4명의 발기로 지방에 있는 각 사찰 청년에게 불교유신회에 가입을
권유한 결과 참가를 승락한 사람이 천여 명이나 되었다. 불교유신회는 1921년
12월 20일에 발기인 총회를 열고 대강의 방침을 결정하였다. 다음날 21일 오
후 2시부터 간동(諫洞)에 있는 불교청년회관에서 창립총회를 열기로 결정하

고, 규칙과 임원을 선정하는 등 여러 가지 사무를 협의하였다.

불교유신회의 본격적인 활동은 30본사 주지총회의 참가였다. 1922년 1월 3일 30본산연합사무소에서 30본산 주지 총회가 개최되었다. 임시의장으로 해인사 주지 이회광을 추천하고 산회하였다. 이튿날 이회광스님은 자격문제로 시비가 일어나자 회장직을 사퇴하였다. 불교유신회는 이 30본산 주지총회에서 발언권을 요구하여 회의 양식을 '조선승려대회'로 할 것을 주장하였다. 이 조선승려대회는 30본산 연합제규에 의한 주지총회를 근본적으로 부정하는 것이어서 주지측의 반대로 격렬한 논쟁이 벌어졌으며 그 가운데 몇몇 본산은 30본산연합회에서 탈퇴를 선언하기에 이르렀다

1922년 1월 6일 30본산 주지회의에서는 종래의 30본산 주지총회 명칭을 '조선불교도총회'로 개정하였다. 이러한 명칭 변경은 불교유신회의 제안을 수용한 것으로 평가되는 바, 본산 주지들의 이러한 결정은 의외였다. 그만큼 주지들은 일제에 의해 만들어진 30본산의 역할에 대해서 찬반이 분분했으며 하나로 통일된 입장을 정리하지 못했던 것이다. 이어서 1월 7일에 속개된 조선불교도총회에서는 30본산연합제규는 몇몇 주지들이 전횡을 하기 때문에 폐지하기로 결정하였다. 30본산연합제규를 폐지한 조선불교도총회에서는 한국 불교계 통일기관으로서 총무원을 두고, 그 아래에 이무부(理務部)와 사무부(事務部)를 두어서 이무부에서는 포교와 교육에 관한 일을, 사무부에서는 서무와 재정에 관한 일을 하기로 하였다.

불교유신회에서는 회원 150여 명이 1922년 3월 24일에 각황사에서 총회를 열었다. 불교개혁에 대한 건의안의 제출과 총무원의 기초를 공고히 할 것, 교육과 포교에 힘쓸 것 등을 상의하였다. 이러한 상황에서 이른바 '명고사건'(鳴鼓事件)이 발생하였다. 명고사건이란 당시 불교유신회에 참석하기 위하여 지방에서 올라온 강신창(姜信昌) · 김상호(金尙昊) · 정맹일(鄭孟日) 등 유신회원 백여 명이 수원 용주사 주지 강대련에게 북을 등에 지우고 '불교계 대악마 강대련 명고 축출'이라는 깃발을 들고 남대문에서 종로 네거리를 지나 동

대문으로 시가행진을 시켰던 사건이다.

급보를 접한 종로경찰서는 즉시 경찰을 출동시켜 군중을 해산시키고 주모자 5명을 구금하였다. 이 사건과 관련하여 5월 16일 경성 지방법원에서 주모자 강신창·김상호·정맹일 등에게는 징역 6개월, 양무홍(梁武弘)은 징역 4개월, 박문성(朴汶星)·박종진(朴宗眞)·기상분(奇尙焚)·김지준(金知俊) 등에게는 징역 4개월에 집행유예 2년을 선고하였다.

또한 불교유신회는 당시 불교계의 최대 장애였던 사찰령 폐지운동을 전개하였다. 1922년 4월 19일자로 불교유신회원 유석규(劉碩規) 외 2,284명의 연서로 장문의 건백서를 조선총독부에 제출하였다. 사찰령 폐지에 관한 건백서에서는 정교분리를 주장하였으며, 그 서문은 "자체적 사원제도는 총림청규의 특색이며 1,600여 년의 역사이다"로 시작하여 "하루라도 조속히 사찰령을 폐지하여 불교 자체의 통제에 일임하라"로 끝을 맺고 있다. 이처럼 정교분리를 주장한 것은 일제의 사찰 정책이 정교일치의 성격을 띠고 한국불교를 억압하는 것으로 이해했기 때문이다. 건백서의 주된 요지를 살펴보면 다음과 같다.

"총독부에서 조선을 통치하게 된 후로 사찰령을 발포하여 30본산의 제도를 만들었는데 그 후로 본산 주지 사이에는 각각 같은 권리를 믿고 서로 지위를 다투기에 골몰할 뿐 아니라 본산 주지는 말사 주지를 압박하여 부질없이 서로 다투고 원망하는 폐단이 생기었으며 이에 따라서 불교의 사업이라는 것은 말이 못되게 황폐되었은즉 당국에서는 속히 본산과 말사의 제도를 폐지하고 금후부터는 각 사찰에 자유를 주어 경성에 통일기관을 두고 모든 일을 하여 나가도록 하게하여 주기를 바란다"[13] 고 하였다.

결론적으로 총독부는 사찰령을 하루 속히 폐지하고 불교계의 자율에 맡겨야 한다는 것이다. 불교유신회는 총독부로부터 사찰령 폐지에 관해서 아무런

---

13) 『한국근세불교 백년사』, 제3권 各宗團體編年 p.17. 『동아일보』, 1922년 4월 21일 '사찰령의 폐단을 말하고'

회신을 받지 못하자 1923년 1월 6일 다시 사찰령 폐지에 관한 건백서를 제출하고 박한영·김경홍(金敬弘) 외에 7명, 도합 9명의 위원을 선정하여 1주일 안으로 당국에 다시 질문하기로 하였다.

이처럼 불교유신회에서는 당시 불교계의 모순을 자주적이고, 민주적인 방법으로 해결하고자 하였다. 종래의 30본산 주지총회를 불교도총회로 전환케 하여 일반 불교도들의 의견을 청취하고자 하였으며, 식민지시대 가장 큰 모순으로 인식되었던 사찰령 폐지 운동을 지속적으로 전개하였다. 그러나 이러한 불교유신회의 활동은 관권과 결탁한 주지 세력으로부터 외면당하였고, 총독부의 감시와 탄압으로부터 자유로울 수 없었다.

조선불교청년총동맹과 만당

1920년에 결성되었던 조선불교청년회는 1924년에 이르자 거의 활동을 하지 못하였으며 조선불교유신회도 소멸되었다. 그러다가 1928년 일부 불교청

불교청년운동의 핵심주역들. 뒷줄 좌측부터 허영호·김법린·최범술. 앞줄 좌측 첫번째가 강유문, 네번째가 김상호이다.

년들의 주도로 조선불교청년회는 재기하였다. 조선불교청년회 회원들은 1929년 1월에 개최된 조선불교선교양종 승려대회에 주도적으로 참여하여 중앙종회 구성과 종헌제정, 집행기관으로서 교무원이 탄생하는데 기여하였다.

1929년 승려대회 이후 조학유(曹學裕)·김상호·김법린·이용조(李龍祚)·조은택(趙殷澤)·박창두(朴昌斗)·강재호(姜在浩)·최봉수(崔鳳守)·박영희(朴暎熙)·박윤진(朴允進)·강유문(姜裕文)·박근섭(朴根燮)·한성훈(韓性勳)·김해윤(金海潤) 등 젊은 청년들은 한국불교계가 직면한 모순을 극복하고 새로운 활로를 모색하기 위하여 회합을 가지고 비밀결사 조직인 만당(卍黨)을 결성하였다.

만당은 정교분립과 교정확립, 그리고 불교의 대중화를 지향할 것을 목적으로 하였다. 만당은 비밀결사였기 때문에 조직의 전모에 대해서는 자세히 알 수가 없다. 비록 실체가 밖으로 드러나지는 않았지만 구성원들은 조선불교청년회의 핵심 인물들이었다.

1930년 10월 17일 불교청년회원들은 조선불교중앙교무원에서 임시 총회를 개최하여 회칙을 개정하고 조선불교청년총동맹으로 조직을 개편하기로 하였다. 이듬해인 1931년 3월 22~24일 창립대회를 거쳐 조선불교청년총동맹을 창립하였다. 이 때 제창한 강령이 불타정신의 체험, 합리종정(合理宗政)의 확립, 대중불교의 실현 등이었다.

조선불교청년총동맹을 창립하는 과정에서 주도적인 역할을 하였던 사람들은 대부분 만당의 당원이었다. 즉 조선불교청년총동맹의 주요 간부들이 만당의 구성원으로서 말하자면 이면단체의 성격을 지녔던 것이다. 당수로는 한용운스님을 추대하였으나 스님 본인에게는 통보하지 않았다. 만일의 사태로 만당 조직이 탄로날 경우 스님에게 피해를 주지 않기 위해서였다. 그러나 당원들은 중요한 안건이 있을 때면 스님을 찾아가서 자문을 구하였다.

만당의 가입은 매우 엄격하였다. 기존 당원이 후보자를 추천하면 일정기간 동안 후보자의 신원과 사상을 조사한 뒤 모든 당원이 찬성해야만 입회할 수

있었다. 당원은 80여 명에 달하였고, 일본·프랑스 등 해외에서 유학한 청년
들도 많았다. 이러한 구성원들로 이루어진 만당은 불교 청년운동을 이끌었고,
조선불교청년회가 조선불교청년총동맹으로 전환하는 데 큰 역할을 하였다.

조선불교청년총동맹은 경성 이외에도 일본 동경에 지부를 두었고, 국내에
는 석왕사·동화사·선암사·통도사·고운사·건봉사 등에 지부를 두었다.
총동맹의 주요 활동은 1929년 승려대회에서 제정한 종헌을 실행하고, 사법을
개정하는 것이었다. 그 밖에 조선사찰의 재정을 통일적으로 관리할 것과 불교
서적을 간행할 것, 강원제도 개선, 불교청년운동 강화 등을 사업내용으로 하
였다.

1932년 11월 27일에는 종헌실행 문제와 재단법인의 장래 문제, 중앙사업에
대한 문제 등의 주제를 가지고 재경유지자 간담회를 개최하였다. 간담회 결과
교정 전반의 문제를 검토하는 상설기관을 두자는 의견을 수렴하여 '조선불교
교정연구회'를 창립하였다. 총동맹에서는 1933년 1월 4일 '종헌발포기념대
회'를 개최하기도 하였다.

조선불교청년총동맹은 불교계의 자주권 확보를 위하여 종헌을 실행하고자
하였다. 구체적인 실행방안으로 종헌을 제대로 인식하지 못한 전국의 각 사찰
을 방문하여 종헌의 필요성을 설명하였다. 종헌 실행이 여의치 못하면 차선책
으로 31본사의 사법을 개정하여 중앙기관에서 31본사를 통제할 수 있는 권한
을 각 본사 사법에 명시하여야 한다는 것을 역설하였다.

이러한 조선불교청년총동맹의 활동은 만당의 해산으로 말미암아 위기를
맞게 되었다. 1932년 무렵부터 만당은 내부 구성원들간의 갈등이 노출되었고
1933년 중순 해산되고 말았다. 이에 따라 조선불교청년총동맹의 역량은 현저
히 약화되었고, 1935년 이후에는 조선총독부의 정책에 협력하는 양상을 보이
게 된다.

3) 통일기관 설립운동

조선불교총무원과 교무원

조선불교총무원의 탄생은 불교청년회와 불교유신회원의 노력과 밀접한 관련이 있다. 앞에서 살펴보았듯이 불교유신회는 1922년 1월 7일 조선불교도총회에서 한국불교계 통일기관으로서 총무원을 두기로 하는데 기여하였다.

곧이어 불교유신회는 총무원 사무를 집행하기 위하여 임시원장 1인, 부장 2인, 부원 4인을 두기로 하였다. 재정통일 문제는 전국 900여 사찰의 전 재산을 3등분으로 나누어 3분의 1은 사찰 운영에 쓰기로 하고, 3분의 1은 그 지방의 포교와 교육사업, 나머지 3분의 1은 경성에서 조선 전도 사찰을 대표한 불교사업에 사용할 것을 만장일치로 가결하였다. 이때 선임된 임시원장은 곽법경, 이무부장 오성월, 서무부장 이회광, 부원 유석규·황경운·임석진(林錫珍, 1892~1968)·김지현스님 등이었다.

불교유신회에서는 종헌을 제정하고, 1922년 3월 24일 각황사에서 총회를 열어 불교개혁에 관한 건의안을 제출, 26일에는 종헌을 통과시킬 예정이었다. 이 날 '명고사건'이 발생하였던 것이다. 이렇듯 불교유신회에서는 자체적으로 불교계의 문제들을 정리하려는 독자적인 입장을 지니고 있었다. 이후 불교유신회에서는 총무원에 참여하면서 지속적으로 한국불교계의 자주적인 통일기관 추진을 강구해 갔다.

한편 조선불교도총회를 거쳐서 탄생한 총무원은 30본산 전체가 가담한 것이 아니라 10본산만이 주축이 되어 이루어졌다. 10본산은 통도사·범어사·해인사·석왕사·백양사·위봉사·봉선사·송광사·기림사·건봉사 등이었다. 10본산 외의 나머지 16본산은 이러한 총무원의 출범을 반대하였고 30본산 연합제규를 유지하는 것을 지지하였다. 그래서 총무원에 동참하지 않은 16본산 주지들은 강대련이 주지를 맡고 있는 용주사에서 30본산 주지총회를 개최하기로 하는 등 총무원과 대립하는 입장을 견지하였다. 이는 불교유신회에

서 추구하는 불교계 통일기관 설립을 반대하는 것이기도 해서 유신회 회원들
이 명고사건을 일으키는 주요 계기로 작용했던 것이다.

이후 총무원과 16본산이 갈등 관계에 놓이자 조선총독부는 사찰령 정책에
반대하는 총무원의 활동을 저지하기 위해 교묘한 중재안을 내세우게 되었다.
즉 조선총독부 학무국에서는 1922년 5월 24일 30본산 주지들을 불러 총회를
개최하도록 하였다. 이 회의에 참석할 26본사 주지들을 소집하여 종래 30본산
연합제도를 폐지하는 동시에 10본산에서 설립한 총무원도 폐지하고 새로운
통일기관을 세우라고 하였다. 30본산연합제도의 폐지는 불교유신회와 총무
원의 입장이었고 총무원의 폐지는 16본산의 입장이었던 것이므로 양자의 갈
등을 해소하면서 총무원의 폐지를 유도했던 것이다.

조선총독부의 지시를 받은 30본산의 주지들은 5월 27일 총회를 열어 진보
적인 주지들의 참여를 봉쇄하였다. 이어 중앙기관 설립문제를 토의한 결과 경
성에 조선불교중앙교무원을 설치키로 결정하고 임원은 30본산 주지 중에서
전임이사 5명을 두기로 했다. 임원은 서무·교육·포교·재무·사교부의 업
무를 처리하게 하되 임기는 2년으로 하였다. 같은 날 오후에 속개된 회의에서
불교사업 경영을 위한 재단법인 설립 문제를 토의하였다. 총무원측은 이 과정
에서 일반 불교도들까지 합석하여 일을 처리하여야 할 것인데 주지들만으로
결의하는 것을 믿을 수 없다고 하여 주지 불신임안을 제출하였다. 그러나 나
머지 본사 주지측에서는 총무원측의 그러한 이의는 수용할 필요가 없다고 하
며 그대로 회의를 진행, 재단법인의 설립을 결정하였다.

불교계가 총무원과 교무원으로 분열되어 갈등을 거듭하는 가운데 통도
사·석왕사·범어사를 제외한 27본산은 조선불교교무원을 결성하였다. 그런
데 1923년 1월 18일에는 30본산 주지총회가 총독부 학무국에서 열리고 당시
일본인 정무총감과 학무국장의 훈시를 받는 사태까지 벌어졌다. 30본산 주지
들이 총회를 30본산연합사무소가 아닌 조선총독부 학무국에서 개최하였던 것
이다.

이제 27본산 중에서 조선불교교무원에 참여하지 않은 통도사·범어사·석왕사의 세 본산과 불교청년회, 그리고 그밖의 다수의 사찰만으로 총무원을 운영할 수 밖에 없었다.

교무원에서는 총독부 학무국의 양해를 얻어 재단법인 설립에 관한 허가를 얻어 동광고등보통학교를 경영하고 기타 사업을 집행할 계획이었다. 한편 총무원도 불교학원을 경영하고 기타 교화사업을 구상하면서 교무원과 대립하고 있었다. 총무원은 1923년 6월 22일 대전에서 통도사 주지 김구하·범어사 주지 김경산·송광사 주지 김찬의(金贊儀)·고운사 주지 김만우(金萬愚)·석왕사 주지 장하응(張河應)스님 등 17명이 모여서 본래 천도교 측에서 운영하다가 재정난에 봉착한 보성고등보통학교를 경영하기로 하였으며, 선학원 경영, 포교 및 교육문제 등을 결정하였던 것이다.

총무원은 자주적인 노선을 가지고 혁신적인 젊은 승려들을 중심으로 성립하였으며, 교무원은 총독부의 지시를 받는 친일 본산 주지들로 구성되었다. 이처럼 구성원의 다른 성격은 잦은 갈등을 야기시켰다.

두 단체가 모두 각황사 내에 사무실을 두고 있었고 각황사의 연고권 여하에 따라 불교계의 정통기관 여부가 판가름나기 때문에 반목이 계속되었다. 총무원과 교무원의 이러한 대립은 법정소송으로까지 비화되었다.

재단법인 조선불교중앙교무원의 성립

1922년 10월 15일 통도사·범어사·석왕사를 제외한 김룡사 등 27개 본산 주지들은 '재단법인 조선불교중앙교무원'의 설립을 신청하여 동월 28일에 인가받았다. 조선불교중앙교무원의 설립 목적은 "조선불교의 발전을 도모하기 위해서 종교 및 교육사업을 시행하고, 조선 사찰 각 본말사의 연합을 도모하기 위함"이라고 하였다. 이사로는 해인사 주지 이회광·용주사 주지 강대련·위봉사 주지 곽법경·유점사 주지 김일운·대흥사 주지 신경허스님 등 5명이 선정되었다.

조선불교 중앙교무원 (1924. 8)

설립 자본금은 모두 621,795원이었으나 실제 불입금은 156,384원이었다. 그런데 조선총독부는 설립 자본금이 다 불입되지도 않은 조선불교중앙교무원의 설립을 인가하였다. 그러나 총독부 학무국의 간섭으로 성립한 교무원에 경남의 세 본산 즉 해인사·통도사·범어사를 비롯하여 전국적으로 몇몇 본산이 참가하지 않았으므로 모든 일이 제대로 이루어지지 않았다.

통도사의 경우 1922년말에 마산 포교당에서 개최한 본말사 주지 총회에 경남도청의 학무과장이 출석하여 재단법인 교무원에 가입하기를 권유하였다. 그러나 여기에 참석한 본말사 청년 45명은 일부 승려의 야심으로 성립한 재단법인은 인정할 수 없다고 만장일치로 결의하였다.

한편 유점사에서는 12월 15일 교무원에서 결정한 재단법인 참가에 대한 회의를 열었다. 강원도청 학무과장과 고성군청 직원, 유점사 부군 주재소 순사 등이 참석하였다. 주지 김일운스님은 본말사 승려에게 재단법인 참가를 권유하였으나 이들은 재단법인이 일반 교도들의 공론으로 성립된 것이 아니고 몇 몇 주지가 결정한 것이라서 참가하지 않을 것이며 일제의 책동에 앞서는 주지를 불신한다고 결의하였다.

비슷한 사례는 안변 석왕사에서도 일어났다. 석왕사에서도 본말사가 모여서 재단법인 가입 문제를 토의한 결과 거부하기로 결의하였다. 그런데 함경남도 지사가 석왕사 주지 최서호스님을 불러 교무원의 가입을 권유하자 그는 지사의 말에 순응하였다. 최서호는 본말사 승려들의 추궁을 받자, 개인의 자격으로 찬성한 것이지 본말사 전체가 찬성한 것은 아니라고 해명하였다.

총무원은 총독부로부터 가해지는 압력과 천도교측으로부터 인수한 보성고등보통학교의 운영난 등 중첩된 압박감에서 벗어나지 못하고 있었다. 마침내 1924년 4월 3일 총무원과 교무원은 총독부의 개입하에 타협을 이루어 30본산은 재단법인 조선불교중앙교무원으로 통합되었다. 통합 직후 총무원측의 통도사 주지 구하스님과 범어사 주지 성월스님이 새로운 이사로 선임되어 모두 7명의 이사로 충원되었다. 이렇게 해서 불교계의 개혁과 유신을 목적으로 출범했던 총무원은 2년 3개월만에 막을 내렸다.

4) 선학원의 창립과 전통불교 수호

선학원의 창립과 의의

3·1운동 이후 불교계에 새로운 선풍을 불러일으킨 것이 선학원의 등장이었다. 선원 수좌들을 중심으로 성립된 선학원은 구한말 경허스님과 용성스님의 선풍진작 운동이 일구어낸 가시적인 결과이기도 했다. 선학원 운동의 주역으로 참여하였던 이들이 모두 수선 납자들을 중심으로 한 선원 수좌들이었기 때문이다.

경허스님의 법제자 만공스님은 1901년 범어사 계명암에서 깨달음을 얻은 이후 덕숭산에 금선대를 짓고 정혜사(定慧寺)를 열어 납자들을 제접해 왔으며 한암스님은 1899년 김천 수도암에서 오도 이후 통도사, 건봉사 등의 제방 선원에서 조실로 머물면서 수선납자들을 지도해 수행풍토를 조성하는데 커다란 역할을 하였다. 용성스님 역시 칠불암 아자방선원의 조실을 역임하면서 몰려오는 납자들에게 바른 안목을 제시하여 선풍의 정립에 노력하였다. 이 밖에도 경허스님의 전법 제자였던 많은 수좌들이 선학원 형성과 전개의 주역으로 등장하였다.

선학원은 1920년 남전(南泉)·도봉(道峯)·석두(石頭)스님이 한국 전통선의 부흥을 위하여 서울 중앙에 대표적인 선원을 만들자는 결의에서 시작되었다. 이러한 움직임은 용성·만공·성월스님의 협의를 거쳐 구체화되어 1921년 8월 10일 공사를 시작하여 11월 30일에 준공하였다.

1921년 5월 경성에 있던 석왕사 포교당에서 선학원 설립에 필요한 자금을 모으기 위한 보살계 계단이 열렸다. 이 자리에서 남전스님 2천원, 도봉스님 천오백원, 석두스님 2천원의 현금 희사가 있었고, 범어사 주지였던 성월스님은 인사동에 있던 범어사 포교당을 처분하여 건립기금으로 헌납하기로 약속하였다.

선학원의 명칭을 일반 사찰처럼 사(寺)나 암(庵)과 같은 이름을 붙이지 않고 원(院)이라고 이름한 것은 사찰령에 예속되지 않고 자주적으로 불교의 발전을 도모하려는 의도에서 나온 것이다. 식민지 기간에 기존의 사찰을 보수한 사례는 있어도 새로 창건된 사찰은 찾을 수 없었다. 조선총독부가 한국불교를 보호 육성한다는 명분으로 사찰령을 공포하였지만 이후 단 한 개의 사찰도 창건되지 못하였다는 사실은 사찰령이 악법이라는 사실을 여실히 증명하는 것이다.

선학원의 창설 목적은 전통 선을 발전시켜, 불조의 정맥을 계승하고 교리연구와 정법포교를 통하여 불법을 널리 홍포하기 위함이라고 하였다. 이러한 목적을 실현하기 위해서 1922년 3월 선우공제회(禪友共濟會)를 창설하였다. 당시 창립총회에는 학명(鶴鳴)·성월·만공·남전·설운(雪耘)·용음(龍吟)스님 등 35명이 참여하였다. 선우공제회는 일제의 사찰정책으로 점차 희미해져

가는 한국전통불교를 계승하고 식민지 상황에서 중생을 제도하는 승려의 본분에 힘쓸 것을 밝혔다. 그 구체적인 방법으로는 전국의 선원과 청정비구들을 회원으로 설정하고 선풍진작과 선 수행의 상부상조 정신을 실천해 갔다.

선우공제회는 본부를 선학원에 두면서 중앙조직으로 서무부(庶務部), 수도부(修道部), 재무부(財務部)의 세 부서를 설치하였으며 지방에는 지부를 두었다. 당시의 지부는, 망월사 · 정혜사 · 직지사 · 백양사 · 범어사 · 불영사 · 건봉사 · 마하연사 · 장안사 · 월정사 · 개심사 · 통도사 · 신계사 · 남장사 · 석왕사 · 선암사 · 천은사 · 용화사 · 해인사 등의 19개 사찰이었다.

선학원과 선우공제회가 불조의 정맥을 계승하여 중생제도를 표방하였지만 문제는 운영자금이었다. 당시 사찰 운영권은 주지들에게 집중되어 있었다. 그러나 주지들은 일본불교의 영향을 받아서 대처식육을 일삼고 있었기 때문에 청정비구로서 선학원 및 선우공제회에 관여하는 수좌들을 배척하는 양상을 초래하였다. 이후 선승들은 수행할 마땅한 장소를 찾기가 힘들었으며, 그나마의 선방에도 식량이 부족하여 기거하는 것도 쉽지 않았다. 이러한 처지의 선승들로 구성된 선우공제회도 어려움에 직면하여 1924년부터는 활동을 중단할

조선불교선종 제1회 수좌대회 (1931. 3. 14), 선학원

수 밖에 없었고, 선학원도 건물만 남게 되는 상황을 맞았다. 이에 선학원은 1926년 5월 연고가 있었던 범어사 포교소로 전환되었다.

침체에 빠진 선학원 재건은 적음(寂音)스님이 1931년 1월 21일 선학원을 인수하면서 중흥의 계기를 마련하였다. 스님은 침술과 의술로 많은 부를 축적하였다. 그의 재력으로 선승들은 다시 선학원에 모이게 되었다. 선원 큰방에서는 탄옹(炭翁)스님을 입승으로 납승과 신도 20여 명이 참선에 들기 시작했다. 이와 더불어 용운·만공·용성·남전·탄옹스님 등이 선학원에서 일반 대중들에게 설법을 하면서 대중적 지지 기반을 넓혀 갔다.

1931년 10월 6일에는 잡지 『선원(禪苑)』을 창간하여 선의 대중화와 선학원 활성화의 폭을 넓혀 나갔다. 『선원』지는 지방 선원의 소식도 게재하면서 중앙과 지방과의 유대관계를 돈독히 하였다. 이러한 제반 활동을 통해 선학원은 선의 중심기관으로서의 역할을 회복하면서 1931년 3월 14일 전국수좌대회를 개최하기에 이르렀다. 1933년 『선원』 제3호 '조선불교계의 선원과 납자수의 통계'를 보면 선원은 19개, 납자는 238명이었다. 이후 1935년에는 선원 22개, 수선 납자 368명으로 증가하였다.

1934년 12월 5일 선학원은 재정과 조직기반을 공고히 하고자 재단법인 조선불교선리참구원(朝鮮佛敎禪理參究院)으로 개편했다. 재정을 제도적으로 확립하여 수선 납자들의 수행 조건을 개선하고 선학원의 위상을 더욱 강화하자는 것이었다. 이사장에 만공, 부이사장에 한암, 상무이사에 성월·남전·적음스님이 취임하였다.

전통불교의 수호

식민지 시기의 한국불교는 일본불교의 영향을 받아 계율상의 심각한 위기에 처하였다. 특히 일본에 유학을 다녀온 승려들은 돌아와서는 대부분 결혼을 하여 대처승이 된 경우가 많았다. 더욱이 이들은 불교계의 지식층으로서 점차 교계에서 비중과 역할을 강화해 갔다. 결혼한 승려가 본사 주지가 되려면 기존의 사법에 명시된 대처승의 주지취임불가 규정을 개정할 필요가 있었다. 이에 따라 이들은 총독부에 사법개정을 신청하였고, 총독부에서도 이들의 요구를 반대할 하등의 이유가 없었다. 이제 대처승들도 본사 주지로 임명될 수 있었다.

이러한 왜색불교에 맞서 한국선의 정체성을 확립하기 위한 중요한 움직임이 1925년 용성스님이 주도하여 도봉산 망월사에서 개설한 '만일선회결사(萬日禪會結社)'이다. 일본불교의 영향으로 한국불교의 계율이 파괴되고 선이 몰락하는 사실을 우려해 결사를 맺게 된 것인데, 그 목적은 활구참선(活句參禪)으로 견성성불하여 중생을 널리 제도하자는 데 있었다. 기간은 만일[10기]로 정하고 1기를 3년으로 삼았다. 오후 불식을 철저히 지키고 평시 묵언과 동구불출(洞口不出)을 규약으로 정하는 등 엄격한 청규 하에 납자들이 수선 정진했다. 당시 조실은 학명스님이었으며 입승은 운봉(雲峰), 그리고 경운(耕雲)·고송(古松)·보문(普門)·설봉(雪峰)·동산(東山)·고봉(高峰)스님 등 20여 명의 납자가 참선에 들어 수행정진했다. 이 참선결사는 1926년 4월 도봉산이 산림의 보완림으로 국가에 편입되면서 통도사 내원암으로 이전하여 진행되었다.

이어 1926년 5월과 9월 두 차례에 걸쳐 용성스님이 주축이 된 백여 명의 승려들은 대처식육을 반대하는 건백서를 총독부에 제출하였다. 승려로서 지계(持戒)함은 당연한 것임에도 대처승들이 사법을 개정하여 주지가 되려고 하는 것은 후일에 큰 혼란를 초래하는 것이므로 대처 주지는 금지해야 된다는 논지였다.

1차 건백서에 대하여 총독부로부터 아무런 회신을 받지 못하자 용성스님은 9월에 다시 현실적인 내용을 감안한 2차 건백서를 제출하였다. 대처승들이 사찰에서 생활하면서 필요한 경비를 사찰재산에 의존하고 있음을 지적하고, 이 폐단을 없애기 위해 총독부가 나서 대처승을 재가 대중으로 환속시킬 것을 요청하였다. 또한 대처승들이 사찰을 장악하여 수행납자들이 수행할 도량을 찾지 못하므로 이들에게 몇 개의 본사를 할당하여 줄 것을 요청하였다. 그러나 총독부 당국은 이를 묵살하고, 승려들에게 대처식육을 허용하는 사법개정을 승인하였다.

그럼에도 불구하고 전통불교를 수호하려는 움직임은 계속 전개되었다. 그것은 전통불교의 계승과 더불어 새로운 선풍 진작의 일환으로 선농불교(禪農佛敎)가 강조되었다는 점에서 찾을 수 있다. 선농불교는 용성, 학명스님에 의해 주도되었다. 용성스님은 1927년 64세 때 경남 함양의 백운산에 화과원(華果院)을 설립하고 선농불교를 실천하였으며 그해 대각교(大覺敎)를 선언하고 만주 용정에 대각교당인 선농당을 개설하였다. 스님은 승려 자신이 노동을 통하여 자립하고 노동을 통한 선의 실천을 강조하였으며 이후 입적할 때까지 10여 년간 선농불교를 실천했다.

학명스님은 1924년 내장사에 벽련선원(碧蓮禪院)을 개설하여 반농반선(半農半禪)을 주장하면서 백장 청규의 "일일부작 일일불식(日日不作 日日不食)"의 정신을 살려 선원을 꾸려 나갔다. 오전에는 학문, 오후에는 노동, 야간에는 좌선 수행을 했던 것이다.

스님은 이러한 노동으로 내장산 산내의 황무지를 개간하여 전답이 80두락에 이르렀으며, 항상 제자들에게 반선반농을 가르치며 놀고 먹는 중이 되어서는 안 된다고 가르쳤다. 자선자수(自禪自修)와 자력자식(自力自食)의 독특한 실천론을 폈던 것이다. 그리하여 자호를 백농(白農)이라 했다. 이밖에 학명스님은 인근의 아이들을 모아 조석예불을 가르쳐 교화에 힘썼으며 1925년 망월사에서 열린 만일참선결사, 1927년에는 각황사 중앙선원의 조실로 추대되어 납자들을 제접했고 각황사 포교사로서 포교 일선에도 나섰다.

이렇게 두 스님의 선농불교 운동은 수선납자들에 의해 실천에 옮겨졌다는 점과 함께 당시 불교계의 현실을 직시한 대안이었다는 점에서 의의가 있다.

5) 교육 · 역경 · 포교의 대중화

중앙학림의 발전

1915년 보통학교→불교지방학림→불교중앙학림으로 이어지는 3단계의 근대식 제도를 확립한 이후 중앙학림의 교육목표는 "승려에게 종승(宗乘), 여승(餘乘) 및 수요(須要)할 학과를 교수하며 포교 전도의 인재 양성"에 두었다. 교육과정을 보면 일본의 여러 종교대학에 비해서도 손색이 없는 내용이었다. 또한 중앙학림에서는 김법린, 백성욱 등의 항일 지사를 비롯하여 불교계 신진 인사들을 많이 배출하였다. 그러나 3·1운동으로 인하여 휴교되는 등 많은 시련을 맞게 된다.

1920년대에 들어서 기독교나 천도교에서 운영하는 연희전문학교나 이화전문학교 그리고 보성전문학교 등은 모두 전문학교로 인가되었다. 그러나 중앙학림은 시설이나 규모면에서 결코 이들 학교에 뒤지지 않음에도 불구하고 전문학교로 승격되지 못하였다. 결국 1921년 9월 중앙학림의 1·2학년 학생들이 중심이 되어 6개조에 달하는 중앙불교전문학교 승격에 관한 결의안을 채택하고 이것이 관철되지 않으면 10월 1일부터 무기한 동맹휴학을 하겠다는 진정서를 학교 당국과 30본산연합사무소에 제출하였다. 이에 대하여 1922년 30본산 주지회의는 중앙학림의 전문학교 승격을 전제로 내세우면서 5년간의 휴교를 결정하였다.

이러한 결정에 대해 불교계의 거센 반발이 뒤따랐지만 일단 결정된 사안은 쉽게 해결의 실마리를 찾지 못하였다. 사태가 이렇게까지 된 원인은 당시 주지총회에서 중앙학림의 전문학교 승격에 따른 재정적인 문제를 해결할 수 없었던 것에 있다. 또한 총독부측에서 중앙학림 학생들이 1919년 3·1운동 때 적극적으로 참여한 것에 대해 30본산 주지들에게 중앙학림 폐교의 압력을 가한 탓도 있었다.

5년간의 오랜 준비 끝에 1928년 3월에 문을 열게 된 것은 불교전문학교가 아닌 불교전수학교였다. 총독부에서는 불교계의 인재를 양성하는데 굳이 전문학교가 필요없다고 하였다. 또한 당시 재단법인 조선불교중앙교무원은 60만원의 기금을 가진 재단이었는데 보성고보까지 운영하고 있었으므로 증자를 하지 않는 이상 전문학교의 설립인가는 어렵다고 하였기 때문이다. 그러나 불교전수학교 학생들과 교계의 인사들은 전수학교의 인가가 난 직후부터 전문학교 승격운동을 전개하여 1930년 4월 7일 마침내 중앙불교전문학교 인가를 받았다.

전통강원의 침체와 복구

개항기 이래 불교교육에 대한 승려들의 입장은 두 가지로 나뉘어져 있었다. 먼저 젊은 지식인 승려들은 재래식 강원교육으로는 새로운 시대에 걸맞는 인재를 양성할 수 없을 뿐더러 불교가 사회에 기여할 수도 없다고 하였다. 따라서 강원교육보다는 신학문을 익혀야 하며, 경학 연구에도 심리학·종교학·지리학 등의 외전(外典)이 필요하므로 학교 교육을 받아야 한다고 주장하였

불교전수학교

다. 당시 이러한 주장을 하는 이들을 학승이라 하였으며 교무원과 각 사찰 주지들도 이들의 주장에 동조하였다. 따라서 각 사찰에서는 학승을 선발하여 서울이나 일본 등지로 파견하였다. 마침내 1924년 1월에 열린 조선불교대회에서는 연간 50명씩 10년간 5백명의 유학생을 선발해 일본으로 파견할 것을 결의하기도 하였다. 이는 불교계가 선진 학문과 사상을 받아들이고자 하는 열의이기도 하였다. 학승들의 유학은 1930년대까지 활발하게 이루어졌다. 유학 대상국도 일본과 중국, 그리고 소수이지만 독일, 프랑스 등지로 확대되었다.

1910년대 당시 한국불교계에 풍미하고 있던 사회진화론의 영향을 받으면서 전통강원은 지방학림으로 전환되기 시작하였다. 이러한 일련의 흐름은 1915년 근대교육 체계의 안정과 1916년 1월 선교양종연합사무소 제5회 총회에서 전문강원을 지방학림으로 전환하자고 결의를 모으는데서 최고조에 달한다. 그러나 1920년대 중반에 이르러 강원이 다시 복구되는 등 불교계 내에서 강원교육을 다시 중시하기 시작하였다. 이들은 "혜학(慧學)의 전승이 가는 실에 걸린 것과 같다"고 개탄하며 전문강원의 복구를 시도하였다.

이렇게 지형이 변한 저변에는 근대교육기관의 교육 효과에 대한 불신과 근대학문을 익힌 일본유학생들의 친일과 대처 및 환속에 따른 세속화, 그리고 전통 강원교육에 대한 신뢰가 흐르고 있었다. 이 밖에도 1925년 8월에 대강백 진하(震河)스님이 입적하자, 스님같은 대강백을 육성하기 위해서는 전문강원이 필요하다는 여론도 작용하였다. 이리하여 1925년에 해인사 전문강원이, 1926년에는 범어사와 개운사에 전문강원이 복원되었으며, 이후 건봉사, 유점사, 통도사 등 전국 각지에 강원이 복원되기에 이르렀다.

1928년에는 3월 운허(耘虛), 청담(靑潭)스님을 비롯한 개운사 전문강원 학인, 범어사, 해인사, 유점사 전문강원 학인들의 주도 아래 전국 강원 대표 44인이 참석하여 전문강원의 복구와 강원교육 개선을 위한 '조선불교학인대회'를 각황사에서 열었다. 학인들은 불교계의 상황을 개탄하면서 그 타개책의 일환으로 시대에 적합한 교화방법과 불교 교육제도의 일치를 주장하였다. 학인들

은 강원 출신이었기 때문에 선교후선(先敎後禪)의 입장에서 강원 교육제도의
개선을 강력하게 내세웠다.

그 교육제도의 근간은 초등과 3년, 중등과 3년, 고등과 4년의 틀을 유지하면
서 고등강원 1개소를 경성에, 중등강원 6개소 이상을 지방에, 초등강원은 중
등강원의 부설 또는 그 이외 사원에 설치하자고 주장했다. 이는 당시까지만
해도 1명의 강사스님이 10년 내지 11년이나 되는 강원의 모든 교과목을 도맡
아 진행하고 있었기 때문에 시간적으로나 교육의 내용에 있어서나 많은 문제
점이 야기되어 강원교육을 분야별로 전문화함으로써 교육의 질을 향상하기
위한 조치로 보인다.

한편 당시 제시된 강원의 교과과정은 지리·역사·철학·종교사 등 외전
을 가미하는 등 시대의 조류에 맞게 혁신을 꾀하였다. 예컨대, 계·정·혜 삼
학을 바탕으로 한 전통적 강원의 교과 체제에 근대적 지식의 접목을 시도한
것이다.

그러나 교무원 제6회 평의원총회에서는 경성에 고등강원을 설치해 달라는

조선불교학인대회 (1928. 3. 16), 각황사

학인들의 요청을 예산 부족을 이유로 수용하지 않았다. 그러자 학인들은 1929년 3월에 제2차 학인대회를 개최하는 등, 강원제도 개선을 위한 운동을 계속 추진하였다. 그 결과 강원교육 개선안을 종회에 제출하여 그 안이 받아들여졌고 박한영강백을 초빙하여 개운사 대원암에 고등강원을 마련하였다. 이 고등강원은 강원을 마친 자가 수학하는 전문강사를 양성하기 위한 교육기관으로 정식 명칭은 고등연구원이었다. 개운사에 고등강원이 개설되자 범어사·통도사·건봉사 등지에서도 고등강원에 해당되는 전문강원을 잇따라 개설하였다. 그러나 학인들이 주장하였던 강원제도의 전반적인 개선안은 해결되지 못했다.

1928년 가을 학인들의 강원교육에 대한 선호는 학인의 유대를 공고히 하기 위한 '조선불교학인연맹'을 낳기도 하였다. 1932년 9월에 열린 교무원 제4회 종회에서 강원제도 개선심의위원회를 두기로 한 것도 학인들의 이러한 활동과 무관하지 않다. 그래서 강원제도 개선심의위원회의를 열어 개정심의 상임위원회를 두기로 결정하고, 그 안을 1933년 3월의 제5회 종회에 보고하기로 하였다. 이러한 일련의 활동으로 '강원규칙'이 제정되었으나 정상적으로 실행되지 못하였다. 이는 당시 불교계가 지향해야 할 노선이 정립되어 있지 않음을 반영하는 것이기도 하다.

학인들의 조직체인 조선불교학인연맹은 1932년 3월 15일에 열린 제4차 학인연맹 정기총회에서 '조선불교학인총연맹'으로 거듭 태어났으나, 1933년 중반 이후에는 뚜렷한 활동을 하지 못한 채 침체 일로를 걷게 되었다.

강원 출신 학인들을 중심으로 한 이러한 일련의 활동은 이렇다할 가시적인 성과는 내지 못했음에도 당시로서는 상당히 의미있는 움직임이었다. 강원 출신의 최초의 학인대회를 열었다는 점, 조선불교학인연맹이라는 학인들의 조직체를 구성했다는 점, 그리고 시대에 뒤떨어진 기존 강원의 문제점을 지적하고 신학문을 수용하여 전통강원 제도의 개선을 추구했다는 사실 등에서 한국 강원의 역사에 특기할만한 일이었던 것이다. 이밖에 계·정·혜 삼학의 강조

를 통한 전통교육의 중흥 모색은 정화운동의 역사적 배경 중에 한 요인으로
작용하였다.

역경과 포교

식민지 시대 역경사업은 몇 사람의 선각자에 의해서 주도되었다. 그 대표적
인 인물로 3·1운동에 민족대표로 참가하였던 한용운스님과 백용성스님을 들
수 있다. 한용운스님은 역경사업의 중요성을 깨닫고 사라져 가는 고승들의 학
설과 행적을 인출하기 위하여 1922년 9월 법보회(法寶會)를 조직하였다.

한용운스님은 어떤 종교든 민중과 사회에 공적이 없으면 종교의 본의를 다
하지 못하는 것이라 인식하고 불교를 대중화하는 작업에 힘을 기울였다. 불경
이 어려운 한문이어서 일반인들이 부처님의 가르침에 접하지 못하고 거의 미
신같이 믿는 현실을 개탄하였다. 그래서 팔만대장경을 한글로 번역하고, 그래
도 뜻을 알기 어려울 때는 주를 달아서 초학자라도 한번 보면 뜻을 알 수 있도
록 노력하였다. 이에 제일 먼저 일본이나 중국에서 수집한 고승의 학설과 행
적을 한글로 번역하는 작업에 착수하였다. 그러나 이 사업은 성공적으로 이루
어지지 못하였다. 그 원인은 십여 명의 인원이 십년 정도의 작업을 하는데 경
비가 약 십만원 정도 소요될 것으로 예상하였으나, 모금된 금액은 불과 몇 천
원에 지나지 않았기 때문이다.

용성스님은 3·1운동으로 옥고를 치르고 출옥한 직후인 1921년 역경작업
을 위해 삼장역회(三藏譯會)를 조직하였다. 제일 먼저 『금강경』을 번역하였
고, 이어서 1922년에는 『신역대장경』을 출간하였다. 곧이어 『선한문신역대장
경(鮮漢文新譯大藏經)』을 발간하였다. 그밖에도 『능엄경』·『원각경』·『범망
경』 등 많은 경전을 번역하였다. 뿐만 아니라 그는 『귀원정종(歸源正宗)』·
『심조만유론(心造萬有論)』과 같은 책을 저술하여 대중들에게 불법의 진리를
전하고자 노력하였다. 역경사업에 몰두하였던 용성스님은 신경쇠약으로 인
해 작업을 중단하였던 적도 있었다 하니 역경에 대한 스님의 서원이 얼마나

강하였던가를 알 수 있다.

1935년 4월에는 안진호스님이 『석문의범(釋門儀範)』을 간행하여 불교의식을 종합·정리하기도 하였다. 1936년에 들어 스님은 강원교육 교재에 대한 새로운 편찬을 시도했다. 현재도 강원 치문반 교재로 사용하고 있는 『치문경훈(緇門經訓)』186편 가운데 67편만을 축약, 발췌한 후 현토와 주석을 달고 교감을 거쳐 편집하였다. 나아가 스님은 사집반 교재인 『서장(書狀)』·『도서(都序)』·『절요(節要)』·『선요(禪要)』에 현토와 주를 달고 간행하였다. 이러한 교재들은 오늘날까지 전국 강원(승가대학)의 교재로 사용되고 있다.

역경과 아울러 이 시기에는 다양한 저술과 간행이 이루어졌다. 1924년 7월 조선불교중앙교무원은 월간 불교 종합잡지로서 『불교』를 창간하였다. 정치를 배제하고 교리와 사상, 불교계의 동향을 전달하는데 목적을 두었다. 『불교』지는 9년에 걸쳐 모두 108호까지 발행되었는데 이전까지의 잡지가 대부분 4년 이상을 지속하지 못했던 실정에 비추어 보면 그 정통성을 헤아릴 수 있다. 초대 발행인은 권상로였고 뒤이어 한용운스님이 맡았는데, 이후 책의 내용이 정교분립, 불교행정에 대한 비판 등 개혁적 성향을 지니게 되었다. 1933년 7월 재정난과 편집방향에 대한 문제가 갈등을 빚으면서 휴간되고 말았지만 당시 『불교』지는 전국의 주요사찰에 지방통신기자를 배치하는 등 불교계의 동향과 여론을 이끌어가는 중요한 역할을 수행하였다.

이후 『불교』지는 1937년 3월 경남 3본산 종무협회(해인사·통도사·범어사)가 속간하게 되었고, 한용운스님은 고문으로서 재차 조선불교의 저력을 선양해 나갔다. 그러나 1938년 일제는 전국 사찰에 일본 황실의 번영을 기원하는 법회 개설을 강요하였고, 급기야 『불교』지에 총독부가 작성한 원고를 전재하도록 독촉하였다. 그러자 한용운스님은 그해 12월호를 모두 원효의 「기신론소(起信論疏)」를 원문 그대로 실어 일제의 요구를 묵살하였다. 하지만 이러한 저항은 오래 갈 수가 없었고 이듬해인 1939년 신년호를 마지막으로 『불교』지는 막을 내리고 말았다.

그밖의 잡지로는 1932년 1월 교무원에서 발간한 월간 『종보』가 있었다. 1935년 김태흡은 『불교시보』와 같은 불교신문을 독자적으로 발간하였으며 1939년에는 불교시보 후원회가 조직되어 경제적 부담을 덜기도 하였다. 지방에서 발간된 신문으로는 1936년 7월 경북불교협회에서 발행한 『경북불교』를 들 수 있다. 이러한 잡지와 신문은 불법을 홍포하는 순기능적인 면도 있었으나 총독부의 정책을 선전하고 나아가서 불교도로 하여금 식민지 당국의 정책에 협력하도록 하는 역기능적인 면도 없지 않았다. 이 시기 각종 잡지의 발간에 관한 개요를 도표로 정리하면 다음과 같다.

1910년~1945년의 잡지 · 신문 일람표

잡지 · 신문명	창간시기	폐간시기	총발간호수	발행처	주요관계자
원종	1910	미상	2	원종종무원	김지순
조선불교월보	1912. 2	1913. 6	19	조선불교월보사	권상로
해동불교	1913. 11	1914. 6	8	30본산주지회의원	박한영 · 최예운
불교진흥회월보	1915. 3	1915. 12	9	불교진흥회본부	이능화
조선불교계	1916. 4	1916. 6	3	불교진흥회	이능화
조선불교총보	1917. 3	1921. 1	22	30본산연합사무소	이능화
유심	1918. 9	1918. 12	3	유심사	한용운
혁신공보(신문)	1919. 5	미상	미상	지하신문	김상호 · 김상헌 박민오 · 김봉신
취산보림	1920. 1	1920. 6	6	취산보림사(통도사)	이종천
금강저	1924. 5	1937. 1	36	재일불교청년회 동경유학생학우회	이영재 · 김태흡 허영호 · 강유문
불교	1924. 7	1933. 7	108	불교사	권상로 · 한용운
광야	1924	미상	미상	북경유학생학우회	미상
불일	1924. 7	1924. 11	2	불일사	김세영
평범	1926. 8	1926. 10	3	평범사(부산)	허영호
조음	1926. 12	미상	미상	불교청년회 통도사지회	이종찬
일광	1928. 1	1940. 1	10	중앙불교전문학교 교우회	송종헌 · 김영수 박한영 · 김경주

잡지·신문명	창간시기	폐간시기	총발간호수	발 행 처	주요관계자
무아	1928. 5	미상	미상	미상	미상
회광	1929. 3	1932. 3	3	조선불교학인연맹	이순호
불청운동	1931. 8	1933. 8	11	조선불교청년총동맹	미상
선원	1931. 10	1935. 10	4	선학원· 조선불교선리참구원	김적음
불교시보(신문)	1935. 8	1944. 4	108	불교시보사	김태흡
금강산	1935. 9	1936. 6	10	금강산사(표훈사)	권상로
경북불교(신문)	1936. 7	1941. 7	48	경북불교협회	강유문·김해윤
신불교	1937. 3	1944. 12	67	불교사	허영호·김도삼 임석진·한용운
룸비니	1937. 5	1940. 3	4	중앙불전학생회	양영조·김어수 문동한·김용태
홍법우	1938. 3	미상	미상	홍법강우회(봉선사)	이재복
불심	1938.	미상	미상	미상	미상

※ 『대한불교』 806호, 1979. 10. 21일자 ,
※ 『한국근현대불교자료전집 해제판』, 민족사, 1996. 참조

　불교계의 포교사업은 도성출입 해금과 더불어 점차 활기를 띠게 되었다. 1902년 동대문 밖에 원흥사를 세워 대중들에게 불법을 홍포하기 시작하였고, 1908년에 성립한 원종은 기관지 『원종』을 발간하였다. 불교계는 1910년 전국 사찰로부터 의무금을 걷어 각황사를 짓고 포교사업을 전개하였다. 범어사는 독자적으로 인사동에 포교당을 건립하였고, 석왕사도 전동에 능인교당을 세워 포교사업에 힘을 기울였다.

　한용운스님은 1910년 백담사에서 저술한 『불교유신론』의 「포교론」에서 당시 승려의 부족한 자질을 한탄하고, 신도는 거의 여자만이 있을 뿐으로 이는 모두 포교의 부재가 낳은 현실에서 비롯되었음을 지적하고 포교의 시급함을 역설하였다.

　1914년 1월 30본산 주지회의소에서는 포교 증진에 필요한 서적과 부처님의

행적 등을 국문과 한문으로 간행하기로 하였다. 편술은 김보륜(金寶輪)스님이 맡고 교열은 박한영스님이 담당하였다. 그리고 일본의 발달된 포교방식을 배우기 위하여 30본산 주지들이 봄·가을로 일본불교 각 종단을 방문·시찰할 것을 결의하였다.

1912년 이회광은 감옥포교를 시작하여 죄수들에게 불법의 길로 인도하였다. 또한 1919년 수원 용주사의 강대련스님이 총독에게 제출한 「불교기관확장의견서」 가운데에는 승려들의 감옥포교를 요청하는 내용이 들어 있다.

6) 승려대회와 자주적 종헌

승려대회 개최의 배경과 경과

1929년 1월 3~5일은 한국 근대불교사에서 매우 의미깊은 시기였다. 전 조선의 승려대표들이 한 자리에 모여 불교계의 헌법이라고 할 수 있는 종헌을 자주적으로 제정하고 중앙종회를 탄생시켰기 때문이다.

승려대회의 본래 명칭은 조선불교선교양종승려대회였다. 이 대회의 개최 배경은 1928년 불교계의 혁신세력인 조선불교청년회가 제기한 불교개혁 방안에서 찾을 수 있다. 한편 1920년 재조선 일본인 불교도들과 조선의 유력한 불자들이 중심이 되어 조직한 조선불교대회가 1925년 재단법인 조선불교단으로 확대 재편되었다. 이 조선불교단은 1929년 10월 조선불교대회라는 조일불교 교류 행사를 개최할 예정이었다.

조선불교대회는 1927년부터 준비하였는데 그 목적은 "조일불교도의 교정 친목을 두텁게 하고 조선의 불교를 촉진하기 위하여 서로 제휴하고, 협력 진보의 길을 모색함으로써 조선문화의 발달에 이바지하여 민중의 복지증진에 공헌"하는 데 있었다. 그렇지만 실제 목적은 총독정치 20년의 시정을 기념하기 위해서 1929년 9월 12일부터 10월 31일까지 개최할 예정이던 조선박람회

기간에 맞추어 식민통치를 기만적으로 선전하기 위한 방편에 지나지 않는 것
이었다.

　이러한 소식을 들은 조선불교청년회 등을 비롯한 불교계는 1928년 11월 서
둘러 승려대회를 준비하였다. 승려대회의 목적은 종헌의 제정과 종회의 구성,
그리고 행정부적인 성격을 띠는 중앙교무원의 헌장 제정 등이었다. 승려대회
의 준비는 1928년 11월 11일 경성 시내 각황사에서 재경 유지자 승려들이 발
기준비회를 결성하면서 시작되었다. 이 회의에서 발기회 준비위원 11명을 선
출하였다.

　발기회 준비위원은 권상로 · 김포광 · 도진호 · 백성욱 · 김법린 · 김상호 ·
김정해 · 조학유 · 김태흡 · 오이산 · 김경홍스님 등 조선불교청년회원이 주류
를 이루고 있었다. 1928년 11월 30일～12월 1일 각황사에서 승려대회의 발기
대회가 열렸다. 발기대회에서는 승려대회의 사회 및 서기 · 사찰(査察)의 선거

조선불교선교양종승려대회 (1929. 1. 3. ～ 5)

가 있었다. 사회는 권상로, 부사회는 도진호, 그리고 서기는 김태흡, 사찰에는 오시권과 김법룡스님이 선임되었다. 승려대회 준비위원회도 구성되었는데 준비위원장에는 권상로가 피선되었고 서무부·제헌부(制憲部)·외교부·지방선전부(地方宣傳部) 등의 부서가 확정되고 부서별 업무분장도 이루어졌다.

승려대회의 참가대상은 31본사 주지와 각 본말사총회에서 선출한 대표 중에서 각 사찰 주지의 신임장을 지참한 자로 하였다. 참석자 수는 본말사 총회의 통계상 승려 백명당 1명꼴로 배정하여 총 156명으로 정했다. 그러나 실제 승려대회가 열리게 되자 참석인원은 예상과는 달랐다. 실제로 승려대회에 참석한 사람은 107명이었고, 불참한 사람이 49명에 달하였다. 대회 첫날인 1월 3일은 준비위원장이었던 권상로의 개회로 승려대회를 시작하였다. 그리고 무기명 투표로 사회에 권상로, 부사회에 만암(曼庵)스님을 선출하였다. 그런데 대회 이튿날인 1월 4일에는 사회인 권상로와 부사회인 만암스님이 참석하지 않는 상황이 발생하였다. 권상로와 만암스님이 불참한 자세한 이유는 알 수 없으나 전날 사회에서 차점을 얻은 이혼성스님의 사회로 진행되었다. 대회 3일째 되는 날은 참석자가 80명으로 줄었다. 아마도 한국불교계의 자주적인 움직임에 대해 총독부의 압력이 작용하였던 것으로 생각된다.

이 승려대회에서는 종헌을 제정하고 종헌에 따라 불교계의 상징적 의미를 지니는 교정(教正)도 선출하였다. 이때 선출된 교정은 한암·박한영·경운(擎雲)·환응(幻應)·해담(海曇)·용허(龍虛)·동선(東宣)스님 등 7명이었다. 이밖에 종헌의 주요 내용을 보면 조선불교를 선교양종(禪教兩宗)이라 칭했으며 선(禪)과 교(教)로써 종지를 삼고 있다는 점이다. 그리고 태고(太古)국사를 종조로 모셨으며 종회와 법규위원회를 두었다는 것이다.[14]

그리고 종헌에는 '조선불교선교양종종무원칙', '교정회규칙'(教正會規則), '법규위원회 규칙' '조선불교선교양종종회법' 등이 수록되었다.

종헌실행 문제와 승려대회의 의의

식민지의 통제된 상황에서 전국 사찰의 대표자들은 승려대회를 개최하고 종헌을 제정, 종회를 성립시켰다. 그러나 불교계의 자주적인 모습이 담긴 종헌의 실행은 현실적으로 많은 어려움에 직면하였다.

승려대회 직후 대회에 참석하였던 승려들은 각기 소속 사찰로 돌아가 승려대회의 내용을 전하고, 각 본사별로 종헌에 명시된 종회원과 법규제정위원을 선출하여 종회와 법규제정위원회가 구성되었다. 1929년 3월 제1회 종회가 열렸다. 종회 개최 결과 불교전수학교를 전문학교로 승격시키자는 결의가 이루어졌고, 각황사의 개축을 공론화하였다. 그리고 제2회 종회에서는 1930년 8월 미국 하와이에서 개최되는 범태평양불교청년대회에 도진호스님을 대표로 파견하기로 결정하였다. 그러나 종헌 실행에 있어서 가장 큰 문제는 식민지 상황에서 불교계를 통제하는 사찰령이었다고 할 수 있다. 사찰령에 의해 31본사 주지들의 임면권은 총독에게 있었다. 본사 주지들은 총독부의 통제를 벗어나서 자주적인 행동을 할 수 없었다. 또한 주지는 사찰의 재정권을 지니고 있었

---

14) 종헌의 중요 내용은 다음과 같다.
　제1조 朝鮮佛敎는 禪敎兩宗이라 함.
　제2조 本兩宗은 佛祖正傳의 心法(禪)과 敎理(敎)로써 宗旨라 함.
　제3조 本兩宗은 釋迦牟尼를 本尊으로 하고 太古(普愚)國師를 宗祖라 함.
　　　　但 各寺院에 奉安하는 本尊佛은 從來의 慣例에 依함.
　제4조 本兩宗의 儀式은 佛祖의 示訓과 宗旨에 依함.
　제5조 本兩宗은 左에 揭한 寺刹을 本山(기존 31본산을 일컬음)이라 하고 其外 寺刹을 末寺라 함.
　제6조 本兩宗은 31本山이 一體로 하야 朝鮮佛敎를 統理함.
　제7조 本兩宗의 各寺刹은 改敎轉宗함을 不許함.
　제11조 本兩宗은 宗門의 萬機를 公決하기 爲하야 宗會를 設함.
　제15조 本兩宗은 敎務와 諸般事業을 統辦하기 爲하야 31本山의 單一機關으로 中央敎務院을 설함.
　제17조 本兩宗은 重要한 敎務를 裁正하기 爲하야 敎正을 置함.
　제22조 本兩宗은 諸般法規를 制定하여 宗門의 一切를 審理하기 爲하야 法規委員會를 置함.

기 때문에 불교계는 그들의 도움없이는 어떠한 사업도 실행할 수가 없었다.

승려대회에서 제정된 종헌을 실행하기 위해서 여러 가지 방안이 모색되었다. 불교계 일각에서는 종헌을 총독부의 인가를 받아서 시행하자는 이른바 종헌인가설과 종헌에 명시된 통일기관적 성격을 띤 중앙교무원이 각 사찰을 통제할 수 있는 권한을 가질 수 있도록 31본사의 사법을 개정하자는 사법개정도 제기되었다. 그러나 본사 주지들의 열성적인 노력이 뒷받침되어야 하기 때문에 이 둘은 현실적으로 실현되기에는 무척 어려운 것이었다. 교무원이 31본사를 통제할 실질적인 권한, 즉 본산 주지 임면권과 사찰재산의 처분권을 가지지 못한 상태에서 종헌을 실행하기란 어려운 것이었다.

이처럼 종헌은 제대로 실행되지 못하였지만 그 안에는 당대의 불교계 현실을 돌파하기 위한 자주적인 모색이 많이 엿보인다. 즉 태고국사를 종조에 모셔 전통선을 중시하는 입장이었음을 알 수 있다. 나아가 당시 불교계의 현안이었던 통일기구를 마련하려 했다는 점에서 그 의의가 부각된다. 즉 종회에 "종문(宗門)의 만기(萬機)를 공결(公決)한다" 하여 불교계의 모든 사안을 결정할 수 있는 권한을 부여했으며, 종회에서 결정하는 모든 문제와 사업을 31본산을 대표하는 단일기관인 중앙교무원에서 전담하여 추진케 했다는 것이다. 또한 법규위원회의 설립은 불교계의 다양한 모순과 신시대의 각종 현안 사항을 적절한 법으로 대응하는 의도로 이해된다. 그리고 교계의 상징적인 의미를 지니는 교정을 추대하였다는 사실은 식민지 시대에 불교계의 위상을 높일 수 있는 의미있는 일이 아닐 수 없다.

승려대회의 의의도 결코 작지 않다. 식민지 시대 종교계뿐만 아니라 모든 단체들이 총독부의 지침에 따라 통제되는 상황에서 불교계가 자주적인 자치기구를 성립시키기 위해 노력하였다는 사실만으로도 충분한 의미가 있다. 비록 승려대회 도중에 대회의 진행자를 비롯한 많은 사람들이 이탈함으로써 본래 의미가 다소 퇴색되기는 하였지만 대회는 무사히 진행되어 종헌이 성립할 수 있었다.

이제 교계를 대표하는 종회가 구성되어 다양한 사업들을 결정하였고, 교계의 상징적인 의미를 지니는 교정을 추대하였다는 사실은 식민지 시대에 불교계의 위상을 높일 수 있는 의미있는 일이 아닐 수 없다.

승려대회는 사찰령이라는 악법하에서 자주적으로 불교계를 규율할 수 있는 법령을 만들고 그것을 집행할 수 있는 집행기관과 불교계의 의사를 결정할 수 있는 의사결정기구를 성립시켰다는 점에서 매우 커다란 성과라고 할 것이다.

식민지시대 친일의 문제는 불교계만의 문제가 아니며, 우리 민족사가 안고 있는 가슴 아픈 역사의 일부분이다. 식민지시대에 살았던 많은 승려들이 식민지 지배권력의 본질을 파악하고 비판할 수 있는 안목을 키우지 못한 것이 어찌 불교계만의 실책이라고 할 수 있겠는가. 조선시대 사회구조가 유학만을 숭상하고 불교를 천시한 결과로 빚어진 불행한 산물에 지나지 않는 것이다.

이 시대 불교계는 교육·포교·역경사업을 비롯하여 많은 문제들을 안고 있었다. 그러나 무엇보다도 중요한 것은 불교계의 자주권을 확립하는 일이었다. 이것은 민족해방운동과 직결되는 문제였다. 이러한 문제를 해결하려는 중심에 있었던 것은 젊은 불교청년들이었다. 청년들은 자주권을 확보하기 위해서 노력하였지만 재정문제는 가장 어려운 장벽이었다. 이러한 문제는 근본적으로 식민지 불교정책의 근간이었던 사찰령 속에 내재되어 있었던 것이다.

3. 총본산 건설과 조계종의 성립

1) 총본산 건설운동과 태고사

총본산 건설의 배경

조선초 불교의 종파는 11종이었다. 그러나 태종대에 7종으로 줄어들었고, 세종대에는 선종과 교종의 두 종파로 통폐합되었다. 이처럼 국가권력에 의해 종단이 축소되면서 종지와 법통, 사상 등 불교의 제반 요소는 침체될 수밖에 없었다. 성종대부터 승단이 없는 상태에서 산중의 사암을 중심으로 겨우 명맥만을 유지하는 이른바 '무종 산승시대(無宗 山僧時代)'가 시작되었다. 무종 산승시대의 절정기인 조선후기 불교의 특징은 산중 승가에서 삼문수업(三門修業)이 이루어지고 있다는 점이다. 즉 선과 교, 염불의 삼문을 중심으로 수업하는 것을 종(宗)으로 삼아왔다. 일제시대에 한국불교를 선교양종이라 칭한 것도 무종 산승시대 이래로 전해지고 있는 삼문수업을 지칭한 것이기도 하다. 따라서 당시의 선교양종은 세종대 이후의 선종과 교종이라는 종파적 성격이 아닌, 선·교의 겸수를 뜻하고 있는 것이다. 그러면서 그 법통은 선맥이 중심이 되었다고 할 수 있다.

일제시대의 한국불교는 조선시대의 여러 가지 제약에서 벗어날 수 있었다. 그러나 일제의 또다른 억압과 통제가 기다리고 있었다. 당시의 제약이나 통제는 사찰령과 이를 근거로 하는 30본산체제를 통해 이루어졌다. 즉 30본산제는 식민지 불교의 통제적 의미였지, 불교계의 자율적인 통일기구나 종단의 의미는 아니었다. 따라서 젊은 승려들은 일제의 이와 같은 통제에서 벗어나고자 하였다. 더불어 자발적이고 근대적인 불교계 통일기구를 만들어야 한다고 주장하였다.

　전국 본사 주지들의 전횡에 맞서 정교분립과 사찰령 폐지를 주장하는 불교 개혁운동이 1920년 조선불교청년회에 의해 일어났다. 이들은 불교개혁 뿐만 아니라, 한국불교계의 통일운동을 효과적으로 추진하기 위해 이듬해 12월에 조선불교유신회를 만들었다. 그리고 1922년 1월에는 10개 본사와 함께 조선 불교중앙총무원을 출범시켰다. 총무원의 출범은 본산 연합제를 거부한 불교 계의 자주적인 통합기구의 시도로, 일제는 이를 견제하기 위해 1922년 5월에 조선불교선교양종중앙교무원을 출범시켰다. 총무원과 교무원의 양 세력은 수송동 각황사의 주도권을 두고 대립하다가, 1924년 4월에 조선불교중앙교무 원으로 통합되었다. 따라서 불교계의 첫 번째 통합기구는 총무원을 흡수한 재 단법인 조선불교중앙교무원(이하 교무원)이라 할 수 있다.

　교무원은 중앙기관의 설치와 사법 개정을 위해 노력하였다. 그러나 전국의 본사를 대변하고 통제하는 종단의 행정적 기구가 아닌, 일제에 종속된 채 불 교계 사업만을 담당하는 법인에 지나지 않았다. 두 번째로 등장한 통합의 싹 은 의식있는 청년 승려들이 중심이 되어 1929년 1월에 개최한 조선불교선교 양종승려대회(이하 선교양종승려대회)였다. 이 대회에서 불교계의 종헌과 종 법이 제정되고 종회가 구성되는 등 교무와 제반 사업을 통괄하는 '중앙교무 원'의 운용을 결의하였다. 즉 종단의 행정적 기구로서 중앙교무원과 종회가 만들어지고, 종지·종통을 다룬 종헌이 제정되었다는 것은 합법적인 중앙 통 제기구를 지향하였다고 볼 수 있다. 이러한 움직임들은 사찰령을 은연 중에 반대하는 불교계의 자주적 통일운동이라 할 수 있다. 그러나 불교계의 합의를 거친 것도 아니며, 단지 통일기관으로 활용하고자 하였을 뿐이다. 그리하여 이러한 움직임은 1929년 10월에 일제가 주관한 조선불교대회에서 좌절되었 고, 중앙교무원과 종회 역시 소멸하고 말았다.

　1929년 승려대회의 산물이었던 중앙교무원과 종회에서 '중앙교당'의 필요 성을 처음으로 제기하였고 이의 개축(改築)을 결의하였다. 따라서 불교계의 총본사 건설의 필요성이 제기된 것은 1929년 경부터라고 할 수 있다. 그러나

1935년 이전의 불교계 통일운동은 소기의 성과를 달성할 수 없었다. 그것은 일제의 간섭과 기득권에 의지한 본사 주지들의 자각 부족, 비협조적인 태도 때문이었다.

당시 한국불교계의 자주적 의사 결정권은 미약하였다. 일제의 최종적 승인이 있을 때만 모든 것이 가능하였기 때문에, 그들의 의도를 고려하지 않으면 안되었다. 그런데 31본산을 불교계 스스로가 통제해야 한다는 불교계의 바람은 일제 식민지 정책 담당자들 사이에서 제기되고 있었다. 예컨대 일제가 식민지 통치 및 대륙 침략에 한국불교계의 통일된 힘을 이용한다는 것이었다. 이에 따라 대두된 것이 총본사 건설이었다.

일제는 1935년 7월에 재경 주지발기회(在京 住持發起會)를 열었다. 이 회의에서 조선불교심전개발사업촉진회(朝鮮佛敎心田開發事業促進會)라는 단체를 결성하였다. 심전개발 운동은 한국인을 정신적으로 지배하여 황국신민화하려는 의도에서 시작된 것이다. 내선일치(內鮮一致)를 기저에 두고 전개된 이 운동의 강연회에 불교계는 적극 동참하였다. 승려들은 심전이란 말을 불교사상과 관련지어 이해했다. 그 이유는 일제가 심전개발 운동의 일환으로 사찰의 정화와 불교계의 모순을 바로 잡으려 했기 때문이다. 그런데 일제는 그 운동의 핵심에 종교계의 연락기관을 설정하였다는 점을 눈여겨 보아야 한다. 일제는 식민통치의 효율성을 기하기 위해서는 각 종교계의 대표기관을 정비하여 통일된 힘을 이용하는 것이 급선무라고 생각했던 것이다. 이에 따라 등장한 것이 불교심전개발촉진회이다.

뒤이어 본사 주지들은 심전개발사업촉진회에서 내놓은 '불교계의 통일기관 설치의 건'과 '각황사 이전 신축의 건'을 논의하였다. 이제 본사 주지들은 불교계 통합에 대한 관심을 기울이기 시작하였다. 이러한 현상은 그 이전에 불교계 통합에 미온적인 모습을 보이던 것과 큰 대조를 이룬다. 1935년 이후 불교계의 특징은 일제의 총본산 건설 움직임에 전국의 본사 주지들이 적극적으로 참여하고 있다는 것이다.

총본산 건설의 과정

1935년 8월에 열린 본산주지회의에서 한국불교의 새로운 대표기관인 '조선불교선교양종 종무원'의 구성을 결의하였다. 더불어 새로 건설될 각황사는 우리나라의 전통사찰 양식이어야 한다며 부지와 비용까지 확정하였다. 부지는 종로구 수송동의 교무원 사무소 부지로 하며, 공사비 5만원은 각황사 부지 450평을 매각한 대금과 각 본사 및 승려들의 부담금과 의무금으로 충당키로 결의하였다. 이어 각황사신축기성회 통상위원을 선정하는 등 불교계의 총본산 건설을 기정 사실화하였다.[15]

한편 경남 불교계에서는 교무원과 본산제를 없애고, 역사가 깊고 사격이 높은 본사로 하여금 전국의 사찰을 통제하자는 주장을 제기하기도 하였다. 실제로 1935년 9월에는 백양사가 보성고등보통학교 경영 포기에 반대하며 교무원 탈퇴를 선언했는가 하면, 경남 3본산이 교무원 해산과 본산제 폐지를 결의하기도 하였다. 이렇듯 본산주지회의가 잇달아 열린 1937년 2월과 3월까지는 불교계의 통일기관 설립에 대한 의견이 분분하였다.

1937년 2월과 3월에 열린 본산주지회의에서는 통일기관 설치안을 확인하고 즉시 총본사 대웅전 건축을 위한 실무회의를 여는 것을 시작으로, 2월 23일에는 건축 설계를 준비하기 위한 이사회를 열었다. 예산과 비용 충당을 위한 구체적인 방법까지 협의하였다. 이어 2월 25일에는 총본산 건설 계획이 구체적으로 담긴 교무원안을 본산주지회의에서 협의하였고, 건설 사업을 추진하는 총본산건설 기초위원 14명을 선정하기도 하였다.[16]

다음 날인 26, 27일에도 총독부의 주관으로 본산주지회의가 열렸다. 회의의

---

15) 신축기성회 통상위원은 朴大輪·金寂音·李華應·李大蓮·金日宇·金虎山·李古鏡·卓陵虛·張河應스님 등이며, 신축기성회 상무위원장에 姜大蓮과 姜性仁, 상무위원은 金晶海·黃金峰·朴大輪스님 등이다.

16) 기초위원은 李鍾郁·林錫珍·李東碩·崔英煥·鄭秉憲·許永鎬·權相老·辛太皓·姜裕文·姜性仁·金法龍·韓普淳·朴昌斗·金包光스님 등 14명이다.

안건은 총본산과 관련한 법규를 불교계에서 먼저 제시하라는 일제의 요구였다. 이 외에도 총본산의 권위를 한국불교계 스스로가 갖추고 유지해야 한다며, 한국불교계의 자주성을 어느 정도 인정하는 듯한 태도를 취하였다. 이를 두고 불교계는 총본산 건설을 일제가 허락한 것으로 이해하였고 이에 따라 건설 추진에 가속도가 붙었다. 2월 28일에 열린 본산주지회의에서 각황사 재건축을 협의하는 등 총본산 건설과 관련하여 이종욱스님을 의장으로 하는 의안심사위원회를 구성하였다. 그리고 3월에는 의안심사위원회와 본산주지회의를 잇달아 열어 총본산 건설과 관련한 교무원의 세부적인 안을 수정하여 채택, 가결하였다. 마침내 3월 5일 제1회 총본산건설위원회를 개최하면서 본격적인 건설 활동에 돌입하였다.

총본산 건설이라 함은 조선불교선교양종의 사무소격인 각황사를 이전, 신축하되 그 총본사는 일본사찰 양식으로 된 각황사와는 달리 우리의 전통양식인 정읍의 보천교(普天敎) 십일전(十一殿)을 옮겨 짓겠다는 것이었다.[17]

그렇다면 당시 불교계가 일본사찰 건축양식을 따르지 않고, 굳이 보천교 십일전을 택한 이유는 무엇일까.

먼저 일제의 권유가 있었을 것으로 보인다. 일제는 민족종교라는 이유를 들어 보천교를 발본색원하고자 궁리하고 있었다. 이 무렵 이종욱스님은 총본산 건설과 관련하여 총독부를 몇 차례 방문한 적이 있다. 이때 일제의 십일전 매입 내락이 있었을 것이다. 두 번째는 한국불교와 일본불교는 엄연히 다르다는 차별화를 은연중 대내외에 천명하려는 이유일 것이다. 조계종이라는 종명 결정 과정에서 한국불교의 전통과 특색을 고려하였던 이종욱스님이 그에 걸맞는 십일전을 매입하여 한국불교계의 총본산으로 삼으려는 의도가 엿보인다. 따라서 그의 이러한 발상은 우리 불교의 전통과 특색을 왜색불교의 일색에서

---

17) 보천교는 車月谷이라는 인물이 중심이 되어, 국권회복과 새왕조 개창, 그리고 신천지 건설을 목적으로 한 仙道系統의 민족종교이다. 그리고 이러한 제 현상을 보천교운동이라 한다.

지켜내려는 자주적인 움직임이라고 보아야 할 것이다. 세 번째는 실리를 따랐던 것 같다. 규모나 재료, 그리고 미적인 가치를 지닌 십일전을 매입하여 옮겨지으려 하였다는 사실에서 당시 한국불교계의 변화된 위상을 짐작할 수 있다. 그러나 총본사의 완전 신축이 아닌 이축을 택하였다는 것은 변화된 위상에 걸맞는 조직과 재정의 부재라는 당시 불교계의 현실을 반영하고 있기도 하다. 그리고 네 번째는 민족의 자존심을 짓밟는 남산의 조선신궁(朝鮮神宮) 건립에 맞선 상징적 건축물이 보천교 십일전이라는 풍문이 나돈 것과 맥을 같이 한다. 즉 민족적이고 주체적인 상징물로 알려진 십일전을 조선신궁과 배대되는 종로에 세우겠다는 것은 민족종교로서의 불교를 대내외에 표방하려는 것으로 보아야 한다. 이상에서 살펴본 바와 같이 불교계의 통합기구 설립은 일제가 주도하였으나, 우리 불교계는 자주적인 입장을 견지하고 있었던 것이다.

총본산 태고사의 성립

1937년 3월 5일 제1회 총본산건설위원회가 개최되었다. 다음 날인 6일에는 본산 주지대표이자 총본사 건설의 총책이었던 이종욱스님과 송광사 주지 임석진, 범어사의 차상명(車相明)스님 등이 총본산건설위원에 취임하였다. 차상명스님과 통도사 원로 김구하(金九河)스님은 총본산건설위원회 상임위원을 맡았고, 범어사 원로 김경산스님은 고문을 맡았다.

1937년 3월 7일 이종욱과 임석진, 차상명스님 등은 정읍에 먼저 내려가 있던 교무원 재무이사인 황금봉(黃金峯)스님을 만나 십일전을 답사하였다. 그리고 9일에는 군산에서 십일전 경매 낙찰자인 에도(江戶長次郎)와 매입 계약을 체결하고, 대금으로 12,000원을 지불하였다. 1937년 3월 13일에는 남주희(南周熙)와 철거 및 이전 관련 용역 계약을 맺었다. 이어 3월 26일부터 시작된 철거 작업은 1937년 5월 5일에 대부분 마무리되었다. 철거와 관련하여 4월 1일에 임석진과 김청암(金靑庵)스님을 철거 감독으로, 대목에 변경재(卞慶宰)와 변운호(卞雲鎬), 목재 감수원에 이계원(李啓圓), 이철오(李喆悟), 이종철(李鍾

龘) 등을 파견하기도 하였다. 철거가 한창이던 4월 7일과 9일부터는 각각 석재와 목재 운반이 시작되었으며 5월 14일에 완료되었다. 따라서 철거에서 재료 운반까지 약 2개월이라는 시간이 소요되었다. 1937년 7월 16일에는 각황사 개축 인가를 받는 등 이축에 필요한 법률적 절차까지 모두 마무리지었다.

현 조계사 자리는 3·1독립선언서를 인쇄한 보성인쇄소 자리로서 1927년 5월에 교무원과 불교사, 조선불교소년회 등 불교계 관련 기관이 이전해 왔으며, 이후에도 명성학교 등 각 기관이 들어섰다. 십일전을 철거하는 동안에 명성학교와 대자유아원 등 각종 관련 기관을 각황사 부지로 옮기고, 교무원 등의 부속 건물들은 철거하였다. 그리고 주변의 한옥 3동 대지 160평을 19,415원에 매입하였다. 바로 이 자리에 총본사 대웅전을 건립하기로 한 것이다.

1938년 5월 25일 이왕직(李王職)과 조기차팔(早崎次八) 2인에게 총본사 대웅전 건축 설계를 맡겼다. 같은 해 6월 24일에는 경기도에 건축 허가원을 제출하여 7월 6일에 허가를 받았다. 철거에 이어 남주희와 22,684원에 건축을 계약

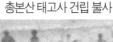

총본산 태고사 건립 불사

하고, 일부 원목과 기타 자재를 보충하였다. 그리하여 7월 27일 기공을 시작하여 9월 3일에 정초(定礎), 10월 12일에 상량식을 마쳤다. 그리고 11월 26일에 개와를 끝으로 이축 공사는 마무리되었다. 대웅전 단청은 같은 해 4월부터 6월까지, 후불탱화는 7월부터 8월까지 조성하였다. 전기배선, 스팀기관실 등 제반 시설 공사는 10월 10일에 마무리되었다. 이축에 든 총 비용은 185,675원이며 비용은 각 본사의 건설 지원비와 부지 매각대금, 기부금, 차입금 등으로 충당하였다. 그러나 각 본사의 지원이 미진한 데다 빌린 돈이 당시 58,920원이나 되는 등 재정적 어려움이 적지 않았던 것으로 보인다.

총본사 대웅전은 건평 229평의 팔작 다포식 건물로서 남향이다. 이축 공사의 도편수는 경복궁 중건 당시 도편수였던 최원식(崔元植)이었고, 부도편수는 창덕궁 대조전 중건 당시 도편수였던 임배근(林培根)이 맡았다. 단청은 박현규(朴玄圭), 탱화와 벽화는 김일섭(金日燮), 지송파(池松坡), 김보경(金寶鏡), 안병문(安炳文) 등이 맡았다. 공사에는 목공이 7,000명, 와공(瓦工)이 200명, 니공(泥工)이 150명, 석공이 250명 등 기타 인부까지 합쳐 연인원 65,000명이 투입되었다.

1년 8개월에 걸쳐 완공한 본 대웅전 낙성봉불식은 개와 공사보다 앞선 1938년 10월 25일 오전 4시에 수많은 인파가 동참한 가운데 성대히 열렸다. 낙성봉불식 직후인 26일에 본산주지회의를 열어, 총본산의 사법 인가를 준비하기 위한 임시 기구를 두기로 합의하였다.

총본사 대웅전 건립은 실의에 빠진 불교도뿐만 아니라 일반대중에게까지 희망을 갖게 했던 커다란 사건이었다. 완공을 기념하는 낙성봉불식에 수많은 인파가 운집했다는 기록으로 보아, 당시 불교는 암울한 시대를 살아가는 대중에게 커다란 희망이었던 것이다.

2) 조계종의 성립과 전개

조선불교조계종 태고사법의 제정

총본산 건설이 추진되기 이전부터 총본사의 사격에 대한 논의가 계속되었다. 서울에 사찰을 창건하여 총본사를 만들자는 견해와 역사와 사격이 있는 고유한 사찰을 선정하여 총본사를 만들자는 견해가 그것이다. 총본사 대웅전이 건립되고 나서도 그 명칭이 확정되지 않았던 이유는 총본산의 성격과 위상이 불분명하였기 때문이다. 따라서 총본사 대웅전 낙성봉불식 직후인 1938년 10월 26일에 열린 본산주지회의에서 사명 및 사격 문제를 다루는 임시기구를 두기로 합의한 것도 이러한 문제를 신속히 해결하려는 의지로 보인다.

총본산은 사무적 통제기관으로 직능적 명칭이니 기성 사찰 중에서 역사가 깊고 사격이 높은 사찰을 정해 총본산으로 정하고, 중앙에 신축한 사찰, 즉 총본사 대웅전은 총본산의 별원 또는 종무 집행기관으로 활용해야 한다는 주장이 설득력을 얻었다. 이는 총본사를 단순히 행정적 기관으로만 사용하자는 것이었다. 그러나 기성 사찰 하나를 골라 총본산으로 정할 경우에는 유치 경쟁이 치열하고 또 어느 한 사찰이 결정된다고 해도 본사 주지들의 반대가 있을 것이므로, 북한산의 태고사와 같은 역사와 유래가 깊은 사찰을 이전해 오자는 데 의견이 모아졌다. 이로써 총본산의 사명을 태고사라 한 것이다. 태고사는 태고 보우국사가 주석하면서 사상과 신앙을 선양한 사찰로서, 이는 곧 보우국사의 법맥을 계승한다는 의미를 지니는 것이다.

1939년 5월 22일에 태고사와 봉은사 주지가 총본사의 사명을 태고사로 하자는 의견을 토대로, 총본사의 사명을 총독부에 신청하였다. 1940년 5월에 총본산 태고사의 사명이 인가되었고, 같은 해 7월 15일에 태고사 이전이 허가되었다.

조계종단의 성립

조계종이라는 종명은 한국불교의 전통을 계승한다는 의미가 포함되어 있다. 즉 조계종은 총본사 대웅전의 건축 양식과 마찬가지로 일본불교와의 차별을 염두에 두고 제정한 것이다. 1940년 11월 28일에 총독부의 주도로 열린 본산주지회의에서 조선불교선교양종이라는 종명 대신에 조선불교조계종(이하 조계종)이라는 종명이 담긴 사법을 확정하였다. 12월 9일 총독부에 사법을 제출하였고, 1941년 4월 23일 사찰령 시행규칙 일부를 개정하여 태고사 사법을 인가하였다. 인가된 종명과 본산명은 '조선불교조계종총본사태고사(朝鮮佛敎曹溪宗總本寺太古寺)' 였다.

이 태고사법의 가장 큰 의의는 총본사를 태고사로 정한 사실과 종명을 조계종으로 택했다는 데 있다. 그것은 삼국시대 이후 면면히 흘러내려온 선종 중심의 단일 조계종도임을 재천명하는 일대 혁신이기도 했다. 태고사법에서 항례법식(恒例法式)으로 기일을 잡을 때 원조(遠祖)를 도의(道義)국사로 정하고 종조를 태고국사로 정한 것에서 그러한 사실이 잘 나타난다. 또한 조계종을 대표하는 분으로 종정을 내세웠다는 것은 종단의 자주적 입장을 잘 보여준다. 이 밖에 법계법을 제정해 법계를 대종사(大宗師, 1급), 종사(宗師, 2급), 대덕(大德, 3급), 중덕(中德, 4급), 대선(大選, 5급)으로 나누고 의제법을 제정하여 법계에 따라 법의를 착용토록 했다는 것도 승려의 위계질서와 승풍 진작을 도모하려 했던 노력의 소산으로 평가된다.[18]

1941년 5월 1일에 조선불교조계종총본사태고사 사법이 시행되었고, 6월 5일에는 조선불교조계종 제1회 중앙종회를 개최하여 종정에 한암스님을 선출하였다. 8월 4일에는 종정 취임 인가를 받았고, 9월 18일에는 6인의 종무고문을 발표하였다.[19] 또한 9월 29일에는 이종욱스님을 종무총장(宗務總長)으로 하는 채용 신청서를 제출하여, 10월 3일에 인가를 받았다. 1941년 10월에는 조계종 종무원과 임직원을 발령하고 종무원 승적법 등 종회법을 심의하기도 하였다. 이어서 종회법과 고승규(顧僧規) 등을 제정, 반포함으로써 명실공히 조

계종은 한국불교계의 통일기관으로 새롭게 태어난 것이다. 총본산 태고사라
는 명칭은 1955년 이래 불교 정화운동으로 사명이 조계사로 바뀔 때까지 유지
되었다.

교무원의 명칭은 1942년 5월에 재단법인 조계학원으로 변경되었으며 그 관
리는 총본산 태고사가 담당하였다. 그리하여 1942년 6월에 조계종 종회법(전
문 12장 33조)과 상벌법(전문 4장 24조), 승규법(전문 4장 34조), 승규법 시행
세칙(전문 3장 28조 부칙) 등을 인가받아 시행에 들어갔다.

이상에서 살펴본 바와 같이 총본산 태고사 대웅전을 건립하면서 성립된 조
계종의 탄생은 매우 소중한 의미를 지닌다. 첫째, 무종 산승시대 이전의 전통
적인 승단 체제를 형식상 복원하였다는 것이다. 그러나 내면적으로는 근대화
된 주체적인 종단 체제를 의미한다. 둘째, 고려 이후 최초로 선종 중심의 단일
종단을 이룩하였으며, 셋째, 종단의 생명과 같은 종명·종조·종지·종풍·
신앙 등을 정비하고 그 토대를 제공하여 종단 단체로서의 위상 정립에 기여하
였다. 넷째, 불교가 대중교화에 적극 나설 수 있는 발판을 마련하였다. 예컨대
1920년 당시 통계로 15만도 안되던 신도가 총본산 건설을 마친 1942년에 이르
면 25만으로 대폭 증가하였다는 것은 불교가 산간에서 도시로 진출한 결과라

---

18) 태고사법의 중요 조항을 간추리면 다음과 같다.
  제1조 : 太古寺 본말사는 朝鮮佛敎曹溪宗(이하 본종이라 칭한다)을 奉한다.
  제2조 : 본종은 見性成佛의 本旨에 따라 濟世度衆의 行願을 修함을 宗旨로 한다.
  제3조 : 본종은 석가모니불을 본존으로 한다. 단 다른 불상을 勸請하여 본존으로 한 사찰
    에 있어서는 仍從前者의 예에 따를 수 있다.
  제4조 : 본종은 太古普愚國師를 宗祖로 한다.
  제7조 : 寺格을 나누어 總本寺, 본사 및 말사의 3종으로 한다. 사찰의 본말 및 순위는 별
    표의 정함에 따른다.(이하 생략)
  제8조 : 태고사를 總本寺로 한다.
  제29조 : 총본사 주지는 宗正이라 하며 본종을 대표하며 宗政을 總理한다.
19) 조계종 총본사 종무고문 6인은 金擎山·金九河·姜大蓮·宋滿空·宋曼庵·張石霜스님
  등이다.

할 수 있다. 더불어 해방 이후 우리나라 최대의 종교로 도약하게 된 계기가 되었던 것이다.

3) 조선불교선리참구원과 교단전통

조선불교선리참구원의 설립

선학원에서는 1934년 12월 재단법인 조선불교선리참구원(朝鮮佛教禪理參究院, 이하 선리참구원)을 설립하였다. 선리참구원은 열악한 수행 환경을 극복하기 위해 1922년에 출범한 선우공제회 활동 당시에 기부된 토지와 기부금을 기반으로 만들어진 기구였다. 선리참구원이 설립됨으로써 선학원은 물론 각 지역 선원의 재정적 자립이 원활해지는 등 전반적으로 조직과 재정이 확충되는 계기가 마련되었다.

1935년 1월에 선학원 계열의 수좌들이 중심이 되어 '조선불교선종 종헌'을 선포하고, 대표 종정에 만공스님을, 종정에 혜월(慧月)·수월(水月)·한암스님을 추대하였다. 선종 종헌의 공포는 1935년 3월에 열린 조선불교전국수좌대회로 이어졌다. 이 대회에서는 종정과 종무원이라는 명칭이 등장하였으며 원규(院規)와 규약을 제정하고, 종정과 원장, 이사와 선의원(禪議員) 등을 추대·선출하였다. 조선불교선종은 선종 계열의 자립 모색과 선원의 통일기관을 지향하였다. 즉 선리참구원의 업무를 수행할 조직체를 뜻하기도 하지만, 전국 선원의 통일기관을 자임하겠다는 의지의 표현이었다. 이 때부터 선학원은 중앙선원(中央禪院)으로 불려지면서 전국 선원을 대표하는 위상을 확보하였던 것이다.

1935년 3월에 열린 수좌대회에서는 '수좌 전용 청정사찰을 할애해 달라'고 교무원 종회에 요구하였다. 또한 전국수좌대회에서는 수좌의 수행활동 보장을 결의하기도 하였다. 이처럼 선종의 독립을 추구하고 수좌를 보호하는 제반

한암스님   만공스님

활동으로 선학원의 위상은 증대되었다.

당시 선학원과 수좌들의 위상은 만공스님의 다음과 같은 일화에서 잘 나타
난다. 1937년 조선총독 미나미(南次郎)는 그의 주재하에 열린 31본산 주지들
의 회의 석상에서 전임(前任) 데라우찌의 공덕을 찬양하는 일이 있었다. 그때
당시 선승들의 정신적 기둥이었던 만공스님이 분연히 일어나 다음과 같이 일
갈(一喝)하였다.

전 총독 데라우찌야 말로 우리 조선을 망친 사람이오. 사찰령으로 인해
조선 중들이 왜놈 중을 닮아 취첩을 하고 육식을 하는 파계승이 되었으니
조선중들을 이 지경으로 만들어 놓은 데라우찌는 지금 지옥에 떨어져 고
생하고 있을 것이오

실로 한국불교의 자주성을 멋지게 개진한 선승다운 면모요 기개였다. 이 소
식을 들은 한용운스님은 선학원으로 온 만공스님의 등을 두드리며 "우리 만공

이 정말 만공이야" 하면서 덩실덩실 춤을 추었다 한다. 당시 선학원에 있던 석우 · 적음 · 남전스님 등도 만공스님을 둘러싸고 함성을 질렀다 한다.

"조선은 죽었어도 불교는 살아 있다"

조선불교선종의 창종

1939년 선리참구원에서 개최한 전국수좌대회에서는 청정사찰을 할애해 줄 것과 초학(初學) 수좌의 지도를 위한 모범 선원을 금강산 마하연에 설치해 줄 것을 교무원측에 요청하였으나 수용되지 않았다. 이외에 수행납자의 질병 구호에 관한 사항이 논의되기도 하였다. 이 대회의 명칭을 '조선불교선종정기 선회(朝鮮佛教禪宗定期禪會)' 라고 하였는데 이것은 전국 선원의 중심 기관이 선학원임을 나타내기 위하여 '선종' 이라는 용어를 넣었던 것으로 보인다.

당시 한국불교를 선교양종이라 불렀던 데 반하여, 선리참구원에서는 선학원을 중심으로 하는 선원 조직을 '조선불교 선종' 이라 하였다. 이는 전통불교의 계승 의식을 표출한 것이자 일제의 사찰정책을 지양하고 있다. 물론 교무원으로부터 독립한 것은 아니지만, 선을 표방하는 종단을 지향하고 있는 것이다. 이러한 종단의 의지는 1934년 12월에 제정된 '조선불교선종 종헌' 에서 비롯하였다. 1934년 12월 30일 제정되고, 1935년 1월 5일에 공포 · 시행된 종헌에는 "신라의 도의국사가 창건한 가지산문에 기원하여 고려 보조국사의 중천(重闡)을 거쳐 태고보우국사의 제종포섭(諸宗包攝)으로서 선종(禪宗)이라 칭하였으며……"라고 하였다. 이것은 원조를 도의국사, 종조를 태고국사라 하고 견성성불과 제세도중(濟世度衆)을 종지로 삼아 1941년에 성립한 조선불교 조계종과 큰 차이가 없었다. 조계종의 종지가 선학원의 종지와 유사함을 알 수 있다. 뿐만 아니라 1935년 조선불교 선종 종정으로 추대되었던 한암스님이 1941년에는 조계종의 종정으로 추대되었다. 조계종 종무고문에 선학원 계열의 경산, 만암, 만공스님 등이 포함되었는가 하면, 총본산건설위원에도 선학원 관련 인사가 포함되어 있다. 이처럼 조계종과 선학원의 수행 종지와 성향

이 다르지 않았기 때문에 궁극적으로 선학원과 조계종이 통합될 수 있었던 것
이다.

1941년 2월 26일 선학원에서 유교법회(遺敎法會)가 열렸다. 운허·보산(寶
山)·청담·만공·박한영·효봉(曉峰)·동산(東山)·서응(瑞應)·상월(霜
月)스님 등이 주도한 이 법회를 처음에는 고승법회라 하였으나 이종욱스님은
고승이 몇 안 된다는 이유를 들어 고승법회라는 명칭 사용을 반대하였다. 따
라서 법회 주최측은 박한영스님의『유교경』강설을 따 유교법회라 하였던 것
이다. 이 법회에는 청정비구승 40여 명이 모였고, 신도들은 이들에게 장삼을
지어 시주하는 불사를 행하였다.

이 법회는 당시 일제의 불교정책과 일본불교의 침투로 인하여 청정 승려들
의 전통이 희박해지는 것을 방지하고, 조계종지를 확인하는 등의 승풍을 진작
시키고자 개최한 것이다. 법회가 끝난 직후에 제2회 조선불교선종 정기선회
를 개최하여 수행 의지를 다시 확인하고, 선의 대중화를 도모하였다. 따라서

고승유교법회 (1941. 2), 선학원

선학원 계열의 이러한 움직임은 우리나라의 전통 선지(禪旨)를 잇는 힘든 여정이었다고 말할 수 있겠다.

선학원 계열의 수좌들이 한국의 전통적인 선지를 고수하려는 노력은 1942년 『경허집』 발간으로 지속되었다. 이 문집 발간은 선학원을 거점으로 한용운·석우·성월·만공·도봉·경산·한암·석상·운봉·석주·동산·효봉·경봉스님 등 40여 명의 수좌들이 주도하였다.

4) 일제의 불교 침탈과 불교계의 대응

식민지 불교정책의 강화

식민정책의 일환으로서 일제는 불교계에 대한 강력한 통제를 감행하였다. 즉 불교계를 '분열 - 중앙집권화 - 어용화' 시키기 위해 다양한 정책을 지속적으로 시도하였다. 이러한 상황에서 일제의 지원으로 총본산 건설이 이루어지자 불교계는 적지않은 친일적 경향을 보였다. 즉 총본산 태고사 대웅전 상량문에 일본의 심전개발운동을 기념하기 위해 총본사 대웅전을 건설했다는 내용을 담았다. 상량식 때는 '국위선양무운장구기원문 봉독(國威宣揚武運長久祈願文 奉讀)'을 포함시켰으며, 대웅전 낙성봉불식이 있던 1938년 10월 25일에는 전몰장병위령법회(戰歿將兵慰靈法會)를 개최하기도 하였다.

일제는 우리나라를 병참기지화하면서 우리 민족의 얼과 정신을 근원부터 말살하고자 하였다. 특히 민족의 얼과 정신을 말살하기 위하여 종교를 적극 이용하였는데, 당시 불교뿐만 아니라 개신교나 천주교 역시 일제의 이러한 정책에 이용되었다.

1942년 1월 조계종은 일본군에 대한 감사 및 전몰장병 조문 결의안을 채택하였다. 또한 일본군의 필승을 기원하는 법회 개최를 전국 각 사암에 지시하기도 하였다. 실제로 총본산 태고사를 비롯한 전국의 각 사암에서는 이 같은

법회를 개최하였다. 또 같은 해 3월에는 조계종 임시 종회에서 국방 자재의 헌
납을 결의하였는가 하면, 승려들도 일제의 침략 전쟁에 참전해야 한다는 주장
까지 제기되었다. 결국 불교계는 모두 5대의 군용기를 일제에 헌납하였다. 또
한 불교계를 전시에 적극 이용하고자 조선불교회(朝鮮佛敎會)를 출범시키고
일본불교와의 연합을 기도하기도 하였다. 1943년 3월부터는 전국의 각 사찰
의 불상과 범종, 그리고 유기(鍮器)를 공출하였다.

　전시 체제하에서의 협력은 선학원도 예외가 아니었다. 일제 정책의 본질을
직시하지 못하고 당시 심전개발운동에 동조하였는가 하면, 중일전쟁 이후에
는 군인의 환송이나 사망군인 유족의 위로, 나아가 위문금까지 납부한 사실이
있었다. 창씨개명은 물론이고, 일부에서는 부처님 오신날에 일본군의 무운장
구를 기원하는 의식을 거행하기도 하였다.

　총본산 건설 이전만 하여도 불교계의 최대 숙원은 '대중교화'와 '통일기관
설치'였다. 즉 사회 참여나 정치적 의도 등은 없었다. 일제의 정략적 시책에
끌려 다녔다고는 하지만, 이는 불교의 유지와 포교활동을 보장받기 위한 고육
책으로 이해된다. 일제의 사찰령 극복을 위해 노력했던 한용운스님도 총본산
건설과 관련해 "우리나라 불교의 통제를 스스로가 하지 못할 바에야 외부의
힘에 의해 통제 기구가 만들어짐은 오히려 다행이며, 문제는 향후 한국불교에
미치는 이해(利害)에 있다"라고 하였다. 즉 한국불교의 발전과 대중 교화를
위해서 일제의 역할을 부정하지 않았던 것이다.

불교의 시련과 대응

　1935년부터 시작된 심전개발운동은 한민족의 내선일체를 통한 황국신민화
를 목적으로 하였다. 중일전쟁 이후 일제의 각종 억압 책략은 불교계 내부의
모순을 더욱 심화시켰고, 굴절을 가져왔다. 이러한 반면 일제의 책략을 역이
용하여 불교계를 결집하고, 나아가 대중교화에 적극 이용하려는 움직임도 있
었다. 물론 일제의 교활한 정책에 강하게 반발하거나, 전통불교를 지키고 이

를 다시 근대적으로 개혁하려는 움직임도 있었다.

한국불교계의 통일과 통일기구를 만들어낸 조계종의 초대 종무총장 이종욱은 비밀리에 애국지사들과 함께 대일 무장봉기를 계획하기도 하였다. 그는 1944년 3월에 강태동(姜泰東), 이응진(李應辰) 등과 함께 일본군의 후방을 교란하기 위한 게릴라전을 펼치기로 하고, 월정사와 보현사 그리고 석왕사 등지를 돌며 군자금을 마련하였다. 당시 동지였던 김재호(金載浩), 김시현(金始顯), 김찬(金燦) 등을 중국 국민당 정부와 광복군에 밀파하여 무기를 구입하도록 하는 한편, 1945년 9월 18일을 거사일로 정하였으나, 해방을 맞아 실천에 옮기지는 않았다.

1926년 6·10만세운동과 관련하여 선학원에서 체포되어 옥고를 치렀던 한용운스님은 1930년 5월에 결성한 비밀항일결사체 만당(卍黨)의 정신적 지주였다. 그는 총본산 건설운동이 시작될 즈음에 자치와 자멸은 양립될 수 없으며 자치가 아니면 자멸이라며, 일제의 불교계 장악을 강하게 비판하였다. 불교계가 전시 동원령 체제에 타협·좌절하고 있을 당시에 그는 창씨개명에 반대하였으며, 전국의 본사 주지들이 창씨개명을 하였던 1940년 12월에도 박광(朴洸), 이동하(李東廈) 등과 창씨개명 반대운동을 전개하였다. 또한 일제가 우리말을 가르치지 못하게 하고 전국의 각 사찰에 일본군의 무운을 기원하는 법회를 열 것을 강요하자, 저항의 뜻에서 1938년 『불교』 12월호에 원효의 「기신론소」를 전재하기도 하였다. 이렇듯 일제의 어떠한 호의도 단호히 거절하면서 1944년 6월 29일 심우장에서 입적한 한용운스님은 일제에 타협한 인물들과는 상종조차 하지 않는 불굴의 지조를 지켰던 것이다.

벨기에 브뤼셀에서 열린 '세계피압박민족회의'에 참석하여 조국의 독립에 대한 열망을 세계에 알렸던 김법린은 1928년 3월에 조선불교청년대회에서 불교계의 통일운동을 주도하였다. 또한 1930년 5월에는 비밀항일결사체 만당(卍黨)을 결성하기도 하였다. 1938년 10월에 만당 조직이 탄로나 검거되기도 한 그는 한때 다솔사(多率寺)와 범어사에 칩거하면서 후학을 지도하다가 1942

운허스님과 봉선사 홍법강원 학인들

년 조선어학회사건과 관련하여 다시 옥고를 치르기도 하였다.

이밖에 이고경(李古鏡)스님은 민족 교육을 실시한다는 이유로 일제의 고초를 받다가 입적하였으며, 백초월스님은 광인(狂人)으로 위장한 채 평생 항일 독립운동에 헌신하다가 청주형무소에서 복역 중 입적하였다.

5) 강원의 부흥과 수행 풍토의 진작

교육

1906년 불교연구회의 주도로 원흥사에 명진학교를 설립한 것이 근대 불교 교육의 시초이다. 이후 명진학교는 1914년 고등불교강숙, 1916년 불교중앙학림, 1928년 불교전수학교, 1930년 중앙불교전문학교 등으로 발전되어 왔으며 이와 더불어 각 사찰에서는 보통학교와 지방학림이라는 근대식 교육기관도 설립되었다. 1940년 5월에 열린 교무원 임시 이사회에서 중앙불교전문학교의 이름을 혜화전문학교(惠化專門學校)로 하는 학교법인 조계학원 설립을 결의하고, 이를 신청하여 같은 해 6월 10일에 법인 인가를 받았다. 이때 홍아과(興亞科)를 증설하게 하니, 2개 학과 3학급 150명의 정원을 갖추게 되었다. 한편 초대 교장에 일본인 다까하시(高橋亨)가 취임하면서 한국인 교사와 강사 대다수가 강압에 의해 사임하는 사태가 일기도 하였다.[20]

1941년 4월에는 일본인 와다나베(渡邊信治)가 제2대 교장으로 취임하면서 전시 체제를 위한 교육으로 변질되었고, 1944년 5월에 이른바 전시교육임시특례법에 의거하여 강제 폐교되고 말았다.

승가교육은 근대식 교육기관인 혜화전문학교 외에 전통강원에서 명멸을 거듭하며 유지되고 있었다. 강원교육은 1910년 이후 신학문의 거센 도전에 밀려 1920년 중반까지 거의 도태되다 시피했지만 1925년부터 전통강원 복구운동이 시작되면서 서서히 강원 부흥의 시대가 도래했다. 1928년 강원출신 학인들을 주축으로 한 조선불교학인대회(朝鮮佛教學人大會)에서는 신학문을 가미한 강원 교육제도의 개선을 강력하게 내세웠다.

이후 강원제도 개선에 대한 수차례의 논의와 회의를 거쳐 1932년 9월 11일 종회에서 '강원제도 개정 임시위원회'를 두고 22일에는 그 산하의 상무심의위원회 제1차 회의가 열려 다음과 같이 강원교육 제도의 근간을 정했다.

첫째, 강원제도 개정은 불교교육 체계의 확립을 전제로 할 것.
둘째, 보통학교 졸업자 중 고등보통학교에 입학치 못한 자를 강원에 입학케 해 불교 및 일반 기술을 교수케 하고, 강원 졸업자들 중 중앙불전

---

20) 교사 박한영 · 김영수 · 권상로 · 김잉석 등과 강사 강유문 · 이병도 · 조명기 등이 강압으로 물러났다.

박한영스님

에 입학코자하는 자를 특과(特科)에 입학시킨다.

셋째, 강원 소재는 전조선을 통하여 3~4개소로 정한다. 학년 · 학과 · 교수 및 경영방법 등은 별도로 검토하여 토의한다.

1933년에는 이를 바탕으로 불교교육체계를 정하게 되는데, 1928년 학인대회에서 주장한 초등강원을 검토하지 않고 그것을 보통학교로 대치하였으며 최고 과정으로 불교연구원을 두게 되었다. 당시에 입안된 승가교육체계를 정리해 보면 이렇다.

보통학교 ⇒	강원 - 불교전문학교	⇒ 불교연구원
	고등보통학교 - 전문학교 또는 대학	

한편 이에 앞서 강원규칙도 제정되었다. 학제는 4년제, 과목은 계율 · 경전 · 불교교리를 망라한 불교과목과 어학 · 지리 · 수학 · 체조까지 포함된 보통과목으로 편성했으며, 시간은 주당 28~29시간이었다. 입학자격은 12세 이상의 보통학교 졸업자 혹은 그에 동등한 학력이 있는 자로 정했다.

그러나 이러한 승가교육제도 개선안은 개혁을 추진하는 종헌 추진세력과 반종헌 세력의 갈등으로 실현되지 않았다. 이렇게 해서 강원제도 개선의 여망은 좌절되었지만 전통강원은 지속적으로 유지되었다. 1937년 전통강원의 숫자는 개운사의 대원강원을 비롯해 32개였으며 재학중인 학인수는 646명이었다. 그리고 1938년에는 통도사불교전문강원이 다시 학인을 모집하여 전국적으로 강원수는 33개로 늘어났다.

이러한 전통강원에서는 1943년까지 꾸준히 졸업생을 배출했음을 알 수 있는데, 1944년 이후에는 강원에 대해 전하는 기록이 없다. 아마도 1945년 해방 이후 거의 모두 폐강되었을 것이라 생각된다. 이후 6 · 25를 거쳐 1955년에 이르러서야 다시 강원이 복원된다.

근대 이래 6 · 25 이전까지 강원교육을 이끌어오며 강맥을 전승시킨 대덕 스님들을 '3대강백, 7대 강사'라 일컫는다. 3대강백은 박한영 · 진진응(陳震應) · 장금봉(張金峰)스님이며, 7대강사는 이분들과 더불어 안진호 · 권상로 · 김포광 · 이고경(李古鏡)스님이었다. 오늘날 조계종단의 강맥도 대부분 이분들에게서 이어지고 있다.

전국강원 일람표 및 학인수 | (1937년 12월 15일 현재)

강원명	소재지	강주	사미과	사집과	사교대	대교과	수의과
大圓講院	開雲寺	朴映湖	3		16		6
永眞講院	奉元寺	金葆光	15	4			
白蓮講院	白蓮寺	金春庵	7	4			
傳燈寺講院	傳燈寺	없음	2	7	3		
法住寺講院	法住寺	曹性學	2		8	1	
麻谷寺講院	麻谷寺	金說海	10	7	7	6	
開心寺講院	開心寺	安香德	2	6	6		
威鳳寺講院	威鳳寺	閔中峰	7	2	5		
寶石寺講院	寶石寺	李知奉		3		2	
白羊寺講院	白羊寺	朴峰霞	3	7	11	3	
仙巖寺講院	仙巖寺	鄭基煥	1	5	3	4	
松廣寺講院	松廣寺	林石虎 朱龍隱	4	11	9	7	

강원명	소재지	강 주	사미과	사집과	사교대	대교과	수의과
雙溪寺講院	雙溪寺	金一潭		5		5	
靑谷寺講院	靑谷寺	李尙祐	3		3		
玉泉寺講院	玉泉寺	蔡瑞應	2		2	6	
梵魚寺講院	梵魚寺	崔一海 金龍海 金梵山 吳今坡 金大休			60	6	
祇林寺講院	祇林寺	洪天鑑			12	4	
金龍寺講院	金龍寺	朴鍾灝		10	11	7	
大乘寺講院	大乘寺	朴勝周	5	9	6	2	
乾鳳寺講院	乾鳳寺	金鏡峰	10	7	20	4	
東國講院	楡岾寺	李退耘	2	4	7	1	2
衆香講院	表訓寺	金世震	6	2	8		
華山講院	深原寺	金雪河	1	1	12	2	
釋王寺講院	釋王寺	金玄鐘	20	8	10	3	
普賢寺講院	普賢寺	金文玉	8	9	7		
弘法講院	奉先寺	李耘虛	7	8	9	4	2
南長寺講院	南長寺	宋仁洙		12			
月精寺講院	月精寺	金學順		6	8		

전국강원 일람표 및 학인수 II(1937년 12월 15일 현재)

강원명	소재지	강 주	강 사	제1학년	제2학년	예비과	사집과	사교과
銀海寺講院	銀海寺	盧圓惺	申一龍	14	12			
桐華寺講院	桐華寺	金東溟	朴圭閏	19				
把溪寺講院	把溪寺	金在權	朴性夏				9	5
孤雲寺講院	孤雲寺	金元圭	白德實		17	13		

수 행

1934년 선리참구원의 발족과 1935년 조선불교 선종의 출범으로 한국불교의 전통적인 선수행 가풍은 조직 기반을 갖추고 움직여 나가기 시작하였다. 이 시절 사찰은 대처승들이 장악하면서 수좌들의 생활은 궁핍했지만 전통선을 중심으로 한 수좌들의 이러한 활동은 항일불교의 기반을 마련했으며 수행

진작에 커다란 영향을 미쳤다.

1935년 봄, 강원도 3본산인 유점사, 건봉사, 월정사가 힘을 모아 상원사(上院寺)에 승려수련소를 설치하였다. 이곳은 세 본산에서 매년 10명씩의 청년 승려들을 선발하여 한암스님의 지도 아래 중견 승려를 양성하기 위한 수행 기관이었다. 새벽 3시 목탁소리에 잠을 깨 밤 9시 반 죽비소리에 취침에 들 때까지 참선과 강론, 기도, 배운 경전 내용에 대한 암기와 서사, 다시 참선으로 이어지는 숨 한번 제대로 쉴 새없는 일정이었다. 특히 강론시간에는 한암 조실스님의 지시에 따라 탄허스님이 맑은 목소리로 경의 한 대목을 읽는다. 곧 이어 조실스님이 해석하고 구절대로 이야기를 한다. 그런데 당일 배운 것을 정신차리고 외우지 못하면 수련생들은 입승 소임의 탄옹(炭翁)스님에게 종아리를 맞았다고 한다.

당시 탄옹 · 서옹(西翁) · 고암(古庵) · 월하(月下) · 지월(指月) · 서각(西角) · 범룡(梵龍) · 영암(映岩) · 설산(雪山) · 보경스님 등 여러 선승들이 하루 종일 말없이 정진했다. 이 수련소는 1937년까지 3년 동안 운영되어 3기수를 졸업시켰다. 이 승려수련소 외에 당시 상원사선원은 금강산 마하연선원(摩訶衍禪院)과 더불어 전국 선원 중에서 가장 많은 납자들이 안거에 들었다. 한암스님은 상원사 산문밖을 절대 나가지 않고 납자들을 철저히 지도하여 바른 안목을 갖게 해주었기 때문이다.

1937에는 금강산 신계사에서 큰 깨침을 연 효봉(曉峰)스님이 송광사에 주석하였다. 스님은 법호를 학눌(學訥)이라고 할 정도로 보조 지눌스님을 흠모하고 그 선풍을 계승하고자 진력했다. 스님은 1946년까지 10년 동안 삼일암(三日庵)에 머물며 선원의 조실로서 종주 역할을 다하며 많은 선승들을 길러냈다. 1946년 7월 15일 효봉스님은 "일대사를 밝히지 못한다면 맹세코 산문을 나서지 않겠노라(若未發明大事, 誓不下山)"고 발원하고 '3년 정혜결사(定慧結社)'를 시작하였다. 동구불출(洞口不出), 오후불식(午後不食), 장좌불와(長坐不臥), 묵언(默言)의 4가지 규약을 정해 용맹정진했던 것이다. 1946년 10월 이

결사는 효봉스님이 가야총림(伽倻叢林) 방장으로 추대됨에 따라 해인사 퇴설
당으로 옮겨 계속하였다.

이 밖에 많은 곳에서 선원이 개원되어 참선 정진이 이어졌다. 선학원에서는
수좌들의 소식을 알려주고 상호 친목을 도모하기 위해 안거 대중『방함록철
(芳啣錄綴)』을 취합하여 각 선원에 배포하였는데 그 방함록을 참고로 1939년
부터 1942년 사이의 선원수와 안거 대중수를 표로 나타내면 다음과 같다.

1939~1942년의 선원과 정진대중

연도	선원수	하안거 정진대중	동안거 정진대중
1939	40	446	451
1940	46	494	495
1941	58	540	482
1942	68	505	340

이 통계는 선학원에서 관리하는 선원과 전국선원을 모두 합한 것으로 1939
년을 지나면서 선원수와 수선납자들이 대폭 증가하고 있음을 알 수 있다. 이
렇게 납자들과 선원이 증가하고 있음에도 불구하고 당시 선원의 사정은 매우
열악하였다. 수좌들이 먹을 식량이 부족하여 방부를 못들이는 경우도 허다했
던 것이다. 따라서 안정된 수행풍토의 확보가 절실했다.

전국 선원 현황 및 정진대중수(1941년)

禪院名	區分 / 龍象榜	夏安居						冬安居					
		祖室	禪德	立繩	化主	大衆	備考	祖室	禪德	立繩	化主	大衆	備考
中央禪院		宋滿空	李淳浩	金石下	元寶山 金寂音	11	法人管理禪院	宋滿空	李淳浩	韓寶鏡	元寶山 金寂音	14	法人管理禪院
金魚禪院 (梵魚寺)		河東山	金一光	金枕松	金擎山	13	〃	河東山	金一光	金普惺	金擎山	12	〃
千佛禪院 (直指寺)		院長 鄭混海	申法善	金震庵	金抱月	18	〃	院長 金大愚	金水山	李雲畊	崔青蜂	17	〃

禪院名	區分 龍象榜	夏 安 居						冬 安 居					
		祖室	禪德	立繩	化主	大衆	備考	祖室	禪德	立繩	化主	大衆	備考
修德寺禪院		宋滿空				11	一般地方禪院	宋滿空	權水鏡	黃龍吟		18	
桃李寺禪院		鄭雲峰	金南化	柳玄則		13	法人管理禪院	金南化	金聖月			7	〃
大乘寺禪院			金靑眼	金慈雲		8	〃		金靑眼	任		8	
能仁禪院 (定慧寺)		宋滿空	黃龍吟	金秋峰		18	〃	宋滿空	趙道明	金秋峰		16	
鶴城禪院			李東軒			8			孫普明			6	
潤筆庵禪院 (大乘寺)													
內院庵禪院 (梵魚寺)			金法性	吳惺月		10	法人管理禪院		金法性	吳惺月		71	
元曉庵禪院 (梵魚寺)													
見性庵禪院 (定慧寺)													
金井禪院			崔農下	曺聖峰	奇忍壁	11	〃		崔農下	曺聖峰	尹金牛	12	〃
大成庵禪院							보고 없음						
金山禪院							보고 없음						
濟州禪院						5	〃					7	〃
法起禪院													
心优寺禪院													
禪宗叢林 (鳳翼洞)			林太虛	金香山		10			林太虛	趙溪月		12	〃
七佛禪院													
華果院禪院			梁載國			8			邊峰庵			11	〃
大悲院禪院 (재동)								宋滿空				14	〃

禪院名 / 龍象榜	區分	夏安居						冬安居					
		祖室	禪德	立繩	化主	大衆	備考	祖室	禪德	立繩	化主	大衆	備考
圓通禪院 (道峰山)			金就淵	金滿應	趙慈賢	9							
香山上院禪院 (普賢寺)						6							
三日庵禪院 (松廣寺)		會主 李曉峰	禪伯 林石頭	池影月		24	松廣寺禪院으로改稱	李曉峰	林石頭	池影月	金大愚	21	
香山上院禪院 (普賢寺)													
福泉庵禪院 (法住寺)													
海光禪院 (長安寺)		金霜月	吳竺山	李禪月		16		金霜月	吳竺山	金石下		15	
白蓮庵禪院 (通度寺)													
內院寺禪院 (千聖山)			金修空	金晩華		22			金東隱	金晩華	金鏡峰	25	
雲浮禪院 (銀海寺禪院)								鄭雲峰		朴本空	朴然庵	15	
陽和寺禪院 (泰川)													
望月寺禪院				金相根		8			金河翁	黃河淡		14	
內藏寺禪院 (井邑)			孫戒輪	金梵翁		12			孫無谷	李德山		9	
上院寺禪院 (五臺山)		方漢岩		金東隱		48		方漢岩	李炭翁	高坦翁		50	
雲門寺禪院			李雲	崔青峰		16	一般地方禪院					17	
東國禪院 (大興寺)													

禪院名 \ 區分 / 龍象榜	夏安居						冬安居					
	祖室	禪德	立繩	化主	大衆	備考	祖室	禪德	立繩	化主	大衆	備考
佛影寺禪院			鄭龍華	李雲	12	〃	金心月	鄭龍華			9	
摩訶衍禪院		閔晴昊			27	〃		李一夫		釋大輪	20	
海印寺禪院		崔月波	李湖月	金警惺	24	〃						
觀音寺禪院 (白羊寺)					9	〃					9	
內院禪院 (釋王寺)		趙道明	朴石頭		14	〃		朴石頭	金性海		13	
普門庵尼禪院 (釋王寺)			白允喜	虛普光	18	〃		崔良周	白允喜		16	
華果院禪院						法人管理禪院에 예속						
白蓮庵禪院 (海印寺)												
金臺庵禪院 (碧松寺)										金萬洙	7	
極樂庵禪院 (通度寺)		金秋山	金秋琴		15	〃		金秋山	尹智庵		27	
浮屠殿無遮禪院 (松廣寺)	盟主 林石頭		金智山		18							
華溪寺禪院 (水踰里)	河東山	金夏翁	黃一虛	韓印月	15							
般岩庵禪院 (楡岾寺)	會主 宋滿空		香山 景雨		7							
金堂禪院 (桐華寺)	鄭雲峰	學峰	朴古山		11					金南翁	14	
如如禪院 (高城溫井里)		李曉峰	崔圓翁		19							
普賢寺禪院		金陀	姜正一		8							

禪院名	區分	夏安居						冬安居					
	龍象榜	祖室	禪德	立繩	化主	大衆	備考	祖室	禪德	立繩	化主	大衆	備考
靈源庵禪院 (長安寺)						3							
表訓寺禪院			金妙湜	芳山 古庵	崔圓虛	21							
東國禪院 (開運寺)		張石霜		宋一蜂	李碧峰	7							
聖殿禪院 (把溪寺)			李海山	金英隱		7							
普門禪院 (釜山法華寺)								院長 金大愚		石應湜		17	
寶庵禪院 (求禮)									智善	曹淨德		23	
計						540						482	

역경과 포교

전통불교의 수호는 불교의 사상 및 교리를 일반 대중이 쉽게 접할 수 있도록 하는 불교경전의 대중화로 나타났다. 불교경전의 대중화는 역경, 즉 불경의 한글화였다. 용성스님은 출옥 후인 1921년 8월에 삼장역회(三藏譯會)라는 단체를 조직하여 불경의 한글화를 꾀하였다. 이 단체에서 번역, 발간한 경전은 『조선글 화엄경』 등 20여 종이었으나, 불교계의 호응은 미약하기만 하였다.

1936년부터 1945년까지의 역경사업은 안진호, 허영호(許永鎬)스님이 주도했으며 '불교시보사' 와 '삼장역회' 에서 가장 많은 역경 관련 서적을 출판했다.

당시 안진호스님이 번역하거나 현토를 달고 출간한 서적은 『지장보살본원경』, 『석가여래십지행록』, 『석가여래행도기』, 『치문』, 『사집』, 『유마힐소설경』, 등이다. 허영호스님은 『아미타경』, 『불타의 의미』, 『구사론대강』, 『금강경강의』, 『수심론』 등의 경전을 번역하거나 단행본을 저술했다. 이밖에 한암스님의 『현토석의금강반야바라밀경(懸吐釋義金剛般若波羅密經)』, 용성스님

안진호스님

의 『금강경』, 『수심론』 등도 이 무렵 출간되었다. 이전 시대에 비하면 용성스님보다는 안진호스님의 역경활동이 두드러졌으며 허영호, 이운허, 김영수, 서경보스님 등이 역경에 가세했다.

　　교무원과 본산제를 반대하였던 경남 3본산 종무협회에서는 우리말 『불교성전(佛敎聖典)』을 발간하는 등 역경사업을 추진하며 불교대중화를 도모하였다.

　　불교의 대중화에서 가장 중요한 부문은 포교이다. 그러나 체계적인 포교사 양성과 그에 따른 포교는 부실할 수밖에 없었다. 이 때문에 "불교를 알고 계행이 청정한 포교사를 양성할 일이 급하다"는 여론이 일었다. 포교사들은 효과적인 포교 사업을 펴나가기 위해서 1927년 8월 동화사(桐華寺)에 모여 제1회 조선포교사대회를 개최하였다. 그리고 1928년 3월에는 2차 대회를 교무원 회의실에서 여는 등 포교에 대한 반성과 새로운 방안들을 모색하였다. 여기에 자극을 받은 서울 각황사 포교당은 포교사업을 확장하기 위하여 김대은(金大隱)스님을 포교사로 초청하고 새로운 포교 방법을 시도하였다. 즉 매주 일요일에 청년들을 대상으로 통속 불교 강연회를 여는가 하면, 불교전도대를 조직하여 야간 가두활동을 전개하기도 하였다. 김대은스님의 뒤를 이어 도진호스님은 라디오를 통하여 강연을 하는 등 새로운 방법의 포교 활동을 벌였다. 이는 기독교의 적극적인 선교에 자극을 받아 포교에 대한 중요성을 깨달았기 때문인 것으로 보인다.

이렇듯 일제시대의 한국불교는 스님들을 중심으로 포교원력을 세워 일반인을 대상으로 직접 포교에 나섰으며 포교방법의 현대화를 모색하였다. 1938년 통도사 전문강원의 학칙에서도 강원의 목적을 '포교전도의 인재양성' 이라고 하여 포교에 중점을 두었다.

1910년부터 포교당 건립에 적극 뛰어들기 시작한 불교계는 1946년까지 총 335개의 포교당을 창설하여 불교 대중화에 활력을 불어넣었다. 1920년대에서 1940대 중반까지의 포교당 개설 현황은 해방 이후부터 1970년까지보다 오히려 활발한 편이다. 당시 본사급 사찰은 물론, 재정적 여유가 있는 사찰에서는 앞다투어 포교당을 건립하여 불교사상의 저변 확대와 대중화에 노력했던 것이다.[21]

종단이념의 모색과 종조논쟁

1908년 한국불교는 원종(圓宗) 창종 이후 임제종(臨濟宗), 조선불교선교양종(朝鮮佛敎禪敎兩宗)으로 종명의 변천과정을 거쳐가면서 종단으로서의 면모를 조금씩 갖추어나갔다. 그러나 이러한 종명들이 한국불교의 유구한 전통과 역사를 간직하면서 한국불교만의 정체성을 간직하기에는 부족한 점이 많았다. 원종이나 임제종 모두 한국불교 종단의 역사에 등장하지 않았던 종명이며, 더욱이 선교양종은 조선시대에 불교를 통폐합하기 위한 국가 시책의 일환으로 탄생되었던 것이고 가까이는 일제에 의해서 의도되었던 종명이었으므로

---

21) 포교소와 포교자 수는 1924년 당시 71개소(포교자 72명)에서 10여 년 후인 1933년에는 147개소(포교자 148명)로, 1942년에는 409개소(포교자 420명)로 급증하는 등 기독교의 포교 활동 증가율을 훨씬 능가하였다.

역사적 정통성을 확보하기가 더욱 힘들었다. 따라서 총본산 대웅전의 완공으로 새로운 종명에 대한 논의가 제기된 것은 지극히 자연스러운 일이었으며, 그 결과 대두된 종명이 조선불교 조계종(朝鮮佛敎曹溪宗)이었다.

조계종은 중국에도 없는 우리만이 간직하고 있는 종명으로서 신라말 구산선문에서부터 조선조에 이르기까지 끊임없이 사용되었다.

조계라는 명칭은 원래 육조혜능(六祖慧能)이 설법하던 보림고사(寶林古寺)를 지칭하는 지명이었다. 그곳에는 쌍봉(雙峯)과 대계(大溪)가 있었다. 두 개의 봉우리 사이에 커다란 계곡이 있고 그 사이로 하천이 흘렀던 것이다. 혜능이 이곳에서 9개월간 설법할 때 그곳에 거주하는 조숙량(曹叔良)이 공양을 올렸다 한다. 그래서 이곳을 조숙량의 성인 '조(曹)'와 지형적 특성에서 나온 '계(溪)'라는 명칭을 사용하여 조계(曹溪)라 일컫게 되었던 것이다. 이 조계는 후대에 혜능을 지칭하는 명칭으로 사용되었으며 우리나라에서도 그것은 혜능을 가리키는 경우가 많았다. 즉 신라말 고려초 선사들 비문에서 보게되는 '조계'의 사례에서는 이미 이 땅의 선사들이 혜능을 조(祖)로 정하고 있었으며 육조의 선법을 계승하고 있는 그들은 아예 육조혜능을 조계(曹溪)라고 지칭하였던 것이다.

고려초에는 육조혜능을 일컫는 조계라는 명칭 외에 종명으로서 '조계종'이라는 명칭이 보이기 시작했다. 이들 조계종의 종도들은 도의국사 이래 육조혜능의 남종선(南宗禪)을 이 땅에 전래한 선종의 후예로서 선법을 펼쳐나갔다. 고려 중후기에 이르러 보조지눌 국사가 지금의 송광사에서 정혜결사(定慧結社)를 전개하면서 조계종은 선 중심적 선교겸수(禪敎兼修)라는 새로운 조계 가풍을 형성하였다. 고려말에는 태고국사가 등장하여 조계종이라는 이름으로 여러 종파를 통합하려 했다. 이렇게 하여 고려말에서 조선초에 이르는 각종 자료에 나타나는 '조계후학', '조계종사', '조계승'이라는 명칭은 조계종 수행의 성향과 가풍을 나타낼 때 쓰여졌음은 물론이다. 조선조에 선교양종으로 통폐합되었을 때도, 그 이후 무산승 시대에도 조계종의 법맥과 가풍은 선사들을 중심으로 이어져 내려왔다.

따라서 조계종은 육조혜능의 남종선에 기반을 둔 선교겸수(禪敎兼修)와 제종통합(諸宗統合)의 면모를 갖추고, 조선시대까지 존속되어 온 역사적 정통성을 가진 종명이었던 것이다. 이러한 마당에 총본산 건설 당시 불교계는 조계라는 명칭을 선택할 수밖에 없었을 것이다.

또한 조계종을 창종함에 있어 종조를 누구로 정할 것인가하는 문제가 관건으로 대두되었다. 종단에는 종조와 종지 및 종도가 있어야 하고 이 중에서 종조는 종단의 사상적, 역사적 법맥을 정리하는 중요한 요인이기 때문이다.

종조론은 이능화(李能和)가 『조선불교통사』에 보조 종조설을 제기한 이후 1930년, 40년대에는 이에 대한 논쟁이 활발하게 진행되면서 조계종사 연구의 수준을 한 단계 향상시킬 수 있는 계기를 마련하게 되었다.

1929년 퇴경(退耕) 권상노(權相老)가 『불교』 제 58호에 발표한 「조계종」을 통해 조계종만이 종맥과 법맥을 이어왔다고 하며 태고 종조설을 주장했다. 이어 1930년에는 한암 스님이 『불교』 제70호에 「해동 초조에 대하야」를 발표하여 도의국사를 종조로 모시고자 했다. 이후 퇴경은 입장을 바꿔 도의 종조설을 주장하게 되었다.

포광(包光) 김영수(金映遂)는 1933년 『불교』 105호에 「조선불교 종지에 취하야」라는 글을 필두로 1930, 40년대 다수의 글을 통해 태고종조설의 논리적 틀을 세워나갔다. 그 결과 1941년 태고사법이 통과되어 조선불교조계종이 창종되면서 종조를 태고국사로 모시게 되었다.

이러한 태고종조설에 반하여 보조 종조설을 주장한 사람은 이재열(李在烈)과 이종익(李鍾益)이다. 이재열은 태고사법이 통과된 이후 「조계종원류 급 전등사지 근본적 연구(曹溪宗原流及 傳燈史之 根本的 硏究)」에서 태고종조설을 비판하여 불교계에 파란을 일으켰다. 그는 1942년 『황도불교』에 「조선불교조계종 전등설」을 발표하여 보조 종조설에 대한 자신의 논지를 정립하였다. 일찍이 이능화가 제기한 보조 종조설을 스스로 체계화하여 법통설로 만들었던 것이다. 이후 그는 다수의 글을 통하여 1954년 정화 당시 비구측 '불교조계종'의 보조 종조설 채택에 일조했다. 이종익도 「대한불교조계종 유신재건안」을 비롯한 다수의 글을 발표하여 보조 종조설을 천명하였다. 그도 역시 정화운동 와중에서 보조 종조설을 들고나왔으며 여기에 대해서 대처측 권상로의 공박이 있었다. 이로 인해 1954년 종조논쟁이 선학원에서 재연되었다. 이렇게 비구측 불교조계종의 교헌에서 보조를 종조로 삼자 당시 종정이었던 만암스님의 환부역조(換父易祖)설이 제기되기에 이르렀다. 이러한 종조논쟁은 1962년 대한불교 조계종이 출범하면서 종조를 도의국사로 모시고 보조국사를 중천조(重闡祖), 보우국사를 중흥조(重興祖)를 삼으면서 일단락되었지만 이후에도 종조에 대한 논쟁은 계속되었다. 아무튼 1930, 40년대의 종조논쟁에서 양측 불교학자의 방대한 자료 섭렵은 이 시기의 어느 학자에 비해서도 손색이 없을 정도였으며 조계종사의 연구풍토를 다지는 데 크게 기여하였다.

□ 일제하 불교 관련 통계

본 통계는 1928년에서 1944년 사이에 조선총독부에서 발간한 자료를 토대로 정리하였다.

◇ 1923년 당시 우리나라의 인구 : 대략 1700만명

※「朝鮮の地方制度及社會事業竝敎育 · 宗敎の現狀」(『朝鮮』8, 朝鮮總督府
官房庶務部 調査課, 1923)

◇1923년대 불교와 기독교의 교세 비교

종 교 명		교파	사찰(교회)및 포교소	성직자	신 도
불교	일본불교		336개	339명	664명
	한국불교		1,261개	7,215명	162,892명
기 독 교		18개파	3,555개		368,500여명(한국인)
					5,000여명(일본인)

※1923년 5월 말 조사. '朝鮮의 宗敎及 宗敎類似團體'(『每日申報』, 1923 · 11.7)

□1930년 전후 우리나라 불교 교세

◇ 본사별 교세 자료 (단위 / 사찰 수는 개, 사람 수는 명)

본사명	사찰	승려	포교소	포교자	신도	본사명	사찰	승려	포교소	포교자	신도
奉恩寺	75	709	6	4	10,577	金龍寺	44	271	6	3	5,943
龍珠寺	36	160	6	8	1,031	祇林寺	15	66	6	6	5,526
奉先寺	27	103	-	-	1,587	海印寺	81	575	13	21	23,470
傳燈寺	34	220	-	-	408	通度寺	85	631	13	16	13,093
法住寺	35	277	3	4	3,262	梵魚寺	43	225	15	15	7,558
麻谷寺	103	653	2	5	3,151	貝葉寺	25	66	1	1	454
威鳳寺	55	125	8	5	4,835	成佛寺	23	58	-	-	350
寶石寺	31	60	2	-	1,105	永明寺	11	21	-	1	677
大興寺	35	154	7	5	4,772	法興寺	30	30	-	1	133

본사명	사찰	승려	포교소	포교자	신도	본사명	사찰	승려	포교소	포교자	신도
白羊寺	51	143	17	5	293	普賢寺	87	182	5	6	2,873
松廣寺	32	202	1	1	1,505	乾鳳寺	25	243	6	4	3,538
仙巖寺	34	162	3	2	1,822	楡岾寺	59	386	3	5	4,408
華嚴寺	16	127	2	2	178	月精寺	39	130	3	6	130
桐華寺	46	154	2	3	6,272	釋王寺	33	237	4	7	6,978
銀海寺	28	135	5	7	3,064	歸州寺	70	172	2	1	5,304
孤雲寺	30	114	4	2	3,553	敎務院	-	1	1	1	205
銀海·梵魚寺 合同			1	1		總 計	1,338	6,792	147	148	128,048 (日人13명포함)

※1933년 12월 말 조사. 『朝鮮に於ける宗敎及享祀一覽 (昭和八年十二月末 調)』(朝鮮總督府社會科, 1933)

◇ 포교소 · 포교자 및 신도수 누계

구분 \ 연도	1924	1925	1926	1927	1928	1929	1930	1931	1932	1933
포교소(개)	71	62	82	82	95	104	117	120	135	147
포교자(명)	72	76	113	63	97	104	122	126	137	148
한국인 신도(명)	203,386	197,951	170,213	189,670	166,301	169,012	139,406	141,836	118,497	128,035

※1933년 12월 말 조사. 『朝鮮に於ける宗敎及享祀一覽 (昭和八年十二月末調 查)』(朝鮮總督府社會科, 1933)

◇ 1924~1933년 사이의 불교와 기독교의 교세 비교 (단위 / 포교소(당)는 개, 신도수는 명)

구분 \ 연도		1924	1925	1926	1927	1928	1929	1930	1931	1932	1933
불교	포교소	71	62	82	82	95	104	117	120	135	147
	한국인 신도	203,386	197,951	170,213	189,670	166,301	169,012	139,406	141,836	118,497	128,035
기독교	포교당	3,794	3,896	3,664	3,069	3,911	3,941	3,913	4,028	4,026	4,269
	한국인 신도	342,716	356,283	293,470	259,077	280,774	306,862	308,080	338,463	366,863	414,642

※1933년 12월 말 조사. 『朝鮮に於ける宗敎及享祀一覽 (昭和八年十二月末調

査)』(朝鮮總督府社會科, 1933)

◇1920년 · 1930년 전후 각 종교의 교세 비교

※불교와 기독교는 조선총독부학무국 종교과에서, 기타 종교는 조선총독부경무국에서 조사하였다.

※ 기타 종교는 유교, 천도교, 상제교, 보천교 등 14개 종교를 말한다.

연도와 구분 종교명	1920년 조사		1929년 말 조사		1931년 말 조사	
	포교소(개)	신도(명)	포교소(개)	신도(명)	포교소(개)	신도(명)
불교 (한국인)	45	149,714	104	169,012		
기독교 (한국인)	3,279	319,357	3,941	306,862		
기타종교 (한국인)					1,224	431,985

※「朝鮮宗敎界總觀」,『日帝治下의 韓國實態 Ⅲ』(『韓國學』제11집, 永信아카데미 韓國學硏究所, 1976)

□1942년 불교와 기독교의 교세 비교

◇ 1942년 불교 교세

구분 불교명		교파	사찰 및 포교소(개)		성직자(명)		신도(명)
			사찰	포교소	승려	포교사	
불교	일본불교	9종17과	236	719	2,080	666	362,487(외국인,한국인 포함)
	한국불교	31본사	2,254말사	409	6,825	420	244,795(일본인 포함)

※1942년 말 조사. 「公認은 神 · 佛 · 基 三敎」(『每日申報』1944. 9. 12)

◇1942년 기독교 교세

구분	교파(개파)	포교소(개)	포교사(명)	신도(명)	
				한국인	일본인
기독교	25	5,497	4,304	374,487	8,315

※1942년 말 조사. 「公認은 神 · 佛 · 基 三敎」(『每日申報』1944. 9. 12)

Ⅲ. 불교의 자주화와 교단개혁

(1945 ~ 1962)

1. 8 · 15 해방과 불교의 자주화

1) 8 · 15해방과 교단개혁

식민지 불교의 극복과 교단정비

1945년 8월 15일, 한국은 일제의 패망으로 인하여 식민지 지배체제를 벗어나 자주 독립국가를 달성할 기회를 맞이하였다. 8 · 15해방은 정치 · 경제 · 사회 · 문화 등 각 분야에 큰 영향을 미쳤다. 불교계에서도 이러한 해방공간의 구도하에서 식민지불교의 극복과 교단개혁을 추구할 역사적 과제에 직면하였다.

해방이 되자 기존의 교단 집행부는 새롭게 변화하는 정세에 동참하기 위하여 스스로 퇴진하였다. 이어 불교의 혁신과 식민지 불교의 잔재를 극복하려는 승려 및 불교청년들이 교단을 인수하였다. '재경유지 승려'로 불리는 이들은 불교계를 혁신하기 위한 준비에 박차를 가하였다. 재경유지 승려는 종단의 인수 · 인계를 추진하면서 과도적인 임시 집행부인 조선불교혁신준비위원회[22]를 결성하였다. 태고사에 본부를 둔 위원회는 조직 정비를 기하면서 식민지 불교의 극복을 단행하기 위한 구체적인 사업에 착수하였다. 그것은 전국승려대회의 개최 준비였다. 해방공간 불교계의 노선, 사업, 교단 정비 등에 관한 제반 문제를 논의하기 위해 승려대회를 개최할 필요성이 제기되었기 때문이다. 이에 위원회 산하의 참획부(參劃部) 특파원들은 대회를 개최하기 위해 전국을 순회하면서 당위성을 설명하고 각 지방 승려들의 대회 참가를 유도하였다. 그리고 승려대회에서 토의할 제반 안건 준비를 위해 참획위원 24명을 선정하고

---

22) 조선불교혁신준비위원회의 위원장은 김법린, 총무위원은 유엽 · 오시권 · 정두석 · 박윤진스님이었으며 참획부위원장은 적음, 고문은 만공 · 만암 · 석우 · 구하 · 경산 · 경하 · 석상 · 도봉 · 상월스님 등이었다.

교정개혁 전반에 대한 검토와 연구를 하였다.

1945년 9월 22~23일 서울 태고사에서 마침내 역사적인 전국승려대회가 개최되었다. 승려대회에서는 각 지방의 본산 대표 5명씩 모두 60여 명이 참가하여 불교계의 당면 현안과 노선을 결정하였다. 여기서 주목할 점은 이 대회에서 일제 식민지 불교의 잔재를 청산하기 위한 원칙을 천명하였다는 것이다. 즉 식민지 불교의 상징인 사찰령과 그 시행세칙을 전면 부정하기로 결의하였다. 이에 사찰령 체제에서 나온 태고사법과 본말사 제도를 소멸시키고, 이를 대신할 새로운 교단 기구를 출범시켰다. 중앙에는 불교계를 총괄할 행정기관인 중앙총무원을 두고, 교정을 심의·입법, 만기를 결정하는 중앙교무회와 감찰기관인 중앙감찰원도 두기로 결정하였다. 그리고 각 지방에는 도별 교구를 두면서, 교구별로 교무원을 두어 관할 구역을 관리하도록 하였다. 교단 집행부로는 교정(敎正)에 박한영, 총무원장에 김법린스님을 추대하였다. 그리고 각 도의 교무원은 도별로 승려대회를 개최한 이후에 출범하도록 하였다. 이로써 해방공간의 교단이 정비되었으며 종지, 종통과 교단기구 및 교단의 실무적인 내용을 종합한 '조선불교교헌(朝鮮佛敎敎憲)'을 제정·반포하였다. 이 교헌은 승려대회에서 선정한 교헌 기초위원과 법규위원회가 구체화시켰고 1946년 3월 제1회 중앙교무회에서 통과되었다.[23]

조선불교교헌에서는 '조선불교(朝鮮佛敎)'라 칭하여 종명을 조계종에서 조선불교로 바꾸었다. 이러한 명칭의 변화에는 조계종에 대한 단절을 의미하는 것이 아니라 조계종의 가풍을 간직하되 한국불교 전체의 흐름을 담겠다는 의도가 보인다. 그러한 사정은 종헌 제2조에서 "원효성사의 동체대비의 대승행원을 수(修)하며 보조국사의 정혜쌍수에 의하여 직지인심 견성성불을 위주

---

23) 교헌이 정식으로 반포된 것은 1946년 5월 28일이었다. 교헌은 26장 106조로 구성되어 있다. 그런데 이 교헌에는 종단 명칭이 없었다. 다만 불교가 전래된 이래 역사적으로, 지역적으로 조선적 전통과 형태를 가진 것을 '조선불교'라 칭한다고 하였다.

조선불교교헌 (1946)

로 함으로써 교지(敎旨)로 함"에 잘 드러나 있다.[24]

이러한 교헌에 입각한 교단의 노선과 기구는 제1회 중앙교무회의를 거치면서 구체적으로 정비되었다. 그러나 실질적으로는 미진한 면이 적지 않았다.

---

24) 조선불교교헌의 주요 내용은 다음과 같다.
제1조 불교가 고구려 小獸林王 2년에 傳來한 이래 역사적으로 지역적으로 조선적 전통과 형태를 가지게 된 것을 朝鮮佛敎라 칭함.
제2조 조선불교는 불타의 自覺覺他 覺行窮滿의 근본지를 體하여 元曉聖師의 동체대비의 大乘行願을 修하며 普照國師의 定慧雙修에 의하여 直指人心 見性成佛을 위주로 함으로써 敎旨로 함.
제3조 조선불교는 大恩敎主 석가모니불을 本尊으로 함.
제4조 조선불교의 傳燈繼承은 신라하대에 오교구산의 종파적 분별을 가졌으나 近古以來는 종파를 초월한 統合佛敎의 敎旨를 가진 太古普愚國師 이하 碧溪正心禪師의 법맥을 이은 淸虛休靜禪師와 浮休善修禪師의 법맥을 授受하는 예에 從함.
제5조 조선불교의 예식은 불조의 示訓과 역대전승의 淸規에 遵함. 단 예식에 대한 절차는 차를 別로 정함.

그 가운데 도별 교구제를 철저히 시행하는 것과 교단 운영의 재원 확보를 위해 도입한 재산통합의 문제가 대표적인 것이다. 교구제는 이전의 관행인 31본산제를 개혁해야 하는 것이었으므로 어려움이 적지 않았다. 또한 재산통합은 5·3·2제를 말하는 것으로서 각 사찰의 재정을 사찰 유지에 5할, 각도 교구운영에 3할, 중앙 교단 운영에 2할을 배당하는 것이었다. 이 문제도 새로운 시도였기 때문에 간단한 것은 아니었다. 더욱이 가장 중요한 사항은 교도제(敎徒制)였다. 교단 집행부는 교도제를 교도 즉 신도의 조직화로 이해하고 있었지만, 다수의 혁신단체에서는 이를 대처승의 교도화로 이해하고 있었다. 그러나 당시 전체 승려의 대부분이 대처승이었으므로 혁신단체가 의도하는 방안으로 이행하기에는 난점이 적지 않았다.

그밖에 교단 재정비 차원에서 시도한 것은 식민지 불교 체제에 이용된 법령을 폐지하고 친일 대상자에게 일정한 제재를 가하는 일이었다. 식민지 잔재의 청산은 사찰령의 부정을 통하여 외형적인 측면에서 가시화되었다. 그러나 인적 청산은 관련자 중 일부 대상자에게 공권정지가 내려졌을 뿐 일제말기 극심했던 친일불교에 대한 성찰과 청산은 거의 이루어지지 않았다. 이는 당시 정치, 사회의 구도 및 조류에서 큰 영향을 받았지만 민족불교 지향이라는 점에서는 미진한 것이었다. 교단의 광복사업 협조는 전국승려대회에서 구체적인 방안이 마련되었는데, 각 사찰이 일정액을 부담하고 그 재정으로 귀국 동포를 지원하기로 하였다. 이를 위해 중앙에 구제본부를 설치하고 각 지방에 지부를 두었다. 그리고 교단내에는 원호부 및 원호회를 설립하였으며, 무의탁 고아를 보호하기 위한 고아원을 다수 운영하였다.

불교 혁신단체의 활동

8·15해방으로 가시화된 불교의 혁신과 교단 개혁을 추구하려는 움직임은 교단 밖에서도 다양하게 전개되었다. 이러한 자생적인 움직임은 혁신단체를 거점으로 일어나고 있었다. 즉 청년승려, 진보적인 대처승, 재가불자, 불교청

년 등 다양한 부류에서 등장하여 식민지 불교의 극복과 교단개혁을 통한 불교의 자주화를 추구하였다.

가장 먼저 등장한 단체는 불교청년당이었다. 불교청년당은 1945년 9월의 전국승려대회 개최 이전에 이미 조직 결성을 완료하고 9월 21일에 출범하였다. 전국적인 조직을 갖추고 2,000여 명의 회원을 갖고 있었던 청년당은 해방공간에서 가장 영향력 있는 혁신단체였다. 청년당은 진보적인 불교청년이 주축을 이루고 있었는데, 교단개혁과 일제 잔재 청산을 강력하게 주장하였다. 구체적으로 보면 31본산제의 폐지, 교구제 실시, 교도제 실시, 불교재산 통합 등으로서 대부분 교단 개혁에 반영되었다. 그러나 청년당은 사찰의 토지소유 반대, 교단 및 민족 반역자 청산을 주장하는 등 급진적인 성격도 갖고 있었다. 특히 사찰의 토지소유 반대는 당시 불교계의 운영 재원이 대부분 농지에 의존하고 있었던 현실을 고려할 때 매우 어려운 문제였다. 반역자 청산도 일제의 강압에 희생, 좌절한 대상이 적지 않았기 때문에 그 해결도 역시 간단하지 않았다.

다음으로 혁명불교도동맹은 지식인 중심의 혁신단체였다. 이 동맹은 교단개혁, 조국광복, 사회혁명을 강령으로 내세우면서 교단내의 평등 실현과 형식, 미신, 봉건 등의 청산을 주장하였다. 혁신회는 불교개혁에만 머무르지 않고 사회개혁까지 추구한 단체였다. 이 단체에서 불교개혁을 위해 주장한 내용은 승려와 교도의 구별, 사찰토지의 국가 제공, 사찰 운영의 개방, 의식의 간소화 등이었다. 여기서 알 수 있듯이 혁명불교도동맹도 진보적인 교단개혁을 주장하였다. 동맹의 구성원은 서울에서 활동하였던 지식인층의 불교청년들로서 자체의 분과 토론을 갖기도 하였다.

조선불교혁신회는 승려와 재가불자를 망라한 혁신단체였다. 혁신회는 1946년 7월 경에 출범하였는데, 이전의 봉은사를 중심으로 한 중앙불교청년동맹을 계승, 발전시킨 단체였다. 혁신회는 불교의 대중화를 기하기 위한 불교의 체질 개선과 의식의 대대적인 정비를 시도하였다. 3대 강령으로 "참다운 불교를 세우자. 참다운 생활을 꾀하자. 참다운 사회를 만들자"를 내세웠으며 지도이념으로는 인간개조, 생활개조, 사회개조를 표방하였다. 이를 위해 교단 혁신, 민생혁신, 사회혁신 등의 3대 혁신을 주장하였다. 그리하여 불교의 문제점을 개혁하기 위한 혁신 현안으로 근본불교로의 복귀, 조선불교의 전통 회복, 교단은 비구와 대중의 양교도로 구성, 불교의 재산을 통일하여 수행 및 포교에 제공 등을 내세웠다. 이를 통해 조선불교혁신회는 근본불교와 한국불교 전통의 기초하에서 교단 혁신을 추구하였음을 알 수 있다. 혁신회는 당시 교단에 불교유신재건안을 제출하여 교단개혁을 위한 노력을 강력하게 추진하기도 하였다.

　그밖의 불교 혁신단체로는 불교여성총동맹, 불교호법단, 재남이북승려회, 조선불교학생동맹, 선우부인회 등이 있다. 불교여성총동맹은 재가여성불자들이 불교개혁을 위해 결성한 전국적인 조직체였다. 여성총동맹은 대중불교, 사회사업 진흥, 민족단결 촉진, 남녀동등권 확립을 강령으로 내세웠다. 기존 여성불자의 기복불교를 비판하면서 여성불자들도 교단개혁에 나서야 됨을 천명한 단체였다. 또한 불교호법단은 봉은사 포교당 및 대각사를 중심으로 활동한 단체였다. 재남이북승려회는 북한지역 출신 승려들의 단체로 1947년 12월에는 서북불교협회로 단체명을 변경하였다. 그리고 조선불교학생동맹은 동국대생을 중심으로 결성된 불교청년단체였다. 이 동맹은 1946년 5월에 결성하였는데 불교대중화, 불교혁신 등을 주장하면서 기관지『녹원』간행, 순회 강연 등의 사업을 추진하였다. 선우부인회는 1946년 11월에 조직한 선학원 여성불자들의 단체이다.

2) 교단의 분열과 개혁의 좌절

조선불교혁신총연맹의 성립

　8·15해방 이후 불교계는 교단 집행부와 혁신단체를 중심으로 교단개혁을

추진하기 위한 다양한 행보를 거듭하였다. 개혁은 물론 식민지 잔재의 척결과 불교의 자주화를 위한 노력이었다. 그러나 움직임이 가속화되면서 점차 교단 집행부와 재야 혁신단체 간에는 일정한 대립이 나타나기 시작하였다. 이는 개혁을 추진하는 입장 및 상이한 현실인식에서 비롯되었다. 또한 이면에는 개혁으로 인해 나타날 이해관계도 개재되어 있었기 때문에 대립은 쉽게 해소될 수 없었다.

혁신단체는 교단 집행부가 교단 혁신을 추진할 자세와 의지가 전혀 없다고 이해하였다. 당시 교단 집행부 및 구성원 대다수가 대처승이었으므로 식민지 체질의 불교를 극복할 여건이 못된다는 것이다. 더욱이 교단 간부들이 불교를 이용하여 정치에만 관심을 기울이고 있다고 비판하였다. 한편 교단 집행부는 일제하 민족운동에 참여하였던 이력을 내세우면서 혁신단체의 주장을 일축하였다. 오히려 혁신단체의 노선이 사회주의를 지향한다는 의구심을 표하면서 이북불교의 모방이라는 비판도 서슴지 않았다.

이러한 대립적이고 이질적인 구도는 상호 타협하거나 양보할 형편이 아니었다. 이 대립은 1946년 11월에 개최된 제2회 중앙교무회에서 더욱 노골화되었다. 당시 불교청년당과 혁명불교도동맹은 중앙교무회의에 교헌 개정안을 제출하였다. 즉 교단 집행부가 주도하여 제정한 교헌은 일제시대의 태고사법에서 문자를 수정한 것에 지나지 않는 것이라고 비판하고 개정안을 마련하였다. 이어 혁신단체는 그들이 추구하는 개혁의 노선을 교헌 수정안에 반영시키고, 교단 차원에서 공인받으려고 하였다. 그러나 교헌 수정안은 수용되지 않았다. 혁신단체는 이러한 현실에 직면하여 더 이상 교단 집행부와 노선을 함께 할 수 없다고 판단하였다. 또한 당시에 노출된 교단 집행부의 비행은 혁신단체의 결정을 합리화시키기에 충분하였다.

마침내 혁신단체는 중앙교무회가 진행되었던 1946년 11월 29일 선학원에 모여 독자적으로 개혁을 추진하기 위한 준비 조직인 불교혁신총연맹준비위원회를 발족하였다. 당시 준비위원회에 동참한 단체는 선리참구원(선학원), 불교혁명당, 혁명불교도동맹, 조선불교혁신회, 불교여성총동맹, 선우부인회, 재남이북승려회 등 7개 단체였다. 드디어 12월 3일 불교혁신을 가속화시킬 조직체인 조선불교혁신총연맹(朝鮮佛敎革新總聯盟)을 발족하였다. 여기서 주목하는 것은 그동안 혁신의 대열에 참여하지 않았던 선학원 계열의 수좌들이 동참한 점이다. 이는 교단 집행부의 노선에 수좌들이 반발하였음을 말해주는 것이다. 즉 교단 집행부는 대처승이었으며 그들이 추구하는 불교 대중화는 곧 대처승을 인정하는 것이었다. 이러한 노선은 수좌 및 혁신단체에서 의도하는 비구승 중심의 교단 재건과는 큰 차이가 있었던 것이다. 또한 제2회 중앙교무회에서 수좌들이 대의원(현 종회의원) 할애, 중앙선원의 확장, 지방선원 자치제 실시 등을 요구하는 건의서를 제출하였다가 거부당한 일도 있어 이러한 불만이 일정 부분 작용하였을 것이다.

이러한 배경에서 출범한 총연맹은 전국적인 조직체의 수립을 지향하고, 집행부를 선출하는 등 본격적인 활동을 위한 채비에 나섰다. 출범 직후 총연맹은 교단집행부를 부정하는 성명서를 발표하였다. 현실에 안주하면서 교단을 비합리적으로 운영하고 또 비구승과 신도들에게 문호를 개방하지 않았던 사실을 중점적으로 비판하였다. 그리고 총연맹은 교단을 혁신하여 대중불교 실현, 무아화합의 정신으로 민족통일 완수, 대자평등의 이념에 의한 균등사회 건설을 강령으로 내세웠다. 또한 강령을 추진하기 위한 당면 주장 10개 조목을 발표하였다. 교도제 실현, 사찰정화, 사찰경제의 개혁, 친일파와 교단반역자 숙청 등이 그 핵심 내용이었다. 총연맹이 추구하는 노선 중 가장 중요한 것은 교도제 실현을 통한 비구승 중심의 교단 재건에 있었다. 이는 곧 교단 집행부의 노선과는 정반대였다. 당시 교단 집행부는 교도제를 신도 조직의 체계화로 이해하고 있었기 때문에 총연맹의 주장을 수용할 의사가 전혀 없었다. 이것은 또한 사찰경제의 개혁에 있어서도 마찬가지였다. 총연맹은 토지개혁을 시대적 조류로 보고 실행을 주장하였으나 교단은 사찰경제의 대부분을 차지하였던 토지를 국가와 농민에게 제공해야 한다는 의견에 동의하지 않았다.

따라서 교단은 총연맹의 출범에 큰 의구심을 가지면서 그 행보를 주시하였다. 그러나 문제는 교단과 총연맹의 입장과 노선을 조율시킬 중재안이 없었고, 이를 적극적으로 담당하는 인물과 여론도 없었으므로 대립은 불교계 전반으로 파급되어 갔다.

전국불교도대회와 총본원

근본적인 교단개혁을 주장하였던 혁신단체의 조직인 불교혁신총연맹의 등장은 교단집행부와의 갈등을 더욱 야기시켰다. 총연맹은 출범 직후부터 교단의 핵심 기구인 총무원과 중앙교무회 자체를 부인하고 새로운 중앙기구를 구성하겠다는 입장을 공표하였다. 그러나 교단은 총연맹의 주장을 일축하고 교단을 수호하겠다는 입장을 분명히 하였다. 총무원은 우선 총연맹의 주장을 비현실적이라 단정하고 교단인으로서 용납할 수 없는 행태를 자행한다고 비판하였다. 총연맹이 교단내에 문제가 있다고 주장하는 것은 잘못된 이해라 하면서 교단의 방침과 사업을 옹호하였던 것이다. 교단은 우선 임시 중앙교무회에서 총연맹에 대응하기로 정하고 혁신단체에게는 반성을 촉구하였다. 그리고 일반 불교계에게는 총연맹의 노선을 경계해야 한다는 입장을 표명하면서 대응의 강도를 조율하였다.

이처럼 교단은 첨예한 갈등이 계속되었다. 곧 총연맹은 교단 간부들을 친일파 및 교단 반역자로 비판하였으며, 교단은 총연맹 간부들의 사상을 의심하기에 이르렀다. 양측의 이러한 갈등은 교단측이 총연맹 인사들을 경찰에 고소하는 사태로 비화되었다.

이후 총무원과 총연맹은 일시적으로 상호 타협을 시도하였으나 가시적인 성과는 거두지 못하였다. 이러한 가운데 총연맹은 1947년 5월 8, 9일 태고사에서 전국불교도대회를 개최하였다. 이는 교단과의 갈등 구조에서 한발 나아가 보다 구체적인 교단개혁의 시도였다. 그런데 이 결정은 3월 30일 태고사에서 8개의 혁신단체, 108개 사찰의 주지, 승려 445명 등 총 717명이 참가한 가운데 개최

되었던 전국불교연합회에서 나온 것으로, 연합회는 총연맹을 외호하였던 전국
적인 조직체였다. 한편 교단은 총연맹의 불교도대회 개최에 즈음하여 교단의
현안 문제를 토의하기 위한 임시 중앙교무회를 5월 10~12일에 개최하였다.

전국불교도대회는 전 불교계를 대표하는 승려, 불교청년, 재가 불자 등 500
여 명이 참가한 가운데 5월 8~9일 태고사에서 개최되었다. 그 결과 교단 재건
을 도모하기 위한 방안으로 대중불교 실시안이 채택되었다. 교단의 재건을 기
하면서 대중불교를 실시하기 위한 원칙과 대책이 요약된 것이다.

대중불교 실시안은 5월 10~12일에 개최된 임시 중앙교무회에 제출되었다.
대중불교 실시를 비롯한 교단의 현안 문제를 토의하고 교단의 분립화에 대한
책임을 묻는 중앙교단 간부 총사직건 등이 주요 의제였다. 그러나 총연맹이
제출한 대중불교 실시안은 시기상조라 하여 수용되지 않았다. 이에 총연맹은
강력히 반발하였다. 대중불교 실시안의 거부뿐만 아니라 대회에 나타난 교단
간부들의 안이한 현실인식에 분노하였던 것이다. 즉 교단 간부의 총사직은 실
현되지 않았으며 일부 간부의 공금 횡령 문제도 심각하게 논의하지 않고 넘어
갔던 것이다. 혁신단체에서 그간 강력하게 추진한 교도제는 원칙만 확인하고
원칙의 성격과 이행의 문제는 정하지도 않았다. 이는 교도제가 갖고 있는 본
질의 핵심인 대처승 축출에 대응하기 위한 미봉책이었다.

이러한 사태에 직면한 총연맹을 비롯한 불교도대회 참가자는 5월 13~14일
에 불교도대회를 또다시 개최하여 제반 문제를 논의하였다. 그 결과 교단의
중앙기구를 부인함과 동시에 새로운 교단 기구인 조선불교총본원(朝鮮佛敎
總本院)을 발족시켰던 것이다. 이는 교단 집행부에 교단 개혁을 기대할 수 없
다는 현실인식에서 나온 것이었다. 교단을 합리적으로 개혁하여 비구승단 옹
호, 교학진흥, 대중불교 건설, 미신불교 타파, 교화운동 강화를 추진하기 위해
서는 새로운 교단 건설이 불가피하다는 입장이었다.

한편 대회에서는 총본원을 외호하고 협력하기 위해 전국불교도총연맹을 발
족시켰다. 이전의 불교혁신총연맹을 발전적으로 해체하고 그 후속 기관을 수

립한 것이다. 체제 정비를 단행한 혁신단체는 불교도총연맹의 강령과 당면 목적을 개진하였다. 이는 과거 총연맹의 노선을 수정, 보완한 것으로, 내용 중에서 수도승 중심의 교단 재건과 신도들에게 문호개방을 더욱 확고히 하였음이 주목된다. 예컨대 진정한 수도자에게만 승려의 권한을 부여하고, 수계 및 수도를 거부하는 승려는 신도 신분으로 전환시키겠다는 것이 그 단적인 예증이다.

이로써 교단은 기존 교단인 총무원과 새로운 교단인 총본원으로 완전히 이원화되었다. 더욱이 총본원과 불교도총연맹은 조직 정비를 단행하고 점차 전국적인 확대를 기하였다. 총본원의 책임자는 석상(石霜)스님이 임명되었다. 이후 중앙교단의 갈등은 지방으로 퍼져갔다. 실제로 경기도와 경남에서는 총본원의 지부가 등장하였고 기존 교단의 지부와 갈등이 나타나기도 하였다. 이처럼 교단의 분립화는 불교계 전체의 갈등과 모순으로 확산되었다.

교단 집행부는 총본원의 등장, 즉 혁신세력의 행동을 교단의 분열을 획책하는 것으로 보았다. 또한 혁신파의 핵심 주도자들을 좌익이념에 경도된 부류라고 이해하면서 그들의 노선을 대중불교 혁명 혹은 이북불교의 모방으로 간주하였다. 나아가서 총본원 및 불교도총연맹은 자진 해산하고 과오를 인정해야 한다고 주장하였다. 그리고 혁신세력이 주장하는 교단개혁에 대해서는 점진적으로 해결해야 하며 현실을 냉철하게 직시할 것을 강조하였다.

즉 교단 집행부는 혁신세력이 추구하는 일련의 방향과 대안을 전혀 수용할 의사가 없었던 것이다. 또한 혁신파는 교단반역자이므로 적절한 징계 조치를 가하겠다는 통고도 하였다. 이는 기존 교단과 총본원이 타협할 가능성이 없음을 말해준다.

교단의 이러한 분립화는 1948년 초반까지 지속되었다. 그런데 분립화에 영향을 끼치는 문제가 또다시 발생한다. 첫째는 토지개혁에 관한 답신서를 미군정에 제출하면서 빚어진 총본원 내부의 분열이고, 두 번째는 김구의 평양 방문에 참가한 혁신파 일원의 북한 잔류 문제였다. 토지개혁 답신서는 미군정이 1947년 6월 토지개혁에 대한 사회단체의 의견을 조사하는 과정에서 나온 것

대각사를 방문한 김구 일행 (1945. 12. 12)

이었는데, 총본원은 기존 교단인 총무원이 유상몰수 유상분배를 주장한데 반해 무상몰수 무상분배의 진보적인 입장을 개진하였다. 그러나 총본원내에서도 이 의견을 둘러싸고 보수적인 혁신파가 반발하면서 자체내의 혼선이 일어났다. 그러자 일부 인사들은 전국불교도총연맹에서 탈퇴하기도 하였다.

그리고 김구의 북행에 혁신파 10여 명이 동행하였는데 그 중 일부가 북한에 잔류하였다. 이는 남한만의 단독정부를 수립할 수 있다는 이승만의 발언 이후 분단을 타개하려는 구도에서 가시화된 것이었다.

분단을 저지하고 통일을 지향하려는 인사들에 의해 시작된 이 움직임은 1948년 4월 19~23일 평양에서 전조선사회단체대표자 연석회의를 개최하기에 이르렀다. 당시 김구, 김규식이 연석회의에 참가하였는데 이를 북행 혹은 남북협상으로 지칭하고 있었다. 이 외에도 남북의 56개 정당, 사회단체에서 660여 명이 이 회의에 참가하였는데 불교청년당과 전국불교도총연맹의 대표자 10여 명도 여기에 포함되었다. 그런데 불교계 인사들은 대회 종료 후 일시

월남하였다가 재차 월북하여 남조선제정당사회단체지도자협의회, 남조선인민대표자회의에 참석하였다. 이러한 일련의 행적은 남한에 근거를 두었던 혁신세력인 총본원과 불교도총연맹의 약화를 초래하였다. 기존 교단 집행부로부터 노선의 배후를 의심받는 결정적인 요인으로 작용하였던 것이다. 따라서 교단 집행부는 이를 이용하여 총본원의 노선이 사회주의라며 비난의 총공세를 가하였다.

그리하여 총본원은 이러한 자체의 분열, 기반 약화 그리고 교단 집행부의 탄압에 점차 약화되어 갔다. 물론 이는 당시 미군정의 우익중심의 정책 전환구도와 무관할 수 없는 것이었다. 한편 이 무렵 교단의 집행부도 교단 노선을 둘러싸고 내적인 갈등이 노정되는 등 내부의 모순을 해결하기에는 문제점이 적지 않았다. 이것을 단적으로 보여주었던 것이 교단 내의 폭력사태 발생과 교단 간부의 빈번한 교체이다.[25]

이러한 제반 정황은 혁신단체가 추구한 비구 중심의 승단 및 교단의 재건이 실패하였음을 말해 주는 것이었다. 그 결과 식민지불교의 잔재는 여전히 남게 되었다. 이것은 불교계의 역사적 과제였던 불교의 자주화도 답보상태에 머물렀음을 의미한다.

3) 미군정의 종교정책

사찰령 철폐의 노력

8·15해방 직후 남한은 미군정의 통치하에 있었으므로 불교계의 제반 정책과 활동은 미군정의 구속을 받을 수밖에 없었다. 그런데 미군정은 기본적으로

---

25) 예컨대 총무원장의 경우 김법린·박원찬·김구하·이종욱스님으로 교체된 것은 그 예증이다.

미국의 국익을 우선시하면서 제반 정책을 추진하였으므로 1948년 8월 15일 대한민국 정부가 수립되기 이전의 미군정 종교정책은 불교 교단에 적지 않은 영향을 끼쳤다. 미군정의 종교정책은 자신들의 정치 구도와 노선, 그리고 문화적 성격에서 기인하는 것이었다. 이러한 구도에서 두드러지게 가시화된 것은 개신교의 우대였다. 반면 민족 전통의 근간을 이루던 불교는 상대적으로 큰 피해를 받았다.

미군정의 종교정책은 종교 관련 법령과 일제의 귀속재산 즉 적산(敵産)의 처리에서 출발하였다. 그리고 미군정이 자신들의 종교인 개신교에 은근히 지원을 하였음은 물론이다.

미군정 학무당국은 신교육 방침을 각 도에 지시하였는데, 그 내용 가운데 '민족과 종교'라는 조항에서 종교의 차별을 철폐한다고 하였다. 그러나 1945년 11월에 공포한 군정법령 제21호에는 일제하의 모든 법률 및 명령은 미군정청의 특수명령에 의하여 폐지되지 않는 한 효력을 지닌다고 하였다. 이 법률에 종교관련법이 해당되었다.

해방 직후 불교계에서는 전국승려대회를 개최하여 식민지 잔재인 사찰령의 철폐를 선언하고 그 대응책을 강구하였다. 1946년 3월에 개최한 제1회 중앙교무회에서도 사찰령 철폐가 교단 진로에 긴요한 사항임을 인식하고 대책 수립에 전력할 것을 다짐하기도 하였다. 그러나 미군정의 현실안주 정책으로 인하여 일제가 제정한 사찰령은 존속되었던 것이다. 이에 교단 집행부와 혁신단체는 사찰령 철폐를 위하여 다각적인 노력을 기울였지만 실질적으로 이행되지는 않았다. 이 문제의 처리를 둘러싸고 교단내외에서 적지 않은 갈등이 노출되기도 하였다. 요컨대 혁신단체에서는 사찰령의 철폐가 이루어지지 않은 것은 교단 집행부가 갖고 있는 식민지 잔재 때문이라고 하였다. 즉 교단 집행부 및 대처승은 사찰령 철폐를 강력하게 추진할 의도가 없다고 하여 교단의 노선을 공박하였다.

한편 총무원에서는 1946년 7월과 8월에 군정청 장관에게 사찰령 철폐를 요

청하였다. 불교혁신총연맹에서도 사찰령 철폐를 요구하는 담화를 발표하였
다. 그러나 이러한 요청과 주장이 받아들여지지 않자 총무원은 남조선 과도
입법의원(立法議院)의 의원 25명의 동의를 받아 사찰령, 사찰령 시행규칙, 포
교규칙, 사원규칙 등 4개 법령을 폐지할 것을 입법의원에 정식으로 제출하였
다. 그 결과 1947년 8월 8일의 제126차 본회의에서 사찰령을 비롯한 4개 법의
폐지와 동시에 사찰재산 임시보호법이 입법의원 만장일치로 통과되었다. 법
의 요지는 종교의 자유를 저해하는 일제의 악법을 폐지하고 사찰 재산을 보호
하는 제도적 장치를 마련한다는 것이었다. 그리고 사찰재산 보호의 책임은 조
선불교 교정에게 부여하였다.

그러나 법안이 과도 입법의원을 통과하였음에도 불구하고 미군정 당국은
1947년 10월 29일 법의 인준을 보류하였다. 이것은 사찰재산 임시보호법에 적
산사찰의 재산도 포함된다는 우려 때문이었다. 즉 막대한 적산사찰 재산이 모
두 불교계로 귀속되는 것을 저지하겠다는 판단이었다. 이러한 조처는 1946년
3~5월 서울 시내의 일본 사찰 43개소를 중앙총무원에서 인수한 사례와 정면
배치되는 것이었다. 당시 교단은 서울 시내의 일본 사찰은 중앙총무원이 인수
하여 직할하고, 여타 지방에 소재한 일본 사찰은 해당 지방의 교구에서 접수,
관리하겠다는 원칙을 수립하였다.

미군정의 이러한 조치에 대하여 혁신적 교단인 총본원은 종교의 자유를 무
시하는 것이라고 강력하게 비판하였다. 총본원은 1947년 11월 초, 법의 통과
를 강력히 촉구하는 항의서를 미군정 책임자인 하지장군과 입법의원 의장, 군
정청 장관, 대법원장 등에게 제출하였다. 그리고 이에 대한 총본원의 입장을
개진한 성명서를 발표하였다. 또한 교단 집행부인 중앙교무회에서도 미군정
당국의 우려는 단순한 기우에 불과하다고 인식하였다. 임시보호법은 불교계
가 자력으로 발전하고 또 경제적인 자치를 확립할 수 있는 조치이기 때문에
당연히 인준되어야 한다는 건의서를 관계 당국에 제출하였다.

그러나 미군정은 끝내 사찰령을 철폐시키지 않았고,[26] 사찰재산 임시보호법

도 인준하지 않았던 것이다. 이러한 미군정의 조치는 결과적으로 불교 발전을 억압하였고, 불교 자주화를 원천적으로 봉쇄한 것이었다.

불교차별 정책

해방공간에서 미군정의 불교에 대한 차별은 기본적으로 기독교(개신교, 천주교)의 후원과 불교의 소외로 나타났다. 미군정 종교정책의 핵심은 공인교(公認教) 제도를 취하였다는 것이다. 공인교 제도는 국가가 특정의 종교를 공인하고 정책적인 측면에서 혜택을 제공하는 제도이다. 그런데 이 제도는 종교의 자유와 정교분리 제도라는 측면에서 큰 문제점을 갖고 있었다.

미군정의 공인교 정책으로 불교, 기독교, 천주교는 공인되었지만 천도교, 증산교 등의 민족종교와 신종교는 종교로 인정받지 못하였다. 그런데 미군정의 공인제는 주로 기독교 우선의 정책이었다는 데에 모순의 본질이 있었던 것이다. 해방직후 기독교의 교세를 객관적으로 전하고 있는 통계를 보면 남한의 기독교인은 3% 정도이다. 그럼에도 불구하고 이후 기독교가 비약적으로 성장할 수 있었던 것은 미군정의 기독교 중심 정책이 있었기 때문이다. 그 주요 실례를 지적하면 다음과 같다.

미군정 초기에 예수의 탄생일인 크리스마스가 공휴일로 지정되었다. 미군정은 1945년 10월 일본이 써오던 축제일을 폐지하고 한국과 미국의 축제일을 새롭게 지정하였는데, 종교분야에서는 기독교만 포함시켰던 것이다. 미군정 하의 군정청 국장의 54%가 기독교인이었다는 사실도 기독교 중심의 편향을 말해준다. 그리고 기독교는 1947년 3월부터 서울방송을 이용하여 전도활동을 벌였다. 서울방송은 일제시대 경성방송의 후신이었으므로 국가가 경영하는 성격을 갖고 있었던 바, 기독교가 점차 '지배적인 종교'의 지위로 상승하고 있음을 말하는 것이다. 또한 기독교측에서 일요일에 국가 시험 · 행사 · 선거시

---

26) 사찰령이 공식적인 법령으로 완전 철폐된 시기는 1962년 불교재산관리법이 제정될 때였다.

행 등을 금해줄 것을 요청하는 일도 나타났다. 더욱이 미군정 당시 이러한 기독교 중심의 종교정책은 제1공화국으로 지속되었다는 데에 더욱 큰 문제점이 있었다.

남한만의 단독선거를 치른 것은 1948년 5월 10일이다. 원래 날짜는 5월 9일이었으나 그날이 일요일이었으므로 종교의식에 방해된다는 기독교측의 이의로 변경되었다. 또한 이승만은 제헌국회의 의식을 거행하면서 기독교식 기도로 시작하였다. 이미 그는 1948년 8월 15일, 초대 대통령취임식에서 대통령직을 성실히 수행하겠다는 맹서를 '하나님'에게 하였다. 또한 이승만 정권의 초대 내각 42%가 기독교인이었다는 통계 역시 기독교 중심의 성격을 보여준다. 1951년 2월에 시작된 군종제도도 기독교와 천주교만의 제도였으며, 이 제도의 시행으로 군대내 기독교의 교세가 증가되었음은 물론이었다. 기독교방송국이 창설된 것도 1954년 12월이었다. 그밖에도 미국의 수많은 기독교 단체에서 보내온 구호물자는 은연중에 기독교의 우수성과 선진문명을 선전하는 기능을 하였다.

미군정의 불교 차별을 볼 수 있는 또하나의 사례는 귀속재산처리법이다. 이 법은 1949년에 제정되었지만 미군정 당시의 정황을 엿볼 수 있다. 그 요지는 국유·공유재산의 매각을 기본으로 하되, 매각 대상은 공인된 교화기관이었다. 미군정은 불교계가 강력하게 주장한 사찰재산임시보호법의 제정을 거부하였고 이는 불교에 대한 배척을 의미하는 것이다. 불교가 갖고 있던 재산은 응당 불교가 소유, 관리해야만 했다. 일본불교의 사찰, 포교당도 당연히 불교계가 소유, 관리해야만 했다. 그러나 미군정은 적산사찰 문제를 빌미로 이러한 기존 불교의 재산 권한을 배척하였던 것이다.

따라서 당시 총무원장이었던 김법린스님은 미군정 책임자를 면담하고, 일본사찰을 불교계가 인수하는 문제를 협의하였다. 이후 박문사, 동본원사, 화광교단 등을 교단이 관리하기도 하였지만 관리권을 둘러싸고 교단 내부에서 갈등이 있었다. 그 갈등은 교단과 혁신단체 사이에서도 전개되었다. 이런 상

황에서 일본사찰에 대한 미군정의 불명확한 처리 태도는 정상적인 교단 운영
을 방해하였던 것이다.

4) 불교개혁의 모색과 대중교화

가야총림의 창설

가야총림(伽倻叢林)은 교단 차원에서 해인사에 설립한 수행 도량이었다.
교단 차원의 모범총림 창설의 문제는 1945년 9월 전국승려대회에서 제기되었
다. 승려대회에서는 교단의 4대사업으로 총림, 역경, 동국대 개교, 사찰정화를
결의하였다. 그러나 이러한 문제는 산적한 교단의 현안에 밀려 조속히 처리되
지 못했다. 따라서 수좌들은 해방이 되었음에도 불구하고 선풍 진작이 미흡함
을 인식하고 불조청규에 따라 교단 집행부에 모범총림을 건설할 것, 중앙선원
(선학원) 확장, 지방선원 자치제, 도제(행자)를 양성하여 선원에 3년 안거한 뒤
사회에 나가도록 할 것 등을 강력히 촉구하였다. 이 가운데 교단에서 수용한
것이 바로 모범총림의 창설이었다. 당시 교단에서는 모범총림을 통해 수행에
전념하는 청풍납자와 도제를 양성하고자 하였다.

그리하여 1946년 10월 경 모범총림인 가야총림이 해인사 경내에 설치되기
에 이르렀다. 총림이란 수행승들이 집단적으로 모여서 수행할 수 있는 선원·
강원·율원 등을 갖춘 종합 수도도량을 말한다. 이 무렵 청정 비구로서 수행
을 하는 승려는 약 300여 명이었으며 이들의 수도 도량을 확보하는 것은 절실
한 문제였다. 곧 일제하 전통과 계율의 파괴는 선방의 폐쇄, 위축으로 나타났
고, 수행공간이 절대적으로 부족하게 되었던 것이다. 그러나 해인사에 창설된
총림은 이러한 원칙과 현실을 모두 충족시킬 수 없었다.

가야총림의 규약에서 이러한 사정을 알 수 있다. 가야총림은 불교계에 동량
이 될 인재양성을 위해 중앙총무원의 직속기관으로 설립하였다. 수행 연한은

효봉스님

3년이며, 수용인원은 50명으로 정하였다. 총림에서 수학할 승려는 20세 이상으로 사교과 이상의 학력을 가진 자로서 각 선원에서 추천한 자를 중앙총무원장이 선발하도록 하였다. 내부 직제로는 주지 · 법주 · 강사 · 범패사 · 사무국장 · 사무원을 두도록 하였다.

가야총림 운영은 선원에 중점을 두어 시행하고 여타의 강원, 율원 등은 선원에 준해서 점진적으로 시행하도록 하였다. 요컨대 강원과 율원은 동시에 운영되지는 않았던 것이다. 1947년 11월 6일 송광사에서 수행하던 효봉스님이 가야총림의 초대 조실로 임명되었다. 총림 수선실의 도감은 구산(九山)스님이, 입승은 청담스님이 담당하였다. 총림에서 수행하던 승려는 110여 명에 달하였으며, 총림의 개설은 당시 불교계에 큰 영향을 미친 것으로 보인다.

교단에서 총림이 설립되었다는 소식이 전해지자, 당시 수좌들 대부분이 큰

기대를 갖고 동참하였다. 그러나 일부 수좌들은 동참하지 않은 경우도 있었
다. 예컨대 총림의 소식을 듣고 해인사로 갔던 성철(性徹, 1912~1993)스님과
청담스님은 총림의 운영 책임자인 교단대표 최범술스님, 해인사 주지 임환경
스님과 함께 총림의 운영 및 재원에 대한 제반 문제를 상의하였지만 원만한
합의를 이루지 못했다. 이에 성철스님은 총림 경영에 대한 이견으로 해인사를
떠나 개인 수행의 길로 나섰지만 청담스님은 교단이 주관하는 총림이므로 한
철이라도 지내보아야 한다고 잔류하였다. 성철스님의 불만은 해인사에서 제
공하는 총림의 운영에 소용되는 비용이 너무 미약하다는 것이었다.

　출범 초기부터 빈약한 총림의 재정은 곧 수좌들 살림살이의 어려움으로 나
타났다. 이러한 형편에 불만을 품고 떠나가는 수좌들도 생겼다. 여기에 총림
의 근본 재정을 뒤흔드는 사건이 발생하였다. 교단 간부인 최범술스님이 국민
대학에 재산을 출연하면서 해인사의 소유 토지 및 산림이 넘어갈 지경에 처하
였던 것이다. 이는 최범술스님이 신익희가 설립한 국민대학을 불교계에서 경
영하려는 목적으로 해인사 재산을 출연하기로 약정하였기 때문이었다. 그 후
국민대학 관계자가 해인사 재산을 재단으로 편입하기 위한 현지 조사 과정에
서 이 문제가 노출되었던 것이다. 뒤늦게 사태의 개요를 파악한 해인사와 가
야총림 조실 효봉스님은 사찰 재산을 국민대학 재단에 제공할 수 없다고 선언
하고 대책을 강구하였다. 결국 가야총림을 재단법인으로 만드는 대책을 마련
하였으나, 재단법인 설립은 구체화되지 못했고 6·25의 발발로 더 이상의 진
척이 없었다.

　6·25의 와중에서 가야총림은 더이상 정상적인 수행처의 역할을 다할 수
없었다. 그래서 효봉스님은 총림의 재정을 활용하여 우선 총림의 수좌와 해인
사 승려들이 피난갈 수 있도록 배려하였다. 스님은 해인사를 즉시 떠나지 않
았지만 얼마 후 절에 진입한 북한군은 수좌 30여 명을 강제로 징발하였다. 결
국 효봉스님과 가야총림을 지키던 마지막 잔류 승려들도 인민군의 가혹한 탄
압을 이기지 못하고 1950년 가을 남쪽으로 피난해야만 했다.

이로써 8·15해방 직후 한국불교의 전통 회복과 청정 승풍의 복원을 기하기 위해 교단 차원에서 설립한 가야총림은 6·25라는 예기치 못한 사태를 만나 중도에 무산되고 말았다.

봉암사 결사

해방공간 중앙에서의 교단개혁 및 불교개혁은 지지부진한 상태였다. 더욱이 교단 집행부와 혁신단체 간의 갈등과 대립이 치열하게 전개되었다. 그러나 일단의 수좌들은 부처님의 근본 정신을 회복하자는 데 뜻을 모으고 결사에 돌입하니 봉암사 결사가 그것이다.

일제말부터 공동수행을 통한 청정불교 회복을 갈망하였던 청담·성철스님은 1943~44년 속리산 복천암 및 대승사에서 불교 중흥을 위한 수행을 하고 있었다. 당시 그들은 총림 건설, 괴색 가사 제정, 율장 연구 등 다각적인 승풍 회복을 시도하였다. 그러나 이러한 노력은 8·15해방과 이후의 정치, 사회적인 혼란을 맞아 일시적으로 중단되었다. 더욱이 청담·성철스님을 비롯한 수좌들은 교단에서 주관하는 해인사의 가야총림 건설에 동참하는 문제로 인하여 이전부터 시행한 공동수행은 더 이상 진척되지 않았다.

이러한 정황에서 봉암사 결사가 실행될 수 있는 계기를 제공한 것은 김법룡 거사의 도서 및 대장경 시주였다. 1947년 가을, 청담·성철스님은 총림 생활에는 도서 확보가 반드시 필요하다는 판단에서 김법룡거사가 소장하고 있던 도서를 인수하였다. 그들은 도서를 어느 사찰에 이전시킬 것인지를 고민하고 도서 인수 즉시 총림을 시작하자는 의견에 합의를 하였다. 도서 이전의 사찰은 곧 총림을 시작하는 사찰이 되었던 것이다.

마침내 성철, 청담, 자운(慈雲), 우봉(愚峰)스님 등의 수좌들은 도서를 봉암사로 이전할 것을 결정하였다. 수좌들은 즉시 봉암사에서 총림을 개설하였고 여기서 십여 명의 수좌들이 청정한 수행을 실천에 옮기기 시작하였다. 당시 그들의 목적은 이른바, "부처님 법대로만 살아보자"는 것이었다.

성철스님과 청담스님 (1968),
청평사

  이렇게 시작된 봉암사 결사는 우선 불법에 어긋난다며 불공과 천도재를 받지 않고 수좌 자신이 노동을 하여 생활하자는 방침을 정하였다. 그래서 봉암사 수좌들은 나무하고, 물긷고, 밭갈고, 탁발하는 것을 일상화하였다. 또한 왜색풍의 가사, 장삼, 발우 등의 개선을 시도하였다.

  이같이 새롭게 시도한 제반 규칙을 '공주규약(共住規約)' 이라 하였다. 17개 항에 달하는 규약에는 위에서 제시된 내용과 함께 참선 수행, 포살 실시, 능엄주 암송, 자주 · 자치 정신 구현, 청규와 계율의 준수 등이 포함되어 있었다. 이처럼 다양한 분야에서 개혁을 시도한 것은 당시 불조교법이 파괴되었다는 현실 인식에서 나온 것이었다. 봉암사의 결사에 대한 소문은 점차 불교계로 퍼져 나갔다. 그리하여 각처의 수좌들은 봉암사에서 수행을 하기 위해 지속적으로 모여들었다. 일부 수좌들은 수행의 규칙이 너무 엄하여 떠나는 경우도 있었지만, 1948년 경에는 봉암사 대중이 20~30여 명에 달하였다.[27]

봉암사 결사의 소문은 인근의 일반 신도들에게도 파급되어 갔다. 봉암사에서는 밀려드는 신도들을 대상으로 보살계 법회를 하고, 그 기반을 활용하여 승려와 신도간의 위계질서를 구축하기도 하였다. 즉 신도가 승려에게 예의를 표하는 이른바 3배가 이때부터 시작되었다. 그리고 천도재 등의 법회에서는 금강경과 반야심경의 독송이 보편화될 수 있는 계기가 마련되었다. 특히 법당 내 중단 예불을 폐지하고, 반야심경 독송의례로 전환하였다.

봉암사 결사는 당시 불교계의 모순을 직시하고 그 사상적 대안을 정립하려는 데 목적이 있었다. 우선 불교의 근본과 한국불교의 전통을 회복하려는 현실인식이 밑바탕에 자리잡고 있었다. 그리고 그 의식과 실천은 수좌들의 자생적인 고뇌에서 나왔다는 사실이 더욱 값진 것이었다.

이러한 봉암사 결사는 다음과 같은 측면에서 중요한 불교사적 의의를 찾아볼 수 있다. 결사의 배경과 지향에 있어서 일제 식민지불교의 극복이라는 점이 두드러지게 나타났다. 그리고 결사의 정신은 근본불교를 지향하는 불교개혁운동의 성격을 띠고 있었다. 불조의 교법 준수, 계율 준수 등은 그 단적인 예이다. 아울러 이 정신은 이후 불교정화운동의 이념적 모태로 작용하였다. 결사에 참여하였던 수좌들이 정화운동의 일선에서 활동하였고 이후 조계종단의 종정과 총무원장을 역임한 사실도 주목할 일이다. 그러므로 봉암사 결사가 선수행 중심의 청정 가풍을 지향하여 결과적으로 조계종단의 정체성 확립에 기여하였음은 유의할 내용이다. 다음으로 이 결사에서 시행되었던 의제, 의식, 실행의 내용 등이 현재 조계종단의 의례로 수용되었다.

그러나 봉암사 결사는 1949년부터 서서히 문제가 생겨나 수행 생활에 지장

---

27) 당시 봉암사 결사에 참여한 인물은 다음과 같다. 청담 · 성철 · 자운 · 향곡 · 혜암 · 월산 · 성수 · 법전 · 우봉 · 도우 · 보경 · 보안 · 응산 · 청안 · 혜명 · 일도 · 보문 · 홍경 · 종수스님 등이다.

만암스님

을 초래하였다. 봉암사 인근에 빨치산이 출몰하였던 것이다. 이들의 등장으로 경찰이 봉암사에 자주 출입하였고, 어수선한 사찰분위기는 점차 수행 자체를 저해하기에 이르렀다. 그리하여 봉암사 대중은 좌, 우익으로부터 고통을 당하였다. 결국 참가 대중의 생명이 위협받는 지경에 이르자 결사 대중은 마침내 봉암사를 떠나기로 결정하였던 것이다.

이에 1949년 9월 성철스님은 봉암사에 보관하고 있었던 도서를 부산 묘관음사로 이전하고 1차로 봉암사를 떠났다. 나머지 대중은 청담스님과 함께 1950년 3월 2차로 봉암사를 떠나, 고성 옥천사로 이전하였다.

이처럼 봉암사 결사는 외부의 요인에 의하여 중도 해체되었지만 결사를 통해 고뇌하고, 청정 가풍을 실천하며 불교의 근본 정신을 회복하자는 운동으로 오늘날의 조계종단 재건의 밑거름이 되었던 것이다.

고불총림의 결성

고불총림(古佛叢林)은 1947년 만암스님이 교단 쇄신을 기하기 위해 백양사를 중심으로 전개한 승풍 정화운동이었다. 고불총림의 결성을 단행한 것은 한국불교의 전통을 회복하려는 목적이었다. 스님은 이러한 문제를 종단에 누차

지적하였지만 교단 책임자들은 그 중요성을 인식하지 못하였다. 이에 교단과 결별하고 독자적으로 불조혜명을 계승하겠다는 의지를 밝혔다. 고불의 의미는 '조선고토 회복한 차시에 불교도 회생된 사'에서 보이듯 불교의 회생을 말하는 것이었다. 즉 고불은 근본불교로의 회귀를 가리킨다. 구체적으로 보면 부처와 이름높은 조사들의 정신을 계승하겠다는 의지의 발로였다.

만암스님은 1947년 2월 부처님 성도일을 기념하여 고불총림을 결성하였고, 이는 백양사를 거점으로 주로 백양사 말사 및 포교당으로 퍼져 나갔다. 이러한 고불총림의 출범에서 유의할 것은 당시 중앙 교단은 교단 집행부와 혁신단체간의 치열한 갈등과 대립이 노정되었던 시기라는 것이다. 이는 정상적인 교단 개혁을 통한 불교의 개혁이 성사되지 못하였음을 말하는 것이다. 이즈음에 교단과 결별을 선언하고 독자적인 교단개혁, 승풍회복을 단행한 것은 자생적인 불교개혁이라 볼 수 있는 대목이다.

고불총림의 이념 및 개요는 강령과 22개 항에 달하는 청규에서 찾아볼 수 있다. 주요 내용은 ①종맥은 임제문손인 태고보우의 전통을 계승, ②승려는 정법중(正法衆)과 호법중(護法衆)으로 구분하고 그에 맞는 직분의 설정, ③계정혜 삼학의 수학 및 계법의 준수, ④승려의 의무는 도제양성과 정재저축으로 구분, ⑤자력생활 지향, ⑥승려 유산의 2할은 총림에 제공, ⑦간경·수선·노동·독경·강연 등의 일용생활 등이었다. 이러한 청규에서 두드러진 성격은 전통에 대한 계승 의지와 현실 개혁책이라 하겠다. 계정혜를 강조하고 태고보우의 정신을 계승하겠다는 것은 전통을 회복하려는 의지이고, 승려를 정법중과 호법중으로 대별하여 승려의 의무, 유산, 생활의 문제를 지적한 것은 현실적인 개혁방안이라 하겠다. 청규의 내용 중 만암스님의 의도가 가장 두드러진 것은 승려를 정법중과 호법중으로 나눈 것에 있다. 이는 당시 보편화된 대처승의 해결 방안을 염두에 둔 것이었다. 대처승은 불법에 있을 수 없는 존재이지만 현실적으로 이를 수용하여 개선할 필요성을 인정하는 것이었다. 이는 승풍 정화를 기하되, 점진적인 방법을 취하였음을 의미하는 것이다. 따라서 대처승의 존재를 당대에만 인정해 주면서도 불법의 철칙에서는 청정 비구가 정법임을 내세운 것이었다. 이에 그 청규에서도 정법중(비구승)과 호법중(대처승)을 구분함과 동시에 직분도 개별화시켰으며, 그들의 의제와 일상생활에 구분을 두었던 것이다.

고불총림은 이러한 정신을 선양하기 위한 사찰, 포교당, 단체 등의 명칭에 '고불총림'을 칭함으로써 전통의 회생이 시작된다고 강조하였다. 요컨대 특별한 조직체가 별도로 필요없고, 오직 청규의 정신을 실천하면 되는 것이었다.

고불총림의 정신은 식민지 불교의 극복 의지에서 나왔음이 분명하다. 다만 그 대안을 취함에 있어 현실에 토착화된 대처승을 완전 배격할 수 없다는 현실인식이 작용하였던 것이다. 문제는 이러한 취지가 당시 교단에서 폭넓게 수용되지 못하였다는 데 있다. 만암스님 및 백양사의 영향력이 개재되었던 불갑사·용흥사·문수사·구암사 등의 12개 사찰과 장성·고창·함평·담양·광주·목포 등지에 있었던 10개의 포교당만이 참가하였던 것이다. 총림은 1948~49년경 태고사에서 대회를 여는 등 서울에서도 활동을 전개하였으나, 6·25로 인해 더이상의 활동을 전개하지 못하였다. 그러나 만암스님은 조선불교 1대 교정 박한영스님과 2대 교정 한암스님을 이어 1951년 6월 3대 교정으로 추대되어 고불총림의 정화 정신을 교단 차원으로 확대하는 기반을 마련하였다.

교육활동

해방공간의 교육활동은 교단개혁과 발맞추어 다양하게 전개되었다. 특히 동국대를 복교하고 각급 학교가 개교하는 등 교육을 통한 불교대중화가 왕성하게 일어났다.

동국대의 전신인 혜화전문학교는 일제말기인 1945년 5월 일제 군국주의의 억압에 의하여 폐쇄되었다. 그러자 해방 직후 혜화전문의 복교는 불교계의 과제로 등장하였다. 1945년 9월의 전국승려대회에서도 이 문제가 논의되었으

며, 교단 차원에서 적극적인 지원이 전개되었다. 그 결과 1945년 11월 30일에
는 미흡한 여건이나마 다시 문을 열게 되었다. 그 후 혜화전문을 경영하는 조
계학원과 불교계, 교수와 학생은 혜화전문을 정식 대학으로 승격시키기 위한
움직임을 본격화하였다. 대학 승격의 요건은 학교시설 증대와 재정적 후원이
관건이었다. 대학당국은 대상부지로 현 교지인 중구 필동을 확보하고, 기본
재산 증자를 위해 노력에 박차를 가하였다. 교단과 상의하여 마침내 38선 이
남의 사찰에서 기본자산 증자를 위한 토지 2백만 평을 기부하기로 하였고, 이
는 1946년 5월 중앙교무회의에서 통과되었다.

　이러한 노력에 힘입어 1946년 9월 20일자로 동국대학으로 승격, 인가되었
다. 당시 동국대학은 문학부(불교학과 · 문학과 · 사학과 · 영문학과), 경제학
부(정치과 · 경제과), 전문부(전문1부; 불교학과 · 문학과 · 사학과, 전문2부;
국문학과 · 문화학과 · 역사학과)를 설치하였다. 수업년한은 4년으로 하였으

동국대학의 승격을 알리는 벽보 (1946. 9. 20)

며, 전문부에서 동일계로 전입할 경우는 2년을 수료하고 편입시험을 거치도록 하였다. 1947년 11월 중앙교무회에서는 조계학원을 동국학원으로 개명하고, 전국 사찰림의 2할을 기부·제공하기로 정하였다. 그리고 동국학원을 경영과 학사행정으로 분리시키기도 하였다.

그밖에도 교단 및 불교계 단체가 경영하는 학교가 다수 신설되면서 교육활동이 다양하게 추진되었다. 불교청년당이 경영하였던 서울의 국화여자전문학원(국문과, 문화과), 조양보육사범학교, 해인사에서 관여한 해인대학이 대표적이다. 그밖에도 명성여중(서울), 능인중학(대구), 보문중학(대전), 광동중학(양주), 해동중학(경남), 정광중학(목포), 금정중학(동래), 학산여중(동래), 보광중학(양산), 금산중학(김제), 선혜여중(인천) 등이 신설되었다.

이러한 각처의 학교는 그 지역 사찰과 승려들의 헌신에 힘입었다. 예컨대 광동중학교는 봉선사 및 그 말사 승려들의 헌신과 투철한 정신에 의해 개교되었다. 해방이 되자 봉선사 일대의 승려 20여 명(대표, 이운허)은 1945년 9월 10일 봉선사에서 승려대회를 갖고 인재양성을 위한 교육기관 설립을 결의하였다. 이들은 봉선사·봉녕사·수국사·현등사·흥룡사 등의 사찰 재산(토지 45만평, 임야 1,400여 정보)을 모아 광동중학을 개교하였던 것이다. 정광중학도 교육을 통한 불교 개혁에 이바지하기위해 1946년 3월에 개교하였다. 당시 목포의 일본사찰을 빌려 임시교사로 출발하였지만 전남 각 사찰 대표(백양사·천은사·화엄사·선암사·대흥사)들의 후원에 힘입어 광주로 이전하고 교육을 정상화시켰던 사실에서도 불교계의 교육불사의 진면목을 찾아볼 수 있다. 해방 직후 백양사에서 지역 주민을 위한 한글강습회를 연 것도 민족불교를 지향하는 하나의 방안이었다. 이러한 불교계의 교육을 통한 불교 대중화는 각처에서 자생적으로 일어나 불교의 개혁과 발전의 밑거름이 되었다.

역경과 문화

역경은 해방직후 불교계가 추진해야 할 가장 중점적인 과제로 인식되었다.

1945년 9월의 전국 승려대회에서 역경사업의 추진을 결의하였다. 그리고 1946년 3월에 개최된 제1회 중앙교무회에서도 역시 역경사업이 토의되었다. 이러한 배경에서 1945년 12월 해동역경원(海東譯經院)이 창립되었다. 해동역경원은 창립총회를 갖고 규칙을 제정함과 동시에 조직도 정비하였다. 개회사에서 "우리 불교경전이 우리 문화의 옷으로 갈아입지 못한 것은 우리 자신이 우리 문화에 충실하지 못하고 우리 자신이 우리 경전에 실려가지 못한 탓입니다. 사람은 옷을 갈아입고 사물이 날로 새로워지는 것이 필연입니다."라고 하면서 역경사업을 추진하게 된 역사적 사명을 토로하였다. 그리하여 불교 고문헌의 출판, 포교자료 서적 출판, 현대학자의 불교 저서 출판, 불전 보급 및 선전사업을 주요활동으로 정하였으며 대장경 전부를 번역의 대상으로 삼았다. 원장에는 적음스님, 부원장에 청담·법룡스님, 역경부장에 권상로, 계획부장에 김포광, 출판부장에 안진호스님 등이 선임되었다.

이 해동역경원은 종단 차원에서 최초로 대장경 전부를 번역하고자 했다는 점, 최초로 불교종합 출판을 지향했다는 점에서 역사적 의의가 있다. 한편 김포광은 1947년에 개인적 차원에서 대승경전 가운데 중요한 경전을 묶어『불교요의경(佛敎了義經)』을 간행하기도 하였다.

이 시기의 불교문화는 신문, 잡지, 방송, 출판 등 다양한 분야에서 찾아볼 수 있는데 모두가 불교발전을 위한 노력의 산물이었다. 신문은『불교신보』,『불교공보』,『불교신문』,『대중불교』 등이 있었다.『불교신보』는 불교신보사가 1946년부터 발행한 월간지로서 진보적인 노선을 추구하였다. 1949년 무렵에는 경기교무원이 관여하였으며, 편집인은 김정묵스님과 김해진스님이었다. 그리고『불교공보』는 중앙총무원이 발행하였는데 편집인은 장용서스님이 담당하였다.『불교신문』은 주간지로서 1951년 12월 부산에서 창간하였다. 초창기의 사장은 권상로, 주필은 장용서, 편집국장은 김정묵스님으로서 속간이라고 하여『불교공보』를 계승하였다.『대중불교』는 불교혁신총연맹이 1947년 1월에 창간하였다. 총연맹이 전국불교도총연맹으로 전환되자 총연맹의 선전부에서 계승하여 발행하였는데 편집 겸 발행인은 장상봉스님, 발행처는 선학원이었다. 그밖에 중앙총무원에서 교계의 연락과 정보를 위한 소식지인 『교계통신』을 발간하였다.

불교계에서 발간한 잡지는 『신생』과 이를 계승한 『불교』가 있었다. 『신생』은 1946년 3월 1일에 창간되었는데, 일제시대 조계종의 기관지였던 『불교』를 계승한 것이다. 1946년 11월 제2회 중앙교무회에서 『신생』을 『불교』로 개제하고 교단 기관지로 전환시켰다. 『신생』과 『불교』의 편집겸 발행인은 장도환이 담당하였다. 그리고 동국대생을 중심으로 결성된 조선불교학생동맹의 기관지인 『녹원』도 1947년 2월에 창간되었다. 『녹원』에는 진보적인 교단개혁에 관한 글이 다수 실려있다.

그러나 해방 이후부터 불교정화가 시작되기 이전까지 역경 및 출판활동은 미약했다. 당시에 출판된 서적은 안진호스님의 『사미율의요략』, 『범망경』, 서경보스님의 『불교철학입문』, 『불교입문』, 운허스님의 『사분계본』, 이종욱스님의 『초발심자경문』, 『보조국사법어집』, 김용담스님의 『선가귀감』, 백성욱의 『석가모니와 그 후계자』, 『부처님의 설화』, 고유섭의 『조선탑파의 연구』 등이 있다. 교단에서는 광복기념으로 조선불교총서 발간 계획을 수립하기도 하였다.

5) 한국전쟁과 불교계의 피해

한국전쟁과 불교

6·25전쟁으로 불교계는 큰 피해를 입었다. 적지 않은 사찰이 불타고, 불교계의 주요인물들이 납북되기도 하였다. 3년간의 전쟁이 전개되는 동안 사찰 대부분이 온전히 유지될 수 없었고 그 피해는 집계조차 하기 어려운 것이었다. 또한 사찰에 소장되었던 문화재도 많이 파손되었다.

1920년대의 건봉사

6·25가 발발하자 교단 집행부는 부산의 대각사로 이전하였다. 동국대학도 부산으로 피난을 가서 임시교사를 마련하고 학업을 지속하였다. 한편 일시적으로 서울에는 이북에서 내려온 불교계 인사들에 의하여 남조선불교도연맹이 조직되었다. 이 연맹은 서울시 인민위원회에 등록하였고 약 3개월간 사찰과 승려들을 관리하였다. 연맹은 교단개혁을 통하여 대중불교 실현, 민족통일 완수, 균등사회 건설을 기하려는 노력을 하였으나 그 성과는 주목할 내용이 없었다.

6·25의 혼란속에서 대부분의 승려들은 피난을 떠났다. 간혹 어려움을 무릅쓰고 사찰을 수호한 경우도 있었으나 대개의 사찰은 무방비 상태로 방치되었다. 산속에 있었던 사찰을 군인들이 작전지로 활용한 경우도 있었다. 간혹 북한군이 퇴각하면서 사찰을 불태우기도 하였으며 미군의 전투기에 의해서 피해를 보기도 하였다. 특히 강원도 일대의 사찰은 국군과 유엔군에 의해 포격, 소각, 철거 등이 집중적으로 나타났다. 사찰 전체가 전투시 폭격의 대상이

되어 큰 피해를 보았던 것이다. 사찰의 건물은 말할 것도 없고, 귀중한 문화재 다수가 소실, 손상되었다. 또한 지리산 일대의 사찰은 전쟁 이전부터 이곳을 거점으로 활동한 좌익 게릴라들의 준동으로 큰 피해를 입었다. 당시에는 좌·우익간의 치열한 전투로 승려가 사찰에 거주하지 못했기 때문에 사찰과 문화재가 상당수 손실되었다.

그러나 전쟁의 외중에서 목숨을 걸고 사찰과 소장 문화재를 지킨 승려와 신도들의 행적도 있다. 상원사를 수호한 한암스님의 실례는 그 대표적인 경우이다. 해인사의 팔만대장경을 수호한 김영환조종사의 미담도 찾을 수 있다. 영월의 법흥사에서는 승려와 지역주민 27명이 법흥사 수호를 위한 법흥결사대를 결성하여 북한군과 싸우다가 18명이 집단 처형되기도 하였다. 또한 불교계 지성인이었던 인사 다수가 납북되었는데 허영호·유성갑·백석기·양외득·박봉석·박윤진·장도환 등이 그 대표적인 인물이다.

무엇보다도 6·25전쟁으로 인한 피해는 승풍 및 수행의 기반이 말살된 것이 가장 큰 손실이었다. 수행승들은 전쟁으로 인하여 사찰을 떠나 목숨을 부지할 수밖에 없었기 때문에 최소한의 생활조건도 여의치 않았다. 강원은 모두 문을 닫았으며 선방은 부산 일대에서만 유지되어 수행할 공간이 절대 부족하였다.

농지개혁과 불교

8·15 해방 이후 사회적으로 큰 관심을 불러일으킨 토지개혁은 1949년 6월 21일에 공포된 농지개혁법으로 귀결되었다. 이 법이 제정, 공포되기 이전부터 불교계는 토지개혁을 둘러싸고 교단 집행부와 혁신단체간의 격렬한 논쟁과 대립이 있었다. 즉 기존의 토지를 지키면서 그에 대응하려는 교단의 입장과 토지개혁을 당연시 혹은 시대의 흐름으로 인식한 혁신단체 사이의 갈등을 말한다. 그 대응이 치열하였던 것은 그만큼 당시 불교계의 존립 기반 대부분이 토지와 산림에 의존하였기 때문이다.

이제 문제는 교단의 이원화와 맞물리면서 합일된 대안이 도출되기는 어려운 상황으로 전개되었다. 그러나 혁신단체의 무상몰수, 무상분배 입장은 자체 내에서도 이견이 제기되면서 점차 불교계의 주장은 교단의 입장, 즉 유상몰수 유상분배 쪽으로 정리되었다. 더욱이 정부수립 직전 혁신계열이 위축되면서 그들의 주장은 힘을 잃게 되었다.

그러나 농지개혁법은 농민의 자경을 위주로 한 법이었으므로 사찰은 대부분의 토지를 상실하였다. 이로 인해 사찰은 기본적인 존립 기반을 상실하는 큰 문제점을 안게 되었다. 더욱이 일부 사찰들은 승려의 생계조차 위협받을 지경이었다. 이전부터 교단과 사찰에서 배척을 받았던 수좌들은 이 변화된 구도로 인하여 수행공간 확보와 함께 생존의 고민을 할 수밖에 없었다.

당시 교단도 농지개혁으로 나타난 사찰 존립의 문제를 중요하게 인식하고 해결을 위해 진력하였다. 특히 총무원장 이종욱스님이 문제 해결에 적극적으로 나섰다. 그 해결 방안은 이미 농민에게 제공된 토지의 일부를 사찰로 반환시키는 것이었다. 이승만대통령도 이를 인정하고 1952년 4월과 12월의 국무회의에서 불교계를 지원하는 발언을 하였다. 특히 1953년 5월 4일에는 '사찰을 보호 유지하자'는 담화를 발표하였다. 이러한 배경에 힘입어 1953년 7월에는 농림·내무·문교부 장관의 이름으로 사찰농지의 재사정을 통한 반환 조치의 원칙[28] 이 수립되었다. 그 내용은 사찰내의 승려, 국보 및 천연기념물, 대웅전과 부속건물을 농토 보유의 기준으로 산정하는 것이었다. 이전에는 농지의 자경만을 강조, 유의하였기에 이러한 기준은 전혀 고려되지 않았다. 그러므로 새로운 원칙으로 산정한 보유 농지를 사찰 주변의 매수 분배된 농지에서 반환받는 것이다. 대상 토지는 농지개혁법 이전의 사찰 소유농지, 경작자가 포기를 승낙한 농지, 사찰로부터 2km 이내에 있는 농지였다.

---

28) 이를 '사찰자경농지사정요령'이라 하였는데, 그 기준은 본당(대웅전) 건평(평당) 50평, 부속건물 건평(평당) 30평, 국보(문교부지정) 1점당 500평, 천연기념물(문교부지정) 1점당 300평, 승려 1인당 200평이었다.

　이렇게 해서 사찰은 적지 않은 농지를 소유할 수 있게 되었다. 그러나 이 제도는 관련 농민들의 동의 즉 경작 포기를 전제하고 시행하는 것이었다. 따라서 순조롭게 동의를 받은 사찰도 있었지만 농민들과 갈등을 빚는 곳도 적지않아 소송이 일어나기도 하였다. 또한 지가증권과 문교증권을 자본으로 정부가 주도한 알선 사업에 참여한 불교계의 사업체 상당수가 손실을 입은 것도 농지개혁으로 나타난 부정적인 결과였다. 즉 사찰은 토지에 대한 보상으로 받은 지가증권으로 회사, 공장, 양조장, 극장 등을 경영하였지만 대부분은 실패하고, 때로는 개인적인 목적으로 유용한 경우도 적지 않았다

2. 정화운동과 한국불교 전통의 회복

1) 정화운동의 이념과 배경

정화운동의 이념

1954년 5월에 시작되어 통합종단이 등장한 1962년 4월까지 전개된 불교정화운동은 불교의 근본 정신과 한국불교의 전통을 회복하기 위한 운동이었다. 이 운동으로 인해 일제 식민통치로 야기된 반불교적인 행태와 모순이 사라지고, 한국불교가 나아가야 할 방향과 노선을 찾게 되었다. 이러한 의미를 갖고 있는 불교 정화운동의 이념은 근본불교 정신으로의 회귀와 한국불교 전통의 회복에서 찾을 수 있다.

근본불교와 한국불교 전통에는 계율 준수가 기본적인 원칙이었다. 그런데 개항기 이후 일본불교의 유입과 국권을 상실당하면서 계율 준수의 기본원칙이 심각한 위기에 처하게 되었다. 이것은 일제의 불교정책과 일본불교의 영향에 힘입어 불교의 근대화를 추진하려는 의식이 서로 결합, 상승하면서 나타난 것이었다. 특히 계율 파괴 중 가장 문제가 되었던 것은 승려의 대처, 즉 결혼이었다. 승려의 대처는 계율 파괴에 머무르지 않고 불교계 모순의 근원으로 자리잡았다. 일제하에서 파생된 각종의 폐단 즉 식민지 권력에의 구속, 친일주지의 양산, 사찰 재산의 손실, 사찰공동체 파괴, 행정 실무직 선호 등의 저변에는 승려의 대처가 한 원인으로 자리잡고 있었다.

그리고 승려의 대처는 승려의 청정성을 상실시켰다. 성직자인 승려의 청정성은 기본이자 상식이었지만 승려의 대처는 이러한 원칙을 저버리는 것이었다. 또한 승려의 대처는 사찰의 수행 환경을 낙후시켰다. 일부 사찰에서는 사찰내부에서 속인 생활을 하는 곳도 등장하였다. 그리하여 대처를 당연시하고,

이것이 바른 수행이라는 잘못된 인식이 보편화되어 갔다. 예컨대 음주와 육식은 깨달음에 무방하다는 인식의 파급도 사실은 승려의 대처라는 계율 파괴에서 비롯된 것이었다.

이러한 제반 정황은 한국불교의 전통을 지키면서 수행을 하고 있었던 수좌들에 대한 배척, 수행공간의 폐쇄로 나타났다. 수좌들은 수행처를 찾지 못하고 방황하였으며 선원의 축소와 위축은 당연한 것으로 인식되었다. 일제말기 7,000여 승려 가운데 대처하지 않은 수행 승려는 불과 300~600여 명이라는[29] 속설이 널리 퍼지기도 하였다. 대처로 야기된 승풍의 타락은 승가 전체의 나아갈 방향을 혼미하게 하는 것이었다.

그러므로 정화운동의 이념은 이러한 문제점을 인식하고 모순을 개혁하려는 의식을 지칭하는 것이다. 구체적으로 말하면 비구승 중심의 교단 수립, 수좌와 비구승의 배려, 계율수호, 청정승풍의 회복, 사찰정화, 대처승 배제를 뜻한다. 즉 한국불교의 전통 수립이 정화운동의 이념이었다.

정화운동의 역사적 배경

불교정화운동은 일제하의 식민지 불교와 해방공간의 불교에서부터 역사적 배경을 갖고 있었다. 즉 정화운동은 우연히 일어난 운동이 아니었으며, 이승만 대통령의 '유시'가 정화운동 시작의 전부는 아니었다. 정화운동의 역사적 배경은 일제하에서부터 한국불교의 전통을 수립하여 민족불교로 나아가려는

---

29) 만공스님은 1934년 경 『조선불교』지 기자와의 대담에서 좌선에 정진하는 납자를 300여 명이라고 단언하였다. 또한 1938년에 간행된 봉선사 학인의 기관지인 『홍법우』 창간호에서 참선객은 300명 내외에 불과하다고 지적하였다. 그러나 1934년 12월 선리참구원의 등장 이후 점차적으로 선원 및 수좌가 증가한 것으로 이해된다. 선학원의 1941년 전국선원 방함록에 의하면 하안거 540명, 동안거 482명으로 전하고 있다. 정광호, 『한국불교최근백년사편년』, 인하대출판부, 1999, pp.261~272.

일련의 혼적과 고뇌를 말한다.

일찍이 1919년 11월 중국 상해에서 배포된 '승려독립선언서'에 식민지 불교를 극복하려는 의식이 전하고 있다. 선언서에는 일본불교로 야기된 한국불교의 위기를 극복하기 위해 승려는 일제와 혈전을 감행한다는 내용이 담겨 있다. 여기서 말하는 일본화는 곧 승려의 대처가 포함된 것이라 하겠다. 선학원에서 가시화된 납자들의 자위적 조직체인 선우공제회의 정신도 정화운동의 원동력이었다. 교단 전통을 사수하며 교단의 부패를 정화하겠다는 선학원 창건 정신은 곧 정화운동의 이념이었지만, 선풍진작과 자립자애를 추구한 선우공제회의 정신도 정화운동에 크게 기여하였다. 당시 선학원에서 교단에 청정비구 전용의 사찰 할애와 모범총림의 건설을 요청한 것도 자주적인 정화정신의 발로였다. 이러한 정화정신은 1926년 용성스님의 대처식육 금지를 요청하는 건백서에서 절정에 달하였다. 당시 용성스님과 뜻을 함께 한 승려 127명은 대처가 불교계 모순의 근원임을 지적하고 그 철폐를 강력히 주장하였다. 차선으로는 무처·유처 승려의 구분과 동시에 청정 승려 전용의 사찰 할애도 요구하였다. 그리고 1928년 3월에 개최된 조선불교학인대회에서 불교의 중흥을 위한 계·정·혜의 강조, 그리고 일심, 초심으로의 개혁을 추구하려는 의식이 곧 불교정화의 정신이었다.

일제하에서 수좌들의 이러한 불교정화 정신은 1934년 12월 재단법인 선리참구원의 등장으로 구체화되었다. 전통불교의 수호를 위해 가시화된 선학원은 공고한 기반 구축을 위해 재단법인 선리참구원으로 그 성격을 전환시켰다. 한국불교의 정통 수도승이라는 자부심을 갖고 있었던 수좌들은 한국불교의 정통이 선종에 있다는 현실인식 아래 조선불교선종의 종헌을 선포하였다.[30] 이는 일본 불교와 문명이라는 이름하에 나타난 육식, 음주, 취처, 막행막식, 파

---

30) 당시 출범한 조선불교선종의 간부진은 다음과 같다. 수석종정 만공대선사, 종정 수월대선사, 혜월대선사, 한암대선사, 종무원장 정운봉, 총무부장 김적음, 교무부장 하동산, 재무부장 김남전스님 등이다.

게 잡행으로 청정한 승풍이 무너져가는 현실을 극복하려는 치열한 의식에서
나온 것이다. 곧 불교정화 정신 그 자체였다.

이러한 정신을 기초로 해서 1941년 3월 선학원에서 고승 유교법회(遺敎法
會)가 개최되었다. 청정비구 30여 명이[31] 참가한 법회는 청정승풍 진작과 계율
수호를 위한 행사였다. 행사 종료 후에는 비구승만의 범행단(梵行團)이 조직
되었다. 1942년 선학원에서『경허집』이 간행된 것도 전통불교 수호의 정신에
서 비롯되었다. 이러한 유교법회의 개최와『경허집』간행의 저변에는 곧 불교
정화의 이념이 숨쉬고 있었던 것이다.

그리고 8·15해방 이후 혁신단체에서 강력하게 주장한 교도제의 실현도 사
실은 불교정화의 이념과 다르지 않다. 교도제는 요컨대 부처님의 제자인 승려
와 신도를 교도로 총칭하면서, 승려와 신도간의 업무를 분명하게 나누자는 것
이었다. 그래서 승려는 수계와 수행을 실질적으로 이행하는 대상자로 한정시
키고자 했다. 곧 청정승단을 복구하자는 것이었다. 그런데 당시는 대처승이
절대 다수를 점하였기 때문에 교도제 실행은 거의 불가능한 현실이다. 따라서
당시 교단 집행부 및 기득권을 지닌 대처승들이 강력한 반대의 입장을 취하였
다. 다행히도 이 청정승단의 회복을 수좌, 재가불자, 청년승려, 진보적인 대처
승 등 다양한 계층에서 모두 동의하였다. 이는 청정승단의 복구를 통한 전통
불교의 교단 수립이 절대절명의 과제였음을 확인할 수 있는 것이다.

그러나 청정승단의 복구는 정치, 사회적 현실의 비우호성과 교단 집행부의
비협조로 성사되지 못하였다. 한편 이러한 현실에서 그 대안을 모색하려는 자
생적인 움직임이었던 봉암사 결사, 고불총림, 가야총림 등에서 불교정화를 추
진하기 위한 이념의 기반이 구축되었음은 불행 중 다행이라 아니할 수 없다.

---

31) 법회에 참가한 수좌는 송만공·박한영·이청담·강석주·윤고암·정금오·채응서·
   하동산·국묵담·김적음·이효봉·김자운·이운허·강영명·장석상·김경권·원보
   산·하정광·박석두·남무불·변월주·이화응·김지복·박봉화·민청호·박재운·
   박본공·김청안스님 등이다.

이러한 제반 정황은 곧 정화운동의 계기만 있으면 언제나 불교정화는 가능한 여건이 성숙되었음을 말해준다.

2) 정화운동의 전개

정화운동의 준비

한국 전통불교를 수립하고 식민지 불교의 잔재를 극복하려는 구체적인 움직임은 선학원의 수좌인 대의(大義)스님의 건의서로부터 시작되었다. 스님은 1952년 봄, 불교계 제반 정황의 모순을 담은 건의서를 당시 교정인 만암스님에게 제출하였다. 대의스님의 주장은 다만 몇 개의 사찰이라도 좋으니 수도하기에 적당한 사찰을 골라 수좌들에게 제공해달라는 것이었다. 당시 만암스님은 그의 건의를 수용하는 것에 머무르지 않고 평소 자신이 염두에 두었던 교단정화의 방안도 검토, 반영할 것을 유의하였다. 그 내용은 계명(戒命)의 존속과 이판, 사판의 활용이었다. 즉 고불총림에서 시도하였던 정법중과 호법중의 도입을 말하는 것으로 승단과 사찰 관리의 책임은 전적으로 청정비구 (이판·정법중·독신승)가 담당하고, 대처승은 현실로서 받아들이되 다만 당대에만 인정할 것을 강조하고 있었다.

1952년 가을 통도사에서 개최된 정기 교무회의에서는 만암스님의 의견을 수용하기로 결의하였다. 그 후 1953년 4월 불국사에서 개최된 교단의 법규위원회에서 이 문제가 재차 거론되었다. 통도사에서 결의한 내용의 후속조처를 토의, 결의하기 위한 회의였던 것이다. 이에 법규위원회에서는 수좌전용 사찰 문제에 관하여 기존 교단 집행부에서 제공할 18개[32] 사찰을 정하였다. 그러나

---

32) 자료에 따라 48개 사찰이라고도 한다. 그러나 이는 1954년 6월 이승만의 정화유시 직후 교단 집행부가 수좌측에게 제시한 대상 사찰의 숫자일 가능성이 높다.

18개 사찰로 동화사, 직지사, 보문사, 신륵사, 월정사 등이 발표되자 수좌들은 큰 불만을 갖기에 이르렀다. 삼보사찰이 포함되지 않았고 지리적 위치, 사찰 경제 등의 측면에서 납득할 수 없다는 이유였다.

법규위원회의 결과에 큰 기대를 걸고 있었던 수좌들은 적지 않은 불만을 갖게 되었다. 급진적인 수좌들은 교단을 주도하는 대처승의 제도를 전환시킬 방법을 궁리하였다. 게다가 18개 사찰도 즉시 할애되지 않았기 때문에 문제가 더욱 불거졌다. 일부 선학원 수좌들은 교단 집행부에게 이행 약속을 촉구하였다. 또한 교정인 만암스님도 1953년 가을 재차 이행을 촉구하였다.

그러나 1953년 11월까지 수좌 전용의 사찰 할애라는 한국불교 전통을 회복하기 위한 최소한의 약속은 이행되지 않았다. 대책을 모색하기 위해 선학원에 모인 수좌들은 교단 정비, 대처승 축출, 사찰 정화 등에 관해 논의하였다. 그러나 당시 수좌들은 대처승에 비해 현저한 숫적 열세의 현실을 직시하면서 뚜렷한 대응책을 내놓지 못하였다. 그후 동안거를 맞이한 수좌들은 수행에 전념하기 위해 각처로 흩어졌다. 이제 수좌들의 전통 수립이라는 염원은 차후를 기약할 수밖에 없었다.

1954년 5월 20일 이승만이 불교정화를 촉구하는 '유시'[담화]에서 그 변화의 계기가 비롯되었다. 유시의 요지는 교단과 사찰은 독신 비구승이 담당하여 운영을 하고 대처승은 사찰 밖으로 나가라는 것이었다. 이 유시는 교단 집행부인 대처승들과 불교정화의 기회를 엿보고 있었던 수좌인 비구승들에게 적지 않은 반응을 야기시켰다. 우선 교단의 주도권을 점하고 있었던 대처승들은 6월 20일 중앙교무회를 열어 교정 만암스님이 지시한 내용과 대의스님이 건의한 내용 등을 종합하여 일부를 종헌 개정안에 포함시켰다. 그 요지를 보면 '기존 조선불교에서 조계종으로 개칭', '교헌을 종헌' 으로, '승려의 구성을 수행단과 교화단' 으로 이원화하는 것이었다. 조계종을 내세운 것은 만암스님이 지적한 내용이 반영된 것이었지만 교단의 역사와 정체성을 분명히 하였다는 측면에서는 의미있는 결정이었다. 승려의 구성을 수행단과 교화단으로 이

이승만대통령의 경국사 방문 (1953. 11)

원화한 것은 비구승과 대처승의 존재를 현실로 받아들이겠다는 의지의 산물
이다. 즉 만암스님의 지시와 이승만의 유시에 나타난 문제를 수용하되, 대처
승도 정식 승려임을 확고하게 표방한 것이다. 이러한 종헌 개정과 동시에 비
구승에게 48개 사찰을 할애하겠다는 방침을 세웠다. 사찰 할애는 1953년 불국
사에서 결의한 내용을 재확인하고, 그 대상 사찰의 수를 증가시킨 것으로 이
해된다.

선학원의 비구승들은 이 유시를 정화의 좋은 계기라 간주하고 6월 21일 선
학원에서 불교 정화운동을 추진하기 위한 모임을 결성하였다. 이른바 불교정
화운동 발기위원회였다. 위원장에는 중진 수좌인 금오(金烏)스님이 추대되었
다. 그후 정화운동 발기위원회는 6월 24일 선학원에서 모임을 갖고 정화운동
을 본격적으로 전개할 조직체로서 불교교단정화대책위원회를 출범시켰다.

교단정화대책위원회는 정화의 방향과 노선을 논의하면서 우선 전국 비구
승대회를 개최하여 제반 문제를 토의하고, 그 결과에 따라 대응책을 마련하기
로 하였다. 마침내 8월 25~26일, 선학원에서 전국비구승대표자대회가 개최
되었다. 대회에서는 교단 정화의 방향과 노선을 구체적으로 수립하여 대처승
을 배척하기로 하였다. 이 대회에서는 정화운동을 추진하기 이전의 긴급 사항
을 결의하였다. 그것은 청담스님이 강력 주장한 내용으로 요지는 "비구와 비
구니 절대 동거 금지, 가정 미정리자의 가정과 단절,[33] 승적부 작성, 스승이 퇴
속한 비구의 은사승 경정(更定)" 등이었다.

한편 대회에서는 정화운동을 구체화시키기 위해 종헌을 새롭게 정하기로
하고, 종헌제정위원 9인을 선출하였다.[34] 그리고 정화운동을 일선에서 추진할
추진위원 15명도 선출하였다.

정화운동은 9월 28~29일의 전국비구승대회의 개최로 이어졌다. 이 대회는
비구승대표자대회에서 결의한 종헌 제정 작업이 완료되었으므로 이를 비구승
들에게 보고함과 동시에 교단의 종헌으로 확정시키려는 목적에서 개최되었
다. 대회는 선학원에서 진행되었는데, 146명의 비구승이 참가하였고 여기에
는 교단 책임자인 만암스님도 참가하였다. 대회에서는 종헌을 통과시키고 정
화를 추진하기 위해 교단정리, 도제양성 등에 대하여 토의하였다. 그리고 통
과된 종헌에 의거하여 종회 의원 50명이 선출되었다. 9월 30일에는 마침내 임
시종회가 개최되어 비구승 중심의 종단 간부진이 선출되었다. 종정은 만암,
부종정은 동산, 도총섭은 청담, 아사리는 자운스님이 선출되었다.[35]

이 대회와 종헌에서 나타난 가장 중요한 사실은 기존 대처승들을 승려로 인

---

33) 결혼하였다가 출가한 비구승들이 제대로 호적 정리를 하지 않은 경우가 많았다.
34) 위원은 이효봉 · 하동산 · 정금오 · 이순호 · 박인곡 · 이성철 · 이석호 · 김향곡 · 윤월하
스님 등이다.
35) 그밖에 총무부장은 윤월하, 교무부장은 박인곡, 재무부장은 이법홍스님이었고, 그리고
법규위원 7인, 교육위원 7인, 상벌위원 5인도 선출하였다.

전국비구승대회 (1954. 9. 27), 선학원

정하지 않고 재가불자인 호법중으로 처리하였다는 점과 종조를 태고국사가 아닌 보조국사 지눌로 정했다는 것이다. 대처측이 종조를 태고국사로 모셨다는 점에서 보조 종조론은 대처측과의 차별화를 명확하게 보여주는 것이었다.

이러한 제반 조치는 곧 비구승과 대처승 사이에 교단 정화와 불교계 현안 문제에 대한 인식이 판이하게 달랐음을 말하는 것이다. 그럼에도 불구하고 비구측과 대처측의 대표는 10월 10일 태고사에서 현안 사항을 놓고 대화를 시도하였다. 비구측은 새로 제정한 종헌에서 규정한 바와 같이 대처자는 승려가 될 수 없다는 것과 삼보 및 교단을 담당할 대상자는 계율을 지키는 비구임을 주장하였으며, 대처측은 기존 종헌의 내용인 수행승단과 교화승단의 공존을 주장하였다.

이처럼 비구측과 대처측의 노선과 해결 방안은 서로 달랐고, 각자의 입장을 개진한 성명서를 발표하였다. 그런데 이러한 정황에 또 하나의 변수가 등장하였다. 바로 만암스님이 제기한 환부역조설(換父易祖說)이다. 이는 비구측 종헌에 반영된 보조국사 종조설을 비판한 것으로 그 내용은 정화의 취지는 찬동하나 이행 방법은 동의할 수 없다는 것이었다. 이 문제는 정화운동 노선에 적지 않은 파장을 야기했다. 그 이전까지 정화운동을 찬동하였던 당시 종정인 만암스님의 이탈은 비구측에게 약간의 혼선을 끼쳤다. 11월 3일 선학원에서 제2회 임시종회를 개최하여 동산스님을 새 종정에 추대하고 부종정에 금오, 재무부장에 서운(瑞雲)스님을 선출하는 등 간부진을 새롭게 정비하였다. 이는 정화운동을 추진하기 위한 불가피한 고육지책이었지만, 불법의 대의를 회복하기 위한 수순이기도 하였다.

정화운동의 추진

선학원을 중심으로 전개된 정화운동의 준비는 종헌 제정, 종단 집행부 선임, 기존 교단 집행부와의 대화 시도 등으로 이어졌다. 제반 준비를 마친 비구측은 이제 한층 진전된 정화운동을 추진하였다. 곧 한국불교와 교단을 대표하였던 사찰인 태고사(현 조계사)의 진입으로 구체화하였다. 한편 이를 촉진케한 것은 1954년 11월 4일의 이승만대통령의 제2차 유시였다. 유시는 왜색 종교관을 버리라는 제목으로 발표되었지만 그 요지는 비구측의 정화를 지지하는 것이었다.

이에 비구측은 11월 5일 종권 및 그에 부수된 종무 일체를 양도받기 위해 선학원을 출발하여 태고사로 진입하였다. 이 무렵부터 양측의 갈등, 대립 단계가 점차 폭력의 단계로 전환되어 갔다. 간판 부착을 둘러싸고 양측의 폭력사태가 발생하기도 하였다. 즉 비구측은 태고사 간판을 제거하고 '불교조계종 중앙종무원(佛敎曹溪宗中央宗務院)'과 조계사 간판을 달았다. 종단명을 '불교조계종'이라 칭하고 총본산의 이름도 태고사에서 조계사로 바꾼 것이다. 이는 종단의 명칭이 조계종이므로 총본산도 그에 걸맞게 조계사로 정하자는 취지로 보인다. 또한 고려의 조계종조 보조국사를 종단의 종조로 택하여 대처 측이 주장하는 태고종조설과 여기에 바탕을 둔 태고사에 대한 단절의 의미가 담겨 있다.

이 무렵부터 양측의 갈등은 점차 폭력의 단계로 악화되었고, 이를 계기로 정화 문제는 사회 문제로 급속하게 파급되어 갔다. 사회 여론은 점차 비구측의 입장과 논리를 지지하였다. 당시 대처측은 이러한 정황을 바르게 인식하고 새로운 돌파구를 찾을 수밖에 없었다. 그래서 11월 23일, 종권을 비구승에 이양한다는 원칙하에 종단 집행부의 총사직을 단행하였다. 또한 전국 사찰에 공문을 보내 대처승은 사찰 밖으로 나가라는 조치를 취하였다. 이는 비구측이 강조하는 명분에 대응하기 위한 자위책이었다.

대처측의 이러한 대응은 양측의 대립을 더욱 부채질하였다. 그 직후 대처측은 비구승들에게 조계사 퇴각을 요구하였고 이 와중에서 치열한 폭력사태가 발생하였다. 당시 비구측에서는 대처측의 조치를 현실 모면의 미봉책으로 인식하였다. 그래서 정화운동의 논리를 홍보하기 위한 지방강연단을 파견하기도 하였다.

정화를 향한 가두행진 (1954. 12. 13)

혼미에 빠진 정화운동의 돌파구를 찾기 위한 대책으로 12월 7~13일에 조계사에서 전국승니대회를 열었다. 전국 각처에서 올라온 440여 명의 비구와 비구니들은 대회에서 정화 원칙을 재확인, 다짐하였다. 이러한 가운데 불교정화의 문제를 해결하려고 문교부가 개입하여 비구, 대처 양측의 대화가 12월 17일에 시도되었지만 이전의 주장에서 바뀐 것은 전혀 없었다. 얼마 후 이승만대통령은 재차 유시를 발표하여 대처승은 물러가고 순리에 따라 해결하라고 당부하였다. 동시에 문교부에서도 정화 추진의 방법에 구체적으로 개입하기 시작하여 양측을 타협시키기 위한 중재안을 마련하였다.

비구측은 문교부의 중재안에 접하면서 약간의 사항에서 조율을 하였지만 기본원칙은 일절 수정하지 않았다. 약간의 조율 대상은 종조 문제로서, 이는 당분간 문제삼지 않고 후일 전문학자의 고증을 들어 처리하기로 하였다. 그러나 여타의 문제인 대처승의 승려자격 배제, 비구승이 제정한 종헌의 고수, 비구승의 종권 전담 등은 양보하지 않았다.

이러한 가운데 정화운동은 1955년 1월을 맞이하였다. 문교부의 중재가 효과를 보지 못하는 가운데, 새로운 중재안인 불교정화대책위원회가 가동되었

정화운동의 주역들 (1955. 8. 24), 조계사

다. 이 위원회는 문교부가 중재를 하되 양측 진영의 자율로 진행되는 회의체
였다. 당시 비구측 대표는 효봉·인암·청담·월하·경산스님이었고 대처측
대표는 권상로·임석진·이화응·김상호·송병영스님 등이었다. 각 측의 대
표는 정화 문제를 둘러싸고 논의를 거듭한 가운데 1955년 2월 4일 마침내 합
의를 도출하였다. 양측의 가장 긴요한 관심사이자 정화운동의 최대 변수였던
승려의 자격문제에 관한 사항이었다. 이 승려자격 8대 원칙의 합의는 정화운
동이 등장한 이래 가장 논란이 많았던 난제를 해결한 것이었다.[36] 8대 원칙은
"독신·삭발염의·수도·20세 이상·불주초육·불범사바라이(불살생·불
투도·불사음·불망어)·비불구자·3년 이상 승단생활을 해온 자" 등이었
다. 이 원칙은 그간 비구측에서 주장한 내용을 대부분 수용한 것이다. 이제 문
제는 자격을 갖춘 대상 승려들을 조사하고, 이들을 중심으로 정화운동을 추진
하면 되는 것이었다.

그러나 대처측은 승려자격 원칙을 합의하였다가 다시 반대 입장으로 돌아
섰다. 이로 인해 정상적으로 진행될 예정이었던 정화운동은 일시적으로 중단
되었다. 이러한 상황에 직면하여 문교부는 양측의 재타협을 종용하였다.

비구측은 재타협의 불가능함을 지적하며 양측이 합의한 승려자격을 갖춘
대상자 조사를 정부에서 실시할 것을 강력히 촉구하였다. 정부는 일단 자격
심사를 진행하였으며, 그 결과 전국의 승려 가운데 승려자격 8대 원칙에 부합
한 승려는 1,189명이라고 발표하였다. 비구측은 이들 모두가 참가하는 전국승
려대회를 통해 문제를 해결할 예정이었다. 그러나 문교부는 재차 대처측과의
합의를 통한 승려대회를 요구하였다. 대처측은 승려자격 합의 자체를 철회하
고 대처승을 교화승으로 인정하라는 주장을 견지하였으므로 양측이 합의한

36) 당시 대처측은 대처승을 교화승으로 인정해야 한다는 기존 입장을 강조하였으며, 그 위
원회에서도 승려의 정의를 "삭발하고 가사를 입고 출가한 위의를 갖춘자, 몸은 비록 세
무(世務)를 경영할지라도 마음으로 불법을 생각하는 자"라고 하였다.

승려대회는 성사될 수 없었다.

이러한 사태에 직면한 정부는 정화에 대한 정부의 입장을 개진하였다. 1955년 5월 9일자의 내무, 문교부 장관 명의의 공문은 '대한불교정화에 관한 건'이었다. 정화 추진의 대강과 그 실시 방법이 요약되어 있는데 승려자격 8대 원칙에 해당되는 승려들을 중심으로 6월 30일까지 사찰정화를 실시하되, 그 구체적인 사항은 양측이 참여하는 사찰정화대책위원회를 통하여 해결하라는 것이었다. 또한 대처승은 사찰밖으로 나가야 한다는 원칙을 분명히 하였다. 다만 독신 비구승이 부족하여 주지를 임명하지 못하면 신도 및 연고있는 속인도 임시 주지를 맡을 수 있도록 하였다. 이 조치는 대처승을 고려한 것으로 보인다.

한편 6월에는 범어사의 지효(智曉)스님이 정화의 성취를 위해 조계사 법당에서 할복·순교를 시도하는 등 숱한 우여곡절이 있었다. 이후 1955년 7월 13일 문교부에서 제1차 사찰정화대책위원회가 개최되었다. 비구·대처 양측의 대표 각 5인이 참가하였는데 비구측은 금오·효봉·청담·월하·경산스님이었으며, 대처측은 김상호·정봉모·이화응·국묵담·박대륜스님이었다. 1차 위원회에서는 회의 운영방침을 정하였다. 이후 양측간의 격론과 주장이 엇갈리는 가운데 3일간에 걸쳐 세 차례의 회의가 계속되었다. 논란의 핵심은 종회의원 선거를 위한 전국승려대회의 개최 문제였다.

회의가 공전되자 비구측은 8월 1일 전국에서 운집한 비구승 800여 명이 참여하여 전국승려대회를 강행하였다. 그러나 당국의 반대에 부딪치자 이튿날인 8월 2일부터 본격적으로 대회를 진행하여 종회의원 선출, 종헌 수정, 신규 주지 임명 등을 결정하였다. 이 사태는 정부로서도 당혹스러운 일이었다.

그렇지만 당시 정부는 대처승의 배제와 비구승 중심의 교단 재건에 동의하고 강력한 실천의지를 천명하였으므로 사찰정화대책위원회의 재개최를 통한 전국승려대회 합법성 획득에 나서게 되었다. 요컨대 승려대회의 적법성을 얻고 그를 통하여 비구승단의 재건을 도모한다는 것이었다. 정부의 사전 준비아래 제5차 사찰정화대책위원회가 8월 11일 체신청 회의실에서 개최되었다. 위원회는 대처측 위원인 국묵담스님이 불참하고 나머지 9명이 참가하였다. 회의의 주된 요지는 전국승려대회 개최에 대한 찬반 투표였다. 대처측의 이의 제기와 반발이 있었지만 표결로 진행되어 7:1로 가결 처리되었다.

마침내 역사적인 전국승려대회가 합법적으로 개최될 수 있는 기반이 마련되었다. 불교정화운동이 가시화된 지 1년 여의 기간만에 달성한 성과였다. 이제 비구, 대처 양측이 인정한 승려자격을 갖춘 승려 전체가 참여한 가운데 불교정화의 제반 문제를 직접 토의, 해결할 수 있는 여건이 마련된 것이었다. 정부가 중재, 화해 시도 등 갖은 난관을 무릅쓰고 내놓은 대안을 비구측이 수용한 결과였다. 이는 승려대회가 완전한 합법성을 갖추었음을 말하는 것이다. 이로써 불교 정화운동은 적법성과, 정통성을 지니고 준비에 박차를 가할 수 있게 되었던 것이다.

1955년 전국승려대회의 개최와 전통 회복

1955년 8월 12~13일, 불교 정화운동의 기념비적인 전국승려대회가 조계사에서 개최되었다. 비구측이 주도한 승려대회는 8월 2~5일에 이미 개최되었지만 대회의 합법성과 정부의 미승인이라는 문제가 제기되었다. 따라서 8월 11일 사찰정화대책위원회를 재개최하여 적법성을 마련하였던 것이다.

마침내 전국 각 사찰에서 올라온 800여 비구승들은 역사적인 대회에서 정화운동을 완수하겠다는 의식을 갖고 참여하였다. 8월 12일 오후에는 종회의원 56명 선출, 중앙간부 선출, 종헌 수정안 통과 등이 진행되었다. 종정은 석우(石友), 총무원장은 청담, 총무부장 서운, 교무부장 소천, 재무부장 영암, 감찰원장 금오스님 등이 당선되었다.

8월 13일 대회는 다시 속개되어 각도 종회의원, 각도 종무원 간부, 전국 623개 사찰의 주지 등 인선을 마무리지었다. 이틀간의 승려대회를 마친 비구승들은 이후의 제반 문제를 논의하고, 그 이행을 위한 대책마련에 착수하였다. 무엇보다도 종단의 사무인계를 받는 것과 각처 사찰 주지의 부임이 시급했다.

그런데 이는 당시 정부(문교부)에서 인가가 있어야 가능한 일이었다. 이에 새롭게 출범한 비구승 종단은 중앙간부 명단과 전국의 사찰 중 1차로 해인사, 통도사, 송광사, 범어사, 개운사, 봉은사, 봉선사, 용주사, 전등사 등의 19개 사찰 주지의 명단을 정부에 제출하였다. 그 후 19개 사찰은 비구승이 접수하였으며, 각 도의 종무행정을 담당하는 종무원도 비구승들에게 인계되었다. 당시 대처측도 일부 대처승들이 비협조적이었지만 대체로 수긍하는 입장이어서 큰 불상사는 없었다.

이로써 승려대회를 통하여 추진된 정화운동은 일단락되었다. 정화운동은 당초 목표한 비구승 중심의 종단 재건, 대처승 배제, 사찰 정화, 한국불교 전통의 회복 등을 달성하였다. 이것은 무엇보다도 비구승들이 주장한 불교 정화운동이 당시의 공권력, 언론, 일반 사회 등 다양한 계층에게서 절대적인 지지에 힘입은 결과였다. 그러나 정화운동의 과정에는 부정적인 요인이 있었음을 부인할 수 없다. 예컨대 공권력에 의존하여 불교적인 방법이 미흡하였고, 불교계 자체의 역량을 소모했다는 점 등이었다. 이러한 부정적인 요인은 정화운동의 지속, 혹은 불교계의 자기 정체성 확보를 통하여 사회와 민족의 과제 해결에 동참하는 부단한 헌신을 통해 보충되어야 하는 것이었다.

요컨대 전국승려대회는 정화운동 추진의 최대 난관을 넘게 한 역사적인 사건이었으며 청정 승단이 성립될 단초를 마련한 정화운동의 분수령이었다. 이렇게 하여 일제하에서 시작된 불교 정화운동은 숱한 난관과 우여곡절을 극복하고 마침내 1955년 8월의 전국승려대회를 기점으로 성사되었다. 비록 여러 측면에서는 미진한 점이 적지 않았지만 대의명분에서는 성공한 운동이었다.

이후에 나타난 비구승들의 제반 행적은 곧 한국불교 전통의 회복을 지향하는 것이었다. 그것은 청정 승단의 재건, 사찰정화, 계율 준수, 대승불교 수호, 민족불교 지향 등을 수립하기 위한 고뇌이자, 쟁취하기 위한 몸부림이었다. 한국불교 전통은 이처럼 다양한 양상을 갖고 있었고, 그것은 곧 불교 본연의 길을 가는 것이었다. 또한 정화운동은 불교의 근본 행로를 올곧게 걸어가려는

전국승니대회(1955. 8 3), 조계사

것이었으므로 근본불교적인 성향을 띠게 되었다.

　이러한 견지에서 볼 때 1955년 8월 승려대회를 통하여 청정 승단이 복구되고, 이를 당시 사회에서 공인받았다는 것은 한국불교의 전통을 회복, 계승하였음을 의미한다. 그러나 전통의 계승은 당위와 명분으로 세워지는 것이 아니라 자기 정체성으로 수용하고 구체적으로 실천하려는 노력에서 나타나는 것이다. 승려대회에서 비구승 중심의 종단이 복구되고, 당시 사회에서 후원받았다 하여도 그것은 하나의 출발에 불과하다. 승려대회 이후 종단이 갖고 있었던 역사적 과제의 실천과 지속적으로 추진할 불교정화의 내용에 따라 한국불교의 전통 회복은 명실상부하게 달성될 수 있기 때문이었다.

3) 4 · 19와 정화운동

　1956년 이후 비구, 대처 양측이 제기한 소송은 80여 건에 달하고 있었다. 더욱이 사찰 재산이 소송 비용으로 남용되는 등, 사찰 관리권 보호 및 쟁취에 막

대한 재정이 투입되면서 사찰 환경은 극도로 황폐화되어 갔다. 또한 사찰에 보관되어 있던 귀중한 문화재에 대한 관리 소홀로 인해 상당수의 국보, 보물, 전적 등이 유실되었다. 그리고 사찰의 관리권 확보를 위한 과정에서 폭력 사태가 빈번하게 발생하여 불교의 위상을 손상시키는 일까지 발생하였다.

정화 추진에 부수되었던 소송비의 지속과 증대, 거기에 따른 불교재산 망실 등은 정화운동의 부정적 결과로 남게 되었다. 정화운동을 통하여 불교 발전을 기해야 함에도 불구하고 결과는 불교의 위상 추락으로도 비추어질 수 있는 것이었다. 정화운동이 단순한 사찰 주도권의 쟁탈로 왜곡되는 측면도 있었다. 더욱이 수행 풍토의 파탄과 비례하여 불교의 포교는 뒷걸음질하였던 것이다.

정화운동으로 비구승 중심의 종단을 수립한 조계종단은 4·19혁명으로 인하여 일시적으로 혼란과 위기에 처하였다. 정화운동을 후원하였던 이승만이 4·19혁명의 전개 과정에서 대통령직을 사임하였기 때문이다. 대처측은 이를 계기로 종권을 재장악하기 위해 총력을 기울였다. 대처측은 지금껏 수세에 몰렸던 입장을 반전시키기 위한 노력을 다각도로 추진하였다. 그들의 입장은 이승만의 유시는 불법(不法)이었고, 그 불법에 의거한 정화운동은 정당하지 못했다는 것이다. 대처측은 1961년 6월 9일 청련사에서 모임을 갖고 비구측 종단을 '관제불교 단체'로 규정하였으며, 정화운동 이전으로 제반 사태를 환원시키고 종권을 수복할 것을 주장하였다.

그리하여 전국의 사찰에서는 대처측 인사가 사찰의 관리권을 회복하기 위한 폭력 및 점거 사태가 일어났다. 당시 대처측에 의하여 점거된, 혹은 점거 기도 사건이 일어났던 사찰은 조계사·범어사·대각사(부산)·불국사·동화사·표충사·법주사·화엄사·천은사·선암사·쌍계사·통도사·갑사 등이었다.

이러한 가운데 비구측은 종단의 비상사태를 선언하고 비상대책위원회를 구성하였다. 6월 16일에 개최된 중앙종회에서는 대처측 인사를 수용하기 위해 종단 구조를 전환시켰다. 종회를 상하 양원체제로 구분했는데, 상원은 출가대중으로 하원은 재가대중으로 구성하도록 하였다. 또한 지방의 수사찰에 종무행정권과 인사권 등을 이양시키는 조치도 취하였다. 한편 대처측 인사는 1960년 7월 15일 서울지방법원에 조계종단의 종정, 총무원장, 3부장, 조계사 주지 등의 직무를 정지시키고 비구측의 조계사 출입 금지를 요청하는 가처분 신청을 하였다. 이는 변화된 정치 현실을 이용하여 종권 장악의 돌파구를 마련하려는 의도에서 나온 것이다. 그러나 가처분 신청은 8월 7일 서울 지방법원에서 기각되었다.

당시 종단을 주도하였던 비구측과 대처측간의 핵심적인 법적 소송은 대법원에 계류중이었다. 1심은 대처측이 승소하고 2심은 비구승이 승소한 후 판결을 기다리는 상태에서 4·19혁명이 일어났던 것이다. 당시 비구측에서는 정상적으로 진행하고 있는 정화운동의 물줄기를 대법원의 최종 판결에서 확정받기를 기대하였다. 그리고 한편으로는 판결이 급변하는 정치 현실로 인해 영향받을 것도 대비하였다.

1960년 11월 19일, 비구측 승려 800여 명은 조계사에서 제2회 전국승려대회를 개최하였다. 이 대회는 11월 24일 예정의 대법원 판결 이전에 정화의 타당성을 구현하고, 불법대의를 수호하겠다는 의지를 과시하기 위한 대회였다.

비구측 승려와 신도들은 정화불사를 완수하겠다는 의지를 과시하며 서울 시내 시가행진도 하였다. 당시 비구승들은 '불법에 대처승 없다', '재판으로 대처승 만들지 말라' 등과 같은 내용의 현수막을 들고 시가행진을 하면서 정화운동의 홍보에 주력하였다.

1960년 11월 24일 대법원에서는 대처측이 상소한 1955년 8월의 승려대회 '결의무효 확인청구 항소 사건'에 관한 판결이 있었다. 그 요지는 원판결(비구승 승소)을 파기하고 서울고등법원으로 환송한다는 것이었다. 사실 이 판결은 어느 일방의 승리를 결정한 것이 아니었다. 그러나 판결에서 확정 승소를 기대한 비구측은 불만을 가질 수 있는 것이었다.

따라서 판결에 이의를 제기한 성준·월탄스님 등 6명이 대법원장실에서 항

정화운동 홍보 시가행진 (1960. 11. 19)

의하는 소동이 벌어졌다. 대법원에서의 항의가 원만하게 이루어지지 않자 비
구승들은 불교정화를 위해 할복·순교하겠다는 결의를 표명하는 등 사건은
걷잡을 수 없이 악화되었다. 이 소식을 들은 비구측의 승려와 신도 수 백명이
대법원에 운집하는 비상 사태가 발생하였다.

　사태 직후 조계종단은 정화운동을 지속하기 위한 불교정화대책위원회를
구성하고 대응책 마련에 부심하였다. 그리고 1960년 11월 15일 대각회에서는
불교분쟁 수습 공청회를 개최하여 여론을 청취하였다. 공청회에는 비구, 대처
측 인사가 함께 참여하여 입장을 개진하였다. 1961년 3월 조계종 전국신도회
에는 전국대의원대회를 개최하여 정화과업 완수와 교단재건을 촉구하는 건의
서를 종단에 제출하였다. 이는 대처측과의 갈등에 앞서 비구측 종단 내부에서
부터 불교의 근본정신과 합리적 제도에 입각한 교단운영을 기하자는 내용이
었다. 신도회의 이러한 주장은 종단이 결정한 상하 양원제의 조속한 시행을
통해 종단의 활성화를 도모하려는 의도에서 나온 것이다. 그러나 단순한 양원

제의 시행보다는 종권을 영도권과 운영권으로 나누어 승려는 영도권을 전담하고 신도는 운영권을 전담하자는 진보적인 대안이었다.

이렇게 4·19혁명 이후 정화운동은 일시적으로 난관에 봉착했지만 비구승 중심의 종단은 지속되었다. 물론 4·19 이후 조계종단은 대처측의 위세, 급변하는 정치적 파장 등으로 인하여 노선 정립에 어려움을 겪었다. 대처측 인사와 신도들을 대승적으로 포섭하기 위한 종회의 양원제 시행을 단행하기도 하였지만, 상호 이해 부재, 시간의 부족함 등으로 인해 가시적인 성과는 맺지 못하였다. 더욱이 이러한 분위기가 조성되던 과정에서 5·16쿠데타가 발발하여 정화운동은 대대적인 변화를 맞게 되었다.

4) 교육과 수행

1945년 해방과 더불어 불교계의 갈등과 정화운동, 6·25 등으로 인한 사회적 혼란으로 1950년대 중반 모든 강원은 문을 닫게 되었다. 다만 일부의 강사들에 의해 개별적으로 전통교육이 이루어지는 것으로 만족해야 했다. 이후 1955년 해인사 법보강원이 복원되는데, 이때부터 용주사, 통도사 강원 등에서 전통강원이 새롭게 문을 열어 학인들을 배출하기 시작했다. 그러나 전반적인 강원교육은 침체되어 있었다. 당시 운허(耘虛), 관응(觀應), 대은(大隱), 명봉(明峰) 스님이 전통 강원교육의 명맥을 간신히 이어 나갔을 뿐이다.

해인사 강원이 다시 복원되기까지는 운허스님의 공헌이 지대하였다. 스님은 봉선사에서 주석하면서 학인들을 교육시키다가 1950년경 6·25가 발발하면서 해인사, 통도사 등에서 후진 양성에 힘썼다. 특히 1950년초 해인사에 강원이 없을 때에도 지관(智冠)·월운(月雲)·홍법(弘法)스님을 전통 강원교육에 따라 철저하게 교육시킨 것으로 유명하다.

1955년 이후 강원의 학제는 일정하지 않았다. 전통적으로 10년 혹은 11년

되는 강원교육은 전강을 받으려는 소수의 학인들에게만 적용되었고 대부분은
강원의 여건에 따라서 임의로웠다.

한편 6·25의 발발로 봉암사 결사, 가야총림, 고불총림이 와해되었지만 오
도를 향한 납자들의 수행정진은 계속되었다. 범어사 선원에는 피난온 납자들
로 가득해 결제, 해제없이 많은 대중들의 정진이 이어졌다. 경허스님의 3대제
자 중 한분으로 꼽히던 혜월(慧月)스님의 주석처 부산 선암사(仙巖寺) 소림선
원에서도 납자들이 가득하여 수행의 열기가 뜨거웠다. 역시 부산의 묘관음사
에서는 성철스님이 생식하며 장좌불와에 들었고 효봉스님은 통영 용화사(龍
華寺)에 동방제일선원(東方第一禪院)을 짓고 가야총림에서 함께 피난온 대중
들과 정진하였다. 이때 함께 정진했던 대중이 구산(九山)·법정(法頂)·일초
(一超:고은)스님 등이다.

한편 오대산 상원사에는 한암스님이 동구불출하며 수행하고 있었다. 당시
상원사가 적군들의 은거지로 이용될 것을 우려하여 국군들이 불태우려 하자
목숨을 걸고 절과 선원을 지켰다. 한 국군 장교가 상원사를 소각하려는 순간,
한암스님은 가사 장삼을 입고 법당으로 들어가 불상 앞에서 정좌한 뒤 "이제
불을 지르시오." 라고 말했다. 그리고는 "그대가 장군의 부하라면, 나는 불제
자, 곧 부처님의 부하, 어찌 깨닫지 못할까. 그대가 장군의 명령을 따르듯이 나
는 부처님의 명령에 따라야 한다는 것을……" 라고 하였다. 이에 감복한 장교
는 법당의 문짝만을 떼어내게 하여 소각하고 돌아갔다. 이러한 스님의 투철한
위법망구(爲法忘軀) 정신으로 월정사를 비롯해 산내 암자들이 모두 소각되는
상황에서도 상원사만은 화를 면할 수 있었던 것이다.

스님은 1951년 3월 22일 좌탈입망(坐脫入亡)한 모습으로 선상에서 발견되
었다. 1926년 오대산으로 들어간 이후 평생 동안 그곳을 떠나지 않고 수행정
진하다 좌탈입망한 모습으로 시간과 공간의 경계를 훌쩍 넘어간 것이다. 스님
은 1929년 조선불교 선교양종의 교정, 1935년 조선불교 선종의 종정, 1941년
조선불교조계종 초대 종정, 1948년에는 조선불교 제2대 교정을 역임하였다.

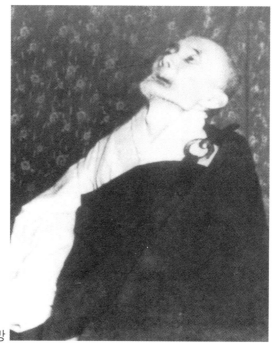

한암스님의 좌탈입망

　이렇게 6·25의 비극적 상황에서도 덕 높은 고승과 수행자들의 정진속에서 조계종도는 물론 우리 민족은 하나의 정신적 희망을 찾을 수 있었다. 이러한 수행 가풍은 이후에도 계속 이어지는데 성철스님은 1955년 파계사 성전암(聖殿庵)에서 10년간 동구불출한 채 장좌불와하며 정진에 매진하였고, 1957년 이후부터 석남사 정수선원(正受禪院)을 비롯해 산청 대원사 선원, 동화사 부도암선원(浮屠庵禪院) 등의 비구니 선원을 잇달아 개원하여 비구니 수행 가풍의 한 획을 긋게 되었다. 서울에서는 정화불사의 혼란이 이어졌지만 지방의 조그마한 암자나 사찰에서는 오도를 향한 정진의 발걸음이 묵묵히 전개되었던 것이다.

　한편 정화가 시작된 이후에도 안진호스님의 역경활동은 단연 두드러졌다. 스님은 『묘법연화경』, 『지장경』, 『목련경』, 『현토주해지장경』, 『능엄경』 등을 펴냈다. 운허스님도 『역경용어집』을 비롯하여 『사분계본(四分戒本)』, 『수능엄경』, 『범망경』, 『사분비구니계본』을 번역하여 역경과 율장 번역에 공헌하였다. 이렇게 번역된 율장은 자운(慈雲)스님에 의해 전국에 보급되어 지계운동(持戒運動)을 통해 청정 승풍을 진작시켜 나갔다. 이같은 자운스님의 지계운동은 불교정화운동의 지계사상 고취로 연결되어 조계종단과 타종단의 승려, 또는 신도와의 차별화를 짓는 효과를 거두었다. 지관스님의 『치문사기(緇門私記)』와 김잉석(金仍石)의 『화엄개론』도 당시에 편찬되어 강원교육에 많은 도움을 주었다. 이밖에 김동화의 『불교개론』, 『삼국시대의 불교사상』, 광덕스님의 『선관책진』, 서경보스님의 『예수교와 불교』, 『내가 본 세계불교』 등 여러 불교학승 및 학자로부터 단행본이 역경 및 출판되어 불교사상를 보급해 나갔다. 그러나 1960년까지의 불교출판은 출판량도 적었을 뿐더러 독송용 경전이나 의식집이 대다수를 차지하는 형편이어서 일반 불자에게 불교를 제대로 알리는 데는 한계가 있었다.

IV. 대한불교조계종의 성립과 발전
(1962 ~ 2000)

1. 대한불교조계종의 출범과 시련

1) 대한불교조계종의 성립

5·16과 정화운동

1961년 5월 16일의 군부쿠테타는 불교정화운동의 완결과 통합종단 등장에 결정적인 계기를 제공하였다. 정화운동이 일단락된 1955년 8월의 전국승려대회를 기점으로 등장한 비구 중심의 조계종단이 4·19혁명으로 인한 종단의 혼미를 극복하는 도중에 5·16쿠데타가 일어났다. 5·16으로 인해 통합종단이 등장하였으므로 정화운동사에서 그 의미는 각별하다.

5·16이 발발하자 조계종단은 임시종회를 개최하여 대응책을 모색하였다. 종회 결과 종단은 군부의 혁명과업에 협조하고 불교정화를 완수하자는데 의견을 모았다. 나아가서 5·16과 불교정화는 지향하는 목적이 동일하다는 인식을 갖고 혁명정부에 정화 촉진을 위한 건의서를 제출하였다.

5·16으로 등장한 군부정권은 국가재건을 기치로 사회 각 분야의 혁명을 주도하였다. 그런데 군부정권은 이전의 불교정화를 '분규'로 인식하고, 비구·대처 양측을 동등하게 대우하려는 방침을 갖고 있었다. 이는 비구측이 주도하는 조계종단의 위기를 예고하는 것이었다. 군사정권의 방침은 종교단체심의회의 설치와 불교재건위원회의 구성에서 분명히 드러나고 있었다. 재건위원회에는 비구·대처 양측의 위원이 참가하고, 문교부의 추진방침에 동의한다는 종정의 각서를 요구하였다. 이와 같은 군사정권의 정책은 종교단체 등록과 맞물려 있었다. 종교단체 등록은 당시 군사정권이 의도한 사회단체의 통합과 양성화에서 출발하였는데, 비구·대처 양측은 이러한 시책에 저항할 형편이 아니었다.

정화를 논의하는 비구 · 대처 대표 (1962. 1. 22)

　마침내 비구 · 대처 양측은 단체 등록을 신청하기에 이르렀으며, 이를 이용하여 군사정권은 비구 · 대처 양측을 하나의 종교단체로 통합시킬 명분을 구축하였다. 그것이 곧 불교재건위원회의 가동으로 나타났다. 그러나 이같은 방식은 대처승의 존재를 인정하는 것이므로 종단에서는 강력한 이의를 제기하였다. 종단은 1961년 9월 16일 제19회 임시종회를 개최하여 대응책을 논의하였다. 이에 문교부의 의도에 따르지 않고, 종단의 입장을 8개 항으로 정리하여 불교정화의 당위성을 개진하기로 하였다. 그것은 대처승을 승려로 인정할 수 없으며 불교정화를 배척하는 정부의 인식을 비판하는 내용이었다. 그 구체적인 방안으로 조계종단은 불교정화추진위원회를 구성하여 정화운동을 위한 다각적인 대응을 강구하였다.

　이같은 조계종단의 반발로 군사정권, 즉 문교부의 구도는 즉시 이행될 수 없었다. 그러자 군사정권도 기존 방침을 일부 수정하여 문제 해결에 나섰다. 국가재건최고회의 의장 박정희가 담화를 발표하여 불교계의 반성을 촉구하고 조속한 문제 해결을 요구하였다. 한편 담화문의 발표에 즈음하여 군사정권이 내놓은 조치는 불교정화와 관련된 대법원의 소송 중지와 국무회의에서 통과된 불교재건위원회의 조례였다. 이는 정화 문제를 해결하려는 군사정권의 의지를 읽을 수 있는 내용이다. 특히 불교재건위원회의 조례는 정화운동의 이념과 방향을 가늠한다는 점에서 중요한 것이었다. 조례의 내용은 정화운동 시작 이전에 승적을 갖고 있던 자 중에서 비구·대처 양측 대표 5명씩을 선발하고 문교부가 임명하는 사회 대표 3명이 함께 위원회를 구성하여 동회 구성 후 1개월 이내에 재건 비상총회를 구성하여 일체의 분규를 해소한다는 것이다.

대처측은 이 방안에 찬동하였으나, 비구측은 일부 내용을 수정해야 한다는 의견을 정부에 제출하였다. 즉 승려의 자격문제에 이의를 제기하면서 정부의 방침을 수용하지 않았다. 그러나 당시 조계종단으로서도 정부의 구도에 어느 정도는 참여하지 않을 수 없었다. 그리하여 1962년 1월 9일에 개최한 제7회 종회에서는 그 대응 방향을 놓고 치열한 논쟁을 전개하였다. 그 결과 불교재건위원회의 운영에 "불교 교리와 교법에 의거한 전통성과 적법성이 인정 되어야 한다"는 조건을 제시하는 선에서 입장을 조율하였다. 이같은 비구측의 입장은 한국불교의 전통과 정통을 수호하겠다는 의지의 산물이라 하겠다.

한편 당시 군부내에서는 비구측 중심의 불교정화가 이루어져야 한다는 의견이 제기되기도 하였다. 이러한 가운데 1962년 1월 13일 박정희최고의장이 다시 담화를 발표하였다. 문제 해결을 자율적으로 기해야 하며 정부가 제시한 방안이 이행되지 않으면 묵과하지 않겠다는 통첩이었다.

그리하여 비구·대처 양측은 문교부가 제시한 불교재건위원회의 방침을 수용하였다. 문교부는 기존의 방침을 수정하는 등 유화적인 노선을 추진하였다. 1962년 1월 18일 양측은 문교부에서 재건위원회 개최를 위한 예비회담을 개최하였다. 여기서 양측은 기존의 주장을 완전히 철회하고 새로운 불교재건위원회의 조례를 제정하였다. 양측 대표 각 5인과 문교부 대표 1인으로 위원회를 구성하며, 불교정화에 관련된 모든 것은 위원회에서 협의하기로 하였다.

마침내 1962년 1월 22일 중앙공보관에서 불교재건위원회의 결성식이 거행되었다. 당시 회의에 참가한 비구측 대표는 원허·청담·추담·경산·행원스님이었으며 대처측은 조용명·안흥덕·이남채·박승룡·황성기스님 등이었다. 회의에서 양측 종정(동산, 국성우)이 선서를 하였는데 그 내용은 불교를 재건하고, 통일된 종단을 설립하기 위한 불교재건위원회의 활동에 전적으로 동의한다는 것이었다. 이로써 불교정화운동은 불교재건위원회를 통하여 거듭날 수 있는 새로운 터전을 마련하였던 것이다.

통합종단의 성립

불교정화운동을 재추진하기 위한 불교재건위원회는 4차례의 위원회를 갖고 통합종단의 기틀을 마련하였다. 1962년 1월 22일에 개최한 제1차 위원회에서는 재건위원회 운영 세칙(14조)을 정하고, 참가 위원의 분과 배치 및 각 분과위원장을 선출하였다. 1월 25일 제2차 위원회에서는 재건위원회의 공약을 정함과 동시에 운영계획서를 확정하였다. 그리고 1월 29일의 제3차 위원회에서는 재건비상종회의 회칙을 정하였다. 이 회칙은 통합종단을 탄생시킨 재건비상종회의 운영 전반에 대한 규정으로 총칙·조직·임무·기구·사무분장·회계·부칙 등 전문 22조로 구성되었다. 그리고 1월 31일의 제4차 위원회에서는 재건비상종회 의원을 선출하였다. 그 결과 양측의 대표로 각 15명을 선출하였는데, 이들은 통합종단의 기초를 마련할 막중한 임무를 띠게 되었다.

이러한 과정을 거쳐 선출한 조계종단(비구측) 대표는 청담·추담·경산·행원·정영·동일·능가·월산·녹원·월하·문성·서운·범룡·일타·지효스님 등이었다. 그리고 대처측은 권한경·조용명·변시봉·류동산·윤금송·송정암·이월하·최다천·안흥덕·이남허·박서봉·윤기봉·이와운·황성기스님 등이었다.

불교재건위원회의 이같은 지난한 작업을 거쳐 1962년 2월 12일 불교재건비상종회가 개원하였다. 재건비상종회는 6개월 이내에 재건종단을 출범시킬 역사적 과제를 안고 출범하였던 것이다. 불교계 내외에서 이러한 비상종회에 거

는 기대가 막중하였다. 비상종회는 우선 종회 회칙을 보완하고, 분과위원회
(총무·교화·재무·법규·심사 등)에 위원을 배정하면서 점차 종단이 재출
범할 수 있는 기틀을 마련하였다. 새롭게 출범할 통합종단의 노선과 방향, 성
격 등을 정립하기 위해서는 무엇보다 종헌의 제정이 급선무였다.

재건비상종회는 이러한 배경하에 구체적인 작업에 들어가 1962년 2월 20일
에는 종명, 종지, 본존, 기원 등에 대한 심의를 완료하고 승려 자격문제를 검토
하였다. 그런데 승려의 자격문제를 두고 비구·대처 양측이 첨예하게 대립하
였다. 비구측은 구족계와 보살계를 수지하고 수도 또는 교화에 전력하는 출가
독신자이어야 한다는 입장이었다. 그러나 대처측은 승려를 수행승과 교화승
으로 나누자는 입장을 고수하였다. 비구측은 독신 승려만을 승려로 인정하자
는 것이었지만, 대처측은 이른바 대처승도 승려로 인정할 것을 강조하였던 것
이다. 양측의 이러한 입장 차이는 타협의 여지가 없었다.

당시 문교부는 정부의 입장을 재차 촉구하면서 2월까지 타협을 종료시킬
것을 종용하고, 만일 타협이 이루어지지 않으면 정부가 직접 개입할 방침을
시사하였다. 이로써 양측은 상호 양보와 타협으로 종헌 제정을 완료시킬 절대
절명의 과제에 직면하였다. 이에 재건비상종회는 2월 28일 제5차 전체회의를
열고, 양측의 대표가 합의하고 문교부가 확인한 종단 구성안(종헌)을 채택하
였다. 그러나 이것은 자구 수정을 포함하여 승려 자격의 문제까지 정부 당국
에 일임하기로 합의한다는 전제에서 나온 것이었다. 당시에 문제시된 종헌 9
조 3항의 내용은 다음과 같다.

- 본 종단은 승려(비구니)와 신도로써 구성한다.
- 승려는 구족계와 보살계를 수지하고 수도 또는 교화에 전력하는 출가 독
신자이어야 한다. 단, 대처승의 기득권은 인정하고 다음 각 항의 해당자는 정
상적인 승려로 인정한다.
① 사실상 사찰에 거주하며 수도와 교화에 전력하는 자

②가족 부양의 책임을 가지지 아니한 자
③범속인과 같은 일상 생활을 아니한 자

이 내용은 비구측의 주장이 반영된 것이지만 이 중 대처승의 기득권 인정 문제는 간단한 것이 아니어서 이를 문교부에 맡긴다는 합의를 하고 통합종단의 종헌은 통과되었다. 이로써 전문 19장 116조로 구성된 종헌이 완성되었다.

승려의 기득권 해석을 둘러싼 논란은 이후에도 지속되었다. 당시 문교부는 대처승이었던 인물이 정상적인 승려로 활동하면 승려로 인정할 수 있으며, 이럴 경우에만 해당 인물이 누리던 기득권인 직책 및 법계를 인정한다고 하였다. 정상적인 승려로서의 활동을 못하면 준승려로서 포교사 및 주지서리에만 해당된다는 것을 의미하였다. 곧 승려로서의 선거권, 피선거권이 박탈되는 것이다. 이같은 문교부의 해석에 대해 대처측이 반발하였으나, 3월 6일 대처측이 불참한 가운데 종헌은 통과되었다. 비록 종헌이 제정·선포되었지만 대처측의 반발로 인해 제기능을 수행할 수는 없었다.

이에 문교부는 재건비상종회를 해산하고, 비구·대처 각 5명과 사회인사 5명이 참여하여 총 15명으로[37] 구성된 새로운 재건비상종회를 발족시켰다. 새롭게 구성된 종회는 종헌의 일부 내용을 수정·보완하여 통과시켰다.[38] 그러나 대처측은 여전히 종헌을 부정하였다. 정부는 대처측에게 종헌을 인정할 것과 자율적인 타협을 강조하면서 끝내 새로운 구도에 합류하지 않으면 강제적인 법을 동원하겠다는 최후 통첩을 보냈다. 그러자 대처측은 더 이상의 반대가 불가함을 깨닫고 새로운 종헌체제를 수용하기로 하였다. 그리하여 1962년 3월 25일 마침내 수정된 종헌이 확정, 공포되었다.

---

37) 그 대표는 다음과 같다. 비구측 ; 청담·추담·월하·행원·능가스님. 대처측 ; 이남채·윤기원·윤종근·황성기·박승룡스님. 사회인사 ; 최문환·김기석·이상은·윤태림·박종홍.
38) 수정한 내용은 "사찰에 독신 상주하는 자를 사찰에 단신 상주하는 자"로 한다는 것이다.

이 종헌에는 종단의 이름을 대한불교조계종이라 칭했으며 종조를 도의국사로 확정해 종조논쟁의 종지부를 찍었다. 도의국사는 육조혜능의 남종선(南宗禪)을 우리 나라에 최초로 들여와 조계 선풍을 불러일으킨 분이므로 조계종의 종조로서 추앙한 것이다. 이어 보조국사를 중천조(重闡祖), 보우국사를 중흥조(重興祖)로 삼아 조계의 법맥이 조선시대를 거쳐 당대까지 도도하게 흘러내리고 있음을 강조하는 동시에 보조국사와 보우국사를 종조로 삼아 대립하고 있던 종단 분열상황을 화합의 차원에서 마무리하였다. 또한 종단의 종지를 "석가세존의 자각각타(自覺覺他) 각행원만(覺行圓滿)한 근본 교리를 봉체(奉體)하며 직지인심(直指人心) 견성성불(見性成佛) 전법도생(傳法度生)"으로 정하여 부처님 교법을 바탕으로 깨달음을 구하고 중생을 구제한다는 대승불교의 큰 흐름을 수용하면서도 선종 중심의 깨달음을 강조하고 있다. 이러한 점은 본 종단의 소의경전을 『금강경』과 전등법어(傳燈法語)로 하되, 기타 경전의 연구와 염불, 지주(持呪)를 제한하지 않는다는 조항에서도 잘 드러난다. 이렇게 대한불교조계종은 선종 중심의 선 수행 가풍을 전면에 내세우면서도 한국불교 전반을 아우르는 선교통합(禪敎統合)의 회통불교적 전통에 그 특색을 맞추었던 것이다.[39]

이후 새로운 종헌에 의거하여 종정추대 조례, 총무원법, 종무원법 등이 순조롭게 제정되었다. 4월 1일에는 비구·대처 양측의 대표인 재건비상종회 의원이 참가한 가운데 종정에 효봉(비구측)스님, 총무원장에 임석진(대처측)스님을 선출하였다. 당시 비구측은 이 인선 결과를 놓고 종단의 실무권한을 갖는 총무원장을 대처측에 양보한 것에 대해 일시적으로 반발하였다. 그러나 비구측은 대승적인 차원에서 통합종단에 합류하였다. 이어서 종단 간부진도 선출하였는데 감찰원장에 박문성, 감찰원 부원장에 안흥덕, 총무부장에 월하, 사회부장에 이남채, 교무부장에 정영, 재무부장에 박기종스님 등이 임명되었다.

마침내 1962년 4월 11일, 통합종단은 역사적인 개원식을 갖고 정식 출범하였다. 당시 개원식에서 종정에 선출된 효봉스님은 불교의 단합은 매우 뜻깊은

일임을 지적하고 화목하게 한국불교의 꽃을 가꾸어 나가야 한다는 교시를 내
렸다. 4월 13일 종단 간부는 조계사에서 비구·대처 양측으로부터 종단의 사
무 인계를 완료하였다. 4월 14일에는 문교부에 통합종단을 등록하였다. 이로
써 종헌의 제정·공포, 종단 간부진의 선출, 기존 종단으로부터의 종권 인
수·인계, 25교구본사의 확정[40] 등 통합종단의 기반이 구축되었다. 이같은 통
합종단의 출범은 한국불교의 발전을 꾀할 수 있는 토대를 마련한 기념비적인
사건이라 하겠다. 요컨대 통합종단은 대의명분, 행정적인 절차, 국가권력 및
국민들로부터의 공인이라는 측면에서 정당성과 합법성을 갖추게 되었다.

---

39) 대한불교조계종 종헌의 주요 내용은 다음과 같다.

宗憲 前文

恭惟컨데 我 宗祖 道義國師께서 曹溪의 正統法印을 嗣承하사 迦智靈域에서 宗幢을 揭揚
하심으로부터 九山門이 列開하고 五敎派가 竝立하여 禪風敎學이 槿域에 彌漫하였더니
麗朝의 衰微와 함께 敎勢가 不振하려 할새 太古國師께서 諸宗을 包轄하사 曹溪의 單一
宗을 公稱하시니 이는 我國佛敎의 特色인지라 世界萬邦에 자랑할만한 事實이어니와, …

第1條 本宗은 大韓佛敎曹溪宗이라 稱한다.

  本宗은 新羅 道義國師가 創樹한 迦智山門에서 起源하여 高麗 普照國師의 重闡을
  거쳐 太古 普愚國師의 諸宗包攝으로서 曹溪宗이라 공칭하여 이후 그 宗脈이 綿
  綿不絶한 것이다.

第2條 本宗은 釋迦世尊의 自覺覺他 覺行圓滿한 根本敎理를 奉體하며 直指人心 見性成
  佛 傳法度生함을 宗旨로 한다.

第3條 本宗의 所依經典은 金剛經과 傳燈法語로 한다. 其他 經典의 硏究와 念佛 持呪 等
  은 制限치 아니한다.

第4條 本宗은 釋迦牟尼佛을 本尊佛로 한다. 다만 종전부터 釋迦牟尼佛 이외의 佛像을
  本尊으로 모신 寺刹에 있어서는 그 慣例에 따른다.

第5條 ① 本宗은 釋迦牟尼佛의 紀元을 檀紀 1789年(西紀 紀元前 544年)으로써 起算한다.
  ② 佛敎가 우리나라에서 公認된 紀元을 檀紀 2705年(高句麗 소수림왕 2년)으로써
  起算한다.

第6條 本宗은 新羅 헌덕왕 5年에 曹溪 慧能祖師의 曾法孫 西堂 智藏禪師에게서 心印을
  받은 道義國師를 宗祖로 하고, 高麗의 太古 普愚國師를 重興祖로 하여 以下 淸虛
  와 浮休 兩法脈을 繼繼承承한다.

第7條 本宗의 法脈相承은 師資間의 入室面授 또는 傳法偈의 授受로써 行한다.

종단출범의 진통

불교재건위원회, 불교재건비상종회를 통해 출범한 조계종단은 그동안 비구·대처로 양분된 불교계의 단합과 통합을 기하면서 성립한 종단이었다. 이러한 의미에서 통합종단의 출범은 한국불교사의 일대 사건이었다.

그러나 통합종단은 출범한 지 불과 4개월 후부터 점차 내부의 갈등과 모순에 처하게 되었다. 당시 기존 재건비상종회를 해체하고 성립한 초대 종회의 구성비율에 대한 이견으로 문제가 촉발하였다. 종회 의원은 50명으로 구성하였는데 비구가 32인, 대처가 18인이었다. 대처측은 종회의원의 수를 비구측과 동일하게 정하여야 한다고 주장하였지만, 비구측과 정부는 무기명 연기 투표로 선출할 것을 주장하였다. 여기에 대처측 의견은 반영되지 않았다. 이같은 결정은 정부의 의지가 일정 부분 반영된 것으로, 정부는 종단 운영의 주도권을 비구측이 주도해야 한다는 입장을 지니고 있었다. 요컨대 정화운동을 주도하고 한국불교의 전통을 계승하며, 종단의 주체세력이었던 비구측의 대의명분을 옹호한 것이라 하겠다. 이런 배경에서 마침내 1962년 8월 25일 통합종단의 초대 종회를 조계사 대웅전에서 열어 초대 종회의장에 벽안, 부의장에 경산과 서각스님을 선출하였다.

그러나 대처측 출신으로 통합종단에 합류하였던 인사들은 이를 강력히 비판하고 종회 불참, 통합 이전으로의 환원을 주장하였다. 곧이어 이들은 종단 이탈을 감행하여 서대문에 별도의 총무원을 설립하였다. 그러나 문교부와 일반 국민들은 이같은 대처측의 행동에 호응하지 않았다. 그러자 대처측은 그들이 주장하는 논리를 인정받기 위하여 법에 호소하였다. 이러한 대처측의 움직

---

40) 25교구 본사는 다음과 같다.

　　1. 총무원, 2. 용주사, 3. 신흥사, 4. 월정사, 5. 법주사, 6. 마곡사, 7. 수덕사, 8. 직지사, 9. 동화사, 10. 은해사, 11. 불국사, 12. 해인사, 13. 쌍계사, 14. 범어사, 15. 통도사, 16. 고운사, 17. 금산사, 18. 백양사, 19. 화엄사, 20. 선암사, 21. 송광사, 22. 대둔(흥)사, 23. 관음사, 24. 선운사, 25. 봉선사

임은 정당성에서 문제점이 있는 것이지만, 불교계의 문제를 외부에서 해결하고자 하는 것이었기 때문에 간단한 문제만은 아니었다. 통합종단이 출범한 지 불과 1년도 안된 상태에서 이러한 내적인 반발은 그 자체가 종단의 운신에 제약을 가하는 것이었다. 더욱이 1962년 10월 4일 서울민사지법에 제소한 1심 재판에서 대처측이 승소(1965. 6. 11)하고, 종단은 그 즉시 항소를 하는 등 종단의 진통은 더욱 확대되었다.

당시 대처측을 곤혹스럽게 한 것은 불교재산관리법이었다. 이 법은 1962년 5월 31일 제정·공포하고, 8월 22일에 그 시행령을 공포하였다. 이 법의 초점은 불교의 재산 관리권과 그 관리인의 등록·인정을 공권력에게 부여한 것으로써 국가는 불교계를 장악할 수 있는 합법적 기반을 마련한 것이다. 법이 제정될 무렵 국가는 불교의 제반 운영에 개입할 필요를 절실히 느끼고 있었다. 특히 불교정화운동이 시작되면서 사찰 관리에 대한 우려가 법의 성립을 가능하게 하였다. 대처측은 독자적인 종단 설립과 운영을 시도하였지만 불교재산관리법에 의해 인정받지 못하였다. 한편 조계종단도 이 법에 의거하여 불교 재산을 철저하게 관리하고 통합종단의 적법성을 수호하기 위해 국가의 도움을 적극적으로 요청하기도 하였다.

대처측의 반발과 소송제기의 후유증은 전국적으로 파급되었다. 당시 전국 사찰의 90%는 조계종단에 귀속되었으나 전라도의 경우는 그 비율이 현저히 낮았다. 그리고 곳곳에서 주지 자리를 놓고 벌어진 수많은 송사는 종단의 진로를 저해하였다. 종단이 항소한 2심의 재판에서는 종단의 승소(1965. 9. 7)로 나타났지만 개별 사찰에서의 소송은 이후에도 해소되지 않았다.

이러한 배경에서 화동(和同)의 움직임이 나타났다. 종단의 운신을 제약하고 종단의 재산이 소송비용으로 망실되는 것을 차단하기 위해 대처측 인사들을 포섭, 유입하려는 것이었다. 이 화동의 흐름은 1965년 3월부터 구체화되어 불교화동근대화추진위원회가 결성되는 등 그 노력은 일정 부분 성사되었다. 그리하여 대처측 인사와 그들이 장악하고 있던 사찰이 종단으로 귀속되었다.

종단의 화동원칙은 대처측의 소송 취하, 종헌·종법의 준수였다. 그 결과 종단에 합류한 대처측에게 일부 본사와 개별 사찰의 운영권을 제공하고, 종회의원도 할애하였다. 종단의 정당성에 대한 우위는 1969년 10월 23일 대처측이 제기한 '종헌결의 및 종정추대 무효확인' 소송 상고에 대해 대법원이 이유없다고 판결함으로써 재확인되었다. 이 판결을 계기로 대처측 인사가 추가로 종단에 합류하였다.

한편 대처측에 문호를 개방한 화동의 흐름은 1967년 2월 조계종 발전을 위한 비구·대처 양측의 간담회에서도 재확인되었고, 일부 대처측 승려가 종단에 귀속하였다. 그러나 화동을 거부한 대처측은 종단에 합류한 승려들을 비판하면서 전면 부인하기도 하였다. 당시 대처측에 잔류한 승려들은 오히려 분종을 결의하고, 독자 노선을 천명하였다. 그럼에도 불구하고 정화운동의 완성과 종단의 활성화를 기하기 위한 대화는 지속되었다.

종단 내부의 진통은 1969년 8월 정화운동의 상징적 인물이자, 종정을 역임하였던 청담스님이 종단 탈퇴를 선언하면서 극단적으로 표출되었다. 스님은 화동의 흐름으로 나타난 종단의 제반 모순을 직시하고 이에 대한 우려를 표출하였다. 그리고 그 해결책으로 종단의 3대 불사를 강력히 추진하였으나 별다른 성과를 이루지 못했다. 더욱이 1968년 11월 불국사에서 발생한 승려간의 폭력 사태로 인해 불교계는 우려와 분노의 목소리가 높아졌다. 이를 계기로 재가신도들은 교법수호전국신도단체연합회를 결성하였다. 불국사 사태는 불국사 공금 유용을 둘러싼 승려간의 폭력이었지만, 청담스님은 사태를 종단의 혼란을 상징하는 사건으로 인식하고 그 해결책으로서 종단 유신재건안을 제시하였다. 스님은 이 재건안을 1969년 7월에 개최된 종회에 제출하였다. 그러나 재건안이 수용되지 않자, 종단 탈퇴 선언을 하였던 것이다. 청담스님의 탈퇴 선언은 종단 내외의 숱한 우려를 야기하였으나, 얼마뒤 스님은 장로원장으로 복귀하였다.

종단의 최고 책임자이면서 정화운동을 진두지휘한 청담스님이 종단을 탈

전국승려대회 준비위원회 (1969. 8. 11), 범어사

퇴하고 정화운동의 부정적인 측면을 인정한 것은 종단의 모순이 심대하였음을 말해주는 것이었다. 또한 통합종단이 출범한 지 7년만에 일어난 일련의 사건은 종단 운영에 장애가 적지 않았음을 의미한다. 종정까지 역임한 청담스님이 1970년 7월에 총무원장을 다시 맡은 것도 이러한 종단 운영의 모순을 직접 해결하려는 의지의 산물이었다.

2) 종단의 혼란

종단 운영제도의 미성숙

통합종단 출범 이후 잠재되어 있었던 종단의 모순은 1970년을 전후하여 서서히 가시화되었다. 모순의 요인은 여러 측면에서 나타났으며 서로 중첩, 결합되면서 종단의 운영과 진로를 어둡게 하였다.

내적 모순의 구체적 원인은 출가 정신의 상실, 승려 교육의 미흡, 계율 파기, 사찰운영의 독단 등으로서 점차 문중, 문도들간의 경쟁으로 나타났다. 이밖에 종권의 경쟁이 심화되면서 외적인 병폐도 드러나기 시작했다. 여기에는 종단

의 3대 불사 혹은 불교근대화 사업의 주도권 경쟁이 개입되었음도 부정할 수
없다. 또한 대처측의 독자노선 선택도 한 요인으로 작용하였다. 통합종단 출
범 이후 종단의 운신에 제약을 가했던 대처측의 독자노선, 즉 1970년 5월의 태
고종 등록은 결과적으로 종단 외부의 어려운 문제를 제거한 것이었다. 그러나
종단 외부의 문제가 약화되자 이제는 종단 내부에 전념할 여건이 조성되어 오
히려 그것이 내분으로 이어졌던 것이다.

이러한 배경하에서 종정중심제와 총무원장 중심제를 두고 의견대립이 일
어났다. 이는 종헌의 내용에 종정과 총무원장의 권한이 명확하게 규정되지 않
은 사실에서 기인하였다. 또한 거기에는 통합종단 출범 직후 종정이 종무행정
에 깊숙이 개입하지 않았던 요인도 있었다. 여기에 종단의 제반 운영권, 인사
권 등의 막강한 권한을 갖고 있었던 종회의 활동은 문제를 더욱 어렵게 하였
다. 그리하여 실제 종단 운영에 있어서 총무원의 운신은 상당히 제약되었는
데, 불교의 근대화를 추진하는데 필요한 기능성과 효율성이라는 측면에서 종
회의 과중한 권한은 난관으로 작용하였다. 예컨대 통합종단 출범 이후부터
1970년대 초반 종회의 주요 토의, 결의 내용이 집행부 간부의 사퇴와 인선의
처리였음은 그 예증이다. 그리고 청담스님의 총무원장 재직시 관악산 연주암
토지매각 사건이 발생하였다. 이 사건 직후 총무원의 집행부가 총사직을 하면
서 총무원의 권한을 강화해 줄 것을 종회에 요청한 일도 있었다.

이러한 종권을 둘러싼 갈등, 구체적으로는 종정과 총무원장 간의 대립은
1973년부터 가시화되었다. 1973년 6월 총무원 사회국장의 해임 건으로 촉발
된 윤고암종정과 손경산총무원장 간의 대립은 그 서막이었다. 이 사태로 일시
적으로는 종정측에서 종권을 장악하였다. 그러나 이에 불만을 가진 일부 승려
들은 비상종회의 개최를 위한 연판장을 돌리는 등 그 후유증이 적지 않았다.
또 동화사 부채 문제가 발생하여 종권주도층에 비판적이었던 승려들은 그 책
임을 강하게 요구하였다.

윤고암종정은 종단의 내분을 중지한다는 명분으로 1973년 12월 종회의 기

능을 유보하는 유시를 내렸다. 여기에 반발한 일단의 재야 승려들은 1974년 1월 관음사에서 종권수호회를 결성하는 등 갈등이 이어져 종정의 총무원측과 재야의 종권수호회는 급기야 1974년 2월에 개최된 제34회 중앙종회에서 난투극을 벌이고 말았다. 이어서 등장한 전국교구본사연합회의 결성, 전국승려대표자대회에서 종정 사퇴 결의, 불국사 주지 인수·인계의 거부, 동국대 재단 사태 등은 종단의 혼란을 가중시켰다.

이처럼 종단의 내분이 가열되자 윤고암 종정은 1974년 7월 종회 직후 사직하고, 그 후임으로 이서옹스님이 종정에 추대되었다. 이로써 일시적으로는 종회의 권한이 강화되었지만, 이서옹종정이 종단의 어른이라는 상징적인 역할에 그치지 않고 실무적인 종권을 구사하면서 사태는 또 다른 양상으로 전개되었다. 이러한 양상은 1975년 8월 이서옹종정이 총무원 간부급 승려들의 퇴진을 요구함과 동시에 본사 주지의 발령시 종정의 재가를 받아야 한다는 종령을 발표하면서 더욱 구체화되었다.

이 사태는 종정중심제와 총무원장 중심제라는 갈등 구도가 대립하였음을 말하는 것이다. 여기에서 총무원장 중심제는 당시 종회의 일관된 의견이었다. 종정측은 총무원장의 종단 운영에 이의를 제기하면서 긴급 종령을 선포하는 등 종권대립을 일으켰다. 그 후 관음사와 대성암의 토지 부정 사건이 일어나면서 종단은 또 다시 혼미해졌다. 종단의 비상사태가 선언되고 종단의 원로가 종무행정에 개입하였으며, 그 수습책은 종정에게 위임되었다. 종정은 선방 출신의 수좌들을 대거 종단 집행부에 참여시키면서, 종정중심제로의 종헌 개정을 강력히 요구하였다. 1975년 12월 제42회 종회에서 마침내 종정중심제로의 종헌 개정이 단행되었다.

그러나 종정중심제로의 종헌 개정은 당시 종단 내부에서 적지 않은 반발을 일으켰다. 1975년 12월 23일 이른바 김대심을 비롯한 일단의 사이비 승려들이 총무원에 난입하여 종정과 총무원의 간부들을 폭행하는 사건이 일어났다. 당시 폭행을 가한 승려들은 종정에게 종권의 양도 각서를 강제로 받아내기도 하였다. 이 사건으로 종정중심제를 추구하였던 집행부는 도덕적으로 적지 않은 타격을 받았다.

이처럼 종단의 위상이 추락하고, 종권의 갈등과 대립이 지속되었음에도 불구하고 참회와 성찰을 찾을 수 없었던 것이 당시 종단의 상황이었다.

종단의 분열

종권을 장악하려는 종단내부의 갈등은 종정중심제와 총무원장 중심제를 표방하면서 더욱 고착화되어 갔다. 1976년 4월, 이서옹종정은 불교의 중흥을 위한 유신선언을 발표하였지만, 종단의 분규로 인해 효과적으로 이행될 수 없었다. 오히려 종단 외곽에서는 그것이 종정중심제를 심화시키려는 의도라고 비판하였다.

종권을 둘러싼 갈등을 조율하기 위한 종헌개정추진협의회가 구성되었지만 가시적인 성과는 거두지 못하였다. 양측의 갈등은 1976년 10월 7일, 해인사에서 개최된 제48회 임시종회에서 극명하게 표출되었다. 임시종회를 주도한 승려, 즉 종단 집행부의 비판세력은 "종정추대 무효, 종헌·종법 개정"을 결의하였다. 이는 종단 집행부를 전면 부정하는 것이었다. 이어서 재야 종회측에서 종정직 해임 확인 청구소송을 서울고등법원에 제출하였다.

이같은 종단의 분규가 지속되었으나 타협이나 양보의 움직임은 찾기 어려웠다. 1977년 9월에 개최된 임시 중앙종회는 유회되었다. 이유는 반집행부 세력이 종회를 개최하려고 하였으나, 집행부가 종회의 개회 자체를 반대하였기 때문이다. 집행부에서는 종회의 개최 장소를 조계사로 국한하였다. 그럼에도 불구하고 재야세력은 이를 일축하고 1977년 9월 해인사에서 종회를 또다시 개최하여 이전의 주장을 재확인하면서 개운사를 그들의 근거처로 정하였다. 그리고 개운사에서 13인 종단비상대책위원회를 개최하여 해인사에서 결의한 내용을 재확인하였다. 10월 12~14일에는 통도사에서 정기 중앙종회를 개최하여 "총무원장 중심제 개헌안 통과, 종정이 발포한 종령 무효 선언, 해인사 종회의 합법성 강조" 등을 의결하였다.

이같은 재야(개운사측)의 종권 도전 및 집행부에 대한 반발이 극심해지자, 종단 집행부는 1977년 11월 11일 불교를 중흥한다는 명분을 내세우며 중앙종회의 해산을 명령하였다. 그러나 재야측은 즉시 종정과 집행부 직권정지를 청구하는 소송을 제기하였다.

이러한 정황은 종권의 갈등에서 시작되었지만, 이제는 종단의 완전 분규 상황으로 치달았다. 이른바 조계사측, 개운사측의 대립이 바로 그것이다. 사태가 더욱 악화되자 전국신도회에서는 종단 사태 수습을 위한 원로회의 구성을 제의하였다. 이에 따라 원로회의가 구성되어 중앙종회의 권한을 위임받아 일시적으로 종단 사태의 수습에 나섰다. 이에 이서옹종정은 원로회의에 종정의 권한 위임 및 종정직 사퇴를 서면으로 표명하였다. 또 원로회의는 종단재건회의로 명칭을 변경하고 의장에 운허스님을 선출하였다. 종단재건회의는 최고 의결기관인 원로회의 신설, 총무원장 중심제로의 종헌 개정을 단행하여 종단 수습에 박차를 가하였다.

한편 당시 재야측이 제기한 소송에서 서울고등법원은 1978년 1월 이서옹스님의 종정직무 정지 처분을 내리고 후임 종정직무 대행에 벽암스님을 선임하였다. 이는 종정에 대한 기존의 문제점을 인정한 것이었다. 사태가 이렇게 전개되자 이서옹종정은 법원의 판결에 불복하고 이의 신청을 하였다. 종단재건회의는 수습활동을 중단할 수밖에 없었다.

개운사측은 개운사에 임시 총무원을 개원하고 1978년 3월에는 종정에 벽암, 총무원장에 월하스님을 선출하였다. 이로써 종단이 양분되자 문교부와 종단 원로들이 사태 수습에 나섰다. 그 결과 1978년 4월 총무원장 중심제 및 원로원 신설을 골자로 하는 종헌 개정에 합의하면서 양측의 대립은 중단되었다. 1978년 8월, 종정 직무대행으로 고암(古庵)스님이 피선되었다. 스님의 피선은 서울고등법원이 지명한 것이었지만 그 이면에는 재야측(개운사측)과 종무집행에 대한 상호 협조관계가 개입되어 있었다. 그럼에도 불구하고 고암스님은 개운사측과 합의 사항을 이행할 수 없다고 통고하면서 긴급 명령을 발동하여 비상종회를 구성하였다. 10월 18일 비상종회의 제3차 회의에서 종정에 고암, 총무원장에 지효스님을 선출하였다.

이는 사태의 수습이 아니라 또 다른 내분의 예고였다. 그러자 개운사측은 1978년 10월 23일 임시 중앙종회를 개최하여 종회의장에 경산스님을 선출하면서 고암스님의 직무대행 추대를 취소하였다. 1979년 6월 대법원은 양측의 대립과 관련된 소송에서 개운사측의 승소를 판결하였다. 이에 개운사측은 즉시 정부에 종단 대표권자의 변경을 신청하였다. 그러나 조계사측은 서울 고등법원에 종회의원과 종정을 선출하기 위한 총선 허가를 신청하고, 그를 인정받았다. 이같은 사법부를 무대로 한 양측의 대립과 분규는 악순환의 연속이었을 뿐 안정을 위한 합의는 도출하지 못하였다.

마침내 1979년 10월 문공부의 주선으로 양측은 종단 재건을 위한 총선에 합의함으로써 종단 분규의 수습 토대가 마련되었다. 개운사측은 종단사태수습협의위원회를 구성하고 이로써 법원에 계류 중인 모든 소송에 대한 청구를 포기하였다. 조계사측도 개운사측과의 대화와 문호 개방을 선언하였다. 그러나 구체적인 합의는 즉각 이행되지 않았다. 개운사측 승소(1980. 2. 15)에 따른 뒷처리와 이해관계가 개재되었기 때문이다.

1980년 3월 30일 양측은 총선거를 통한 종단 수습 방침을 재확인하였다. 마침내 4월 17일 숱한 우여곡절을 거친 종단 분규 수습을 위한 총선이 거행되었다. 4월 26~27일에는 중앙종회가 개최되었으며, 여기에서 총무원장과 종회의장이 선출되었다. 4월 26일에는 송월주총무원장의 취임식, 5월 15일에는 윤고암 종정 직무대행으로부터 사무 인수·인계가 있었다.

종권갈등과 종단의 분열을 극복하고 등장한 월주스님 체제는 종단 내분의 후유증을 해소하며 불교발전을 기할 채비에 나섰다. 그러나 신군부의 등장과 5·18 광주 민주화 운동 등의 사회변동으로 인해 적지 않은 난제에 직면하게 되었다. 광주사태가 발생하자 종단에서는 즉시 구호봉사단과 진상조사단을 파견하였다. 또한 불교관계법 개정추진위원회는 불교발전을 저해하는 관련 법의 개정 요구, 자율정화 지침 마련 등을 통한 종단 내부의 재정비를 시도하였다.

3) 수행과 교화활동

교육의 발전

통합종단 출범 직후 종단의 교육문제는 종단 3대 불사에 포함될 정도로 중차대한 문제였다. 종단 구성원의 자질 향상, 정체성 부여가 중요한 과제였기 때문이다. 더욱이 통합종단 직후 급격히 증가된 승려들은 정상적인 교육과 수행을 받지 못했다. 또한 이 무렵 승풍이 실추된 몇가지 사건은 종단이 교육사업에 매진해야 한다는 여론을 불러일으켰다. 그러나 종단이 처한 교육문제는 추진 방안 및 이행에 있어서 큰 성과를 발휘하지 못하였다.

종단 차원의 교육문제의 최초 접근은 1962년 12월 제2회 임시종회에서 교육법을 제정한 것이었다. 교육법에서는 종단 교육을 총칙, 초등학림, 전문학림, 총림, 종비생, 부칙으로 구분하였다. 여기에서 규정한 종단 교육의 문제는 1964년 1월 제6회 종회에서 종단이 추진할 3대사업을 검토하면서 보다 구체적으로 제시되었다. 그 방향은 기존 강원은 존속시키고, 승가대학 확립 이전까지 동국대가 현대적 교육을 담당케 하는 것이었다. 이 종회에서 종비생제도를 결의하여, 1964년 3월부터 13명의 종비생이 동국대에 입학하였다. 그리고 1964년 7월에 개최된 제7회 종회에서는 중앙총림의 분원은 화계사에 두고, 지방 총림은 해인사에 둔다는 기본 원칙을 수립하였다. 그러나 해인사에 설립키로 한 총림의 설립은 조속히 추진되지 못했다. 1965년 1월에 개최된 제8회 종회에서 총림설치법의 제정을 거쳐 1967년 7월의 16회 종회에서 총림을 실시하기 위한 전제로 총림법을 제정, 의결하면서 구체화되었다.

해인총림의 뒤를 이어 1969년 송광사에 조계총림이 개설되었다. 이같은 총림의 설립으로 종단은 교육불사의 터전을 구축하면서 수행정신의 강화에 이바지할 수 있었다.

한편 중앙총림의 분원으로 거론된 화계사에서의 교육은 진척이 없었다. 1969년 7월 제20회 종회에서는 중앙교육원의 설치법이 제정되었다. 이 교육원은 종정의 직속기관으로 위상을 설정하고 종단 일선의 교직원 교육과 승려의 재수련을 위한 차원에서 설립되었다. 중앙교육원은 1971년 10월 7일 조계사에서 개원하여 제1기 교육에 들어갔다. 급변하는 사회 정세에 대응할 수 있는 승려의 재교육에 중점을 두었는데 교육기간은 1개월, 교육 장소는 총무원 사무실, 수강생은 60여 명이었다.

이같은 종단 차원의 교육사업 이외에도 교육에 대한 관심과 애정을 가진 승려는 적지 않았다. 예컨대 청담스님이 도선사에 설립한 실달학원은 그 대표적인 사례이다. 1964년 11월부터 추진한 이 학원은 불교계의 인재 양성을 위한 목적으로 설립하였다. 모집 인원은 40명, 수도 기간은 6년(교학 3년, 참선 3년), 계율과 참회의 강조, 바른 성직자 양성 등을 통하여 불교청년의 자질 향상을 도모하였다.

종단 내외에서의 교육에 관한 관심과 사업은 이처럼 다양하게 전개되었다. 그런데 그 교육문제의 저변에는 승가대학의 설립을 위한 검토가 진지하게 이루어지고 있었다. 그러나 그에 대한 구체적인 계획과 예산 등이 효율적으로 결합되지 못한 것이 아쉬웠다. 통합종단 출범 이후 종단 차원에서 승가대학을 공식적으로 거론한 것은 기획위원회 회의를 통해서였다. 1965년 9월, 기획위원회는 '한국불교 11대 과업'을 발표하였는데, 그 내용에 승가대학을 설립해야 한다는 전제하에 위치를 서울의 정릉지역으로 예정하기도 하였다. 승가대학 설립의 필요성은 해인총림의 운영을 담당하였던 성철스님에 의해서 제시되기도 하였다. 스님은 1967년 12월 해인총림의 방장 재직 중 해인총림을 학교법인 형태의 종단 종합수도원으로 운영할 계획을 입안하고 그 내용을 종단에 통고하였다. 이 계획에는 총림 산하에 선원, 종원(예과 2년, 본과 4년), 율원, 염불원을 두면서 별도로 4년제의 승가대학을 설립하는 내용이 포함되었다. 종단 내부에서는 1968년 7월 10일 총무원에서 승가대학 설립을 위한 간담회를 개최하여 이를 적극 검토하였다. 이러한 제반 정황은 승가대학이 설립되어야 할 당위성을 말해주는 사례들이다.

종단 차원의 구체적인 승가대학의 설립 문제는 1976년 12월 경에 가시화되었다. 제45회 중앙종회에서 위임된 승가대학추진위원회(위원장, 자운)는 승가대학의 설립장소로 광동중고교를 지목하였다. 소요 재원은 삼화사의 재산을 처분하여 마련한다는 등 구체적인 사항까지 입안하였다. 그러나 승가대학 설립 논의는 종단 분규로 인해 더 이상의 진척은 없었다. 현재 중앙승가대학의 전신으로 볼 수 있는 중앙불교승가학원은 1979년 2월 24일 의정부 쌍룡사에서 청년 승려들의 발의에서 비롯되었다. 이후 승가학원은 서울 돈암동의 보현사를 학사로 사용하고, 2년제의 연수부 42명과 교양부 18명을 모집하여 4월 14일 개강하였다. 승가학원(원장 성우스님)은 영화사를 거쳐 개운사에 정착하였는데, 1980년 1월 10일 중앙승가대학(학장 석주스님)으로 개칭되었다.

이처럼 다양한 분야에서 불교발전이 거듭된 가운데 종립대학이었던 마산대학이 종단의 손을 떠난 것은 아쉬운 일이었다. 마산대학은 해인대학의 후신으로 해인사가 재단에 참여하고 있었다. 1961년 2월 마산대학으로 교명을 바꿨는데 재단 부실로 인한 관선이사 파견, 이사진의 갈등, 재단 증자의 실패 등으로 인해 경영권이 위태로웠다. 당시 종단에서도 대학을 지키기 위해 노력하였으나, 종단의 혼미로 인해 소기의 성과는 기하지 못하였다. 1967년 12월 해인학원은 마산대학의 경영을 학교법인 삼양학원에 양도하고 말았다.

1960년부터 1970년대까지 전통강원이 다수 복원되기는 하였으나 교육풍토는 기대에 미치지 못하였다. 강원마다 학제가 산발적이고 무계획하게 편성되어 기량에 따라 그 기간의 신축이 자유로웠다. 종단 강원교육체계가 일정하게 정해지지 않았던 것이다. 이로 인해 강원에 따라서, 혹은 같은 강원이라 하더

중앙승가대학 학사 · 도서관 기공식 (1990. 10. 31)

라도 편성된 반의 역량에 따라서 학제가 자유롭게 편성되었다. 그래서 강원교
육에서 대교과까지 수료하는 학인들이 드물었으며 학제도 2년에서 6년까지
편차가 매우 심했다. 또한 당시 불교계의 일반적인 분위기가 강원보다 선원을
선호하는 경향이어서 강원 교육에 대한 체계적 발전을 모색하기가 힘들었다.

　1969년에는 총 12개의 강원에 500여 명의 학인들이 수학하고 있었다. 당시
에 강원을 운영하던 사찰은 해인총림 · 동화사 · 운문사 · 법주사 · 범어사 ·
선운사 · 금산사 · 화엄사 · 통도사 · 동학사 · 백양사 · 화운사 등이었다. 이후
10년 지난 1979년에는 강원(승가학원)이 18개로 늘어나게 되는데, 봉녕사 · 화
운사 · 봉선사 · 신흥사 · 월정사 · 법주사 · 동학사 · 직지사 · 동화사 · 운문
사 · 해인사 · 대원사 · 범어사 · 통도사 · 표충사 · 석남사 · 금산사 · 선운사
가 그것이다.

　1962년 고봉(高峰)스님은 고산(杲山) · 우룡(雨龍)스님에게 강을 전했다.

1976년 1월 개운사 대원암에서 통광(通光), 무비(無比)스님이 탄허(吞虛)스님으로부터 전강을 받은 것은 이 시기의 전통교육에 있어서 하나의 특이할만한 사건이었다. 무비스님은 1967년 용주사에서 설립된 역경사연수원에서 탄허스님과 인연을 맺고 10년 동안 경전 연찬과 편찬 작업을 통해서 전통교과를 철저하게 이수하고 역경사연수원 2기로 참여하여 같은 길을 걸었던 통광스님과 함께 전강을 받았던 것이다.

이 두 스님은 전통강원을 졸업한 이후에도 9~10년 동안 전통교과목을 이수하였다는 점에서 해방 이후 전문교육 형태의 새로운 전형을 보여준 사례로 꼽힌다.

수행 풍토의 진작과 선원의 증가

중앙에서는 정화와 분규의 소용돌이 속에서 발전을 향한 진통을 겪고 있었지만 지방의 사암에서는 많은 선원이 개원되어 수선납자들의 수행정진이 이어졌다. 선원은 단순히 숫자만 늘어난 것이 아니라 수행의 조건도 6·25 이전보다 훨씬 나아졌다. 재가불자들은 선원의 운영에 재정적으로 도움을 주었고 선승들은 재가불자들의 정신적인 귀의처가 되었던 것이다.

1963년에는 활구선의 거장 전강(田岡)스님이 인천 용화사(龍華寺)에 법보선원(法寶禪院)을 개원하였으며 1966년 6월 교계 신도단체에서는 처음으로 대한불교달마회 인천선원을 용화사에 신축하였다. 전강스님은 이후 1969년 용주사에 중앙선원(中央禪院)을 개원하여 경기 인천지역에 선풍을 불러일으켰다. 선학원 이후 조사선의 불모지나 다름없었던 중앙에서 선풍 쇄신 운동을 벌였던 것이다.

전강스님은 뛰어난 선지식으로서 제자들에 대한 지도에 각별한 애정을 가졌던 스승으로 널리 알려져 있다. 또한 스님은 육조(六祖)와 임제(臨濟)의 사상적 깊이를 넘어서 깨침의 경지를 오늘의 언어로 재창조하였다는 평가를 받았다.

전강스님

경봉스님

한편 통도사에서 성해(聖海)스님의 법을 이은 경봉(鏡峰)스님은 1953년 극락선원 조실로 추대되어 많은 납자들에게 바른 안목을 지도하였다. 1968년에는 극락암을 중수하여 일반 불자의 참선 수행과 교화에 크게 기여하였다. 스님은 선지가 매우 밝고 뛰어나 1982년에 입적할 때까지 호국선원과 극락암에는 도를 구하는 수선납자와 재가불자들의 발길이 이어졌다.

1965년에는 도봉산 천축사에 무문관(無門關)이 개설되어 수행 가풍에 새로운 이정표를 제시하였다. 무문관은 부처님의 설산(雪山) 6년 고행을 본받아 세운 것으로 한번 들어가면 6년 동안을 면벽수행하여, 방문 밖 출입을 일절 금지하고 음식도 창구를 통하여 들여보냈다. 밖으로 향한 모든 문이 차단되었기에 무문이요 문을 닫았기 때문에 폐관(閉關)이라고 하는 이 무문관에서 오도를 향한 가열찬 수행을 하였던 것이다.

정영(瀞暎)스님의 원력과 신도의 후원으로 이루어진 이 무문관은 1965년 12월 27일 1차 6년결사를 맺고 1972년 4월 28일에 마쳤다. 1972년 11월 16일에는 제2차 무문관 입방 정진을 하고 1978년 11월 10일에는 무문관 6년결사 회향을 하였다. 제1차 무문관에서는 관응(觀應)·석영(夕影)·현구(玄球)스님이 6년을, 지효(智曉)·경산(慶山)스님이 4년 수행을 마쳤다. 제2차에서는 무불(無佛)·원공(圓空)스님이 6년 정진을 마쳤다.

해인총림과 조계총림의 설치는 조계종 승려의 자질을 함양하기 위한 종합적인 수련도량으로서의 역할을 계획했다는 점에서 종단 청정승가 구현과 수행정신 강화를 향한 진일보라 할 수 있다. 일반적으로 총림이란 선원·강원·율원·염불원의 체계로 구성되어 수행승들이 이러한 기관에서 일정 기간 동안 교육을 받고 수행을 쌓아 견성성불은 물론 전법도생할 수 있는 조계종지를 실천하는 장을 마련하였던 것이다.

해인총림의 초대 방장으로 퇴옹 성철(退翁性徹)스님이 추대되었다. 청담스님이 서당, 자운(慈雲)스님이 수좌, 혜암(慧菴)스님이 유나 소임을 맡았고, 율주는 일타(日陀), 강주는 지관(智冠)스님이었다. 이와 같이 선(禪)·교(敎)·율(律)이 균형잡인 총림이었던 것이다. 당시 경전강독은 지관스님이, 율은 일타스님이, 원시불교는 법정(法頂)스님이 담당하였다.

한편 1967년 12월 2일부터는 해인총림에서 성철 방장스님의 백일법문(百日法門)이 펼쳐졌다. 1백일 동안 하루도 쉬지 않고 방장스님으로부터 특별 법문인 청법대법회가 열린 것이다. 법문 내용은 총림의 지도이념, 조계종지(曹溪宗旨), 불교 근본교리 해설(禪·敎를 통한 사상의 체계화), 현대사상과 불교 진리 등이다. 이 특별 법문은 1992년 『백일법문』이라는 제목으로 출판되어 많은 종도와 불자들에게 정신적 감화를 주었다. 1969년 5월 30일 송광사에서는 해인총림에 이어 두 번째로 조계총림이 발족하고 하안거 결제일을 맞이하여 총림선원 개원식을 거행하였다. 보조국사의 수행정신 계승을 목적으로 등장한 것이다. 당시 조계총림 설립 위원장에는 청담스님이 추대되었고 구산(九山)스님이 방장으로 취임하였다. 이렇게 하여 송광사는 보조 국사가 정혜결사 운동을 전개한 근본 도량이요, 16국사를 배출한 승보종찰의 명맥을 계승하였

고, 6·25와 여순반란 사건으로 잿더미로 화한 도량이 조계총림으로 새롭게
태어나는 전기를 마련하게 되었다.

구산스님은 총림의 후원 단체로서 1969년 9월 5일 불일회(佛日會)를 조직하
였으며, 불일회의 도움으로 1970년 3월에 조계총림 선원인 수선사를 신축하여
그 낙성식을 거행하였다. 불일회는 조계총림 대중을 후원하면서 보살도를 실
천하는 재가불자들의 모임으로서 점차 전국적으로 확대되어 신행 활동을 펼
쳐 나갔다.

이러한 총림의 설치 외에 1960년대에 들어 많은 선원이 새롭게 개원되거나
복원되었다. 1969년에 결제에 들어간 선원은 총 39개였고 결제 대중은 600여
명으로 추정된다.[40] 1970년대에 들어 매 결제마다 개원한 선원수는 42~43개
정도였으며, 많을 때는 45개까지 개원되기도 하였다. 정진 대중수는 700여 명
내외로 추정된다. 1970년초부터 말까지 새롭게 문을 열거나 복원된 선원은 모
두 16개이다.[41]

이 시기에는 한국선의 해외포교가 본격적으로 이루어졌다. 여기에 앞장선
분이 숭산(嵩山)스님이다. 스님은 1966년 일본에 홍법원(弘法院)을 설치하여

---

40) 선림회(禪林會)에서 출간한 『방함록』에는 총 25개 선원이 기록되어 있다. 그것은 해인총
림선원, 조계총림선원, 용주사 중앙선원, 통도사 극락호국선원, 선암사 소림선원, 범어사
금어선원, 수덕사 능인선원, 화엄사선원, 백양사선원, 묘관음사 길상선원, 상원사 청량선
원, 도봉산 망월사선원, 봉은사 선원, 충무 용화사선원, 인천 용화사 법보선원, 밀양 표충
사선원, 벽송사 방장선원, 담양 보광선원, 부산 금정선원, 수덕사 견성암선원, 천성산 내
원사선원, 석남사선원, 지리산 대원사선원, 서울 청룡사선원, 도봉산 회룡사선원 등이다.
이 밖에 선림회 『방함록』에 보이지 않고 총무원에 보고된 선원은 모두 10개로서 동화사
금당선원, 동화사 내원암선원, 동화사 양진암선원, 파계사 금당선원, 파계사 성전, 법주
사선원, 수정암선원, 부산 보광선원, 마곡사선원, 통도사 보광선원 등이었다. 여기에 각
화사선원, 제주 천왕사선원, 무문관까지 포함하면 모두 39개가 된다. 결제 대중수는 선림
회에서 발행한 『방함록』을 보아도 정확한 큰방 대중수를 파악하기 힘들다. 어떤 선원에
서는 행자, 부목, 공양주들까지 등재해 놓았기 때문이다. '60~'70년대에는 이렇게 선방에
따라 안거 대중에 행자는 물론 재가인 부목·공양주도 참여시켰다. 600여 명은 이러한
행자, 공양주 등을 제외한 순수 납자들의 추정 수치이다.

숭산스님과 각국의 제자들

본격적인 해외 포교 사업에 나섰다. 또한 1972년 미국에 홍법원을 개원한 이래 유럽, 아프리카 등지까지 한국선을 선양하여 5만여 명의 외국인 제자들을 두게 되었다. 스님의 제자 중에는 미국의 유명 대학 출신 스님들이 배출되어 한국의 조계선을 세계에 뿌리내리고 있다. 구산스님은 1973년 송광사 대지전 자리에 한국 최초의 불일국제선원을 개원했다. 국제선원은 외국에서 한국의 전통 선수행을 체험하고자 송광사를 찾아오는 외국인 수행자를 위한 도량으로 한때 이곳에는 50여 명의 외국인 비구 납자들이 수행 정진하기도 했다.

41) 그것은 직지사 천불선원, 경주 천경림선원, 대전 세등선원, 곡성 태안사 선원, 해인사 보현암선원, 해인사 죽림선원, 설악산 오세선원, 승가사 제일선원, 대흥사 대명선원, 진주 정각사선원, 월정사 지장암선원, 부산 해운정사 향상선원, 현풍 도성암선원, 불국사선원, 금산사 서전선원, 불영사 천축선원, 동화사 금당선원(신축 재개) 등이었다. 1970년대의 결제 대중수는 교무부에서 발간한 1979년 동안거 『방함록』을 참고하였다. 7직, 부목, 공양주를 제외한 순수 납자들만을 산정한 수치이다.

불교단체

1962년 통합종단 출범 이후에는 불교단체가 다수 등장하여 불교 및 종단의 발전을 위한 다양한 활동을 하였다. 그 대표적인 단체는 전국신도회, 교법수호전국신도단체협의회, 대학생불교연합회, 대한불교청년회, 룸비니회, 삼보학회 등이었다.

전국신도회가 종단의 종법 차원에서 대표적인 신도단체로 인정받고, 문교부에 단체등록을 한 것은 1963년 9월 30일이었다. 즉 1962년 10월 15일에 제정된 교도단체보호령에 의해 종단 인가를 받았던 것이다. 당시 전국신도회와 함께 인가받은 단체는 대한불교 마야부인회, 대한불교청년회, 대한불교달마회였다. 이 교도단체보호령은 총무원이 신도회 육성을 위하여 긴급 종령으로 시행한 것이었는데 1963년 2월의 제3회 임시 중앙종회에서 신도단체법으로 통과되었다. 이제 전국신도회는 조계종단을 대표하는 신도단체로 격상되었다. 2월 말 신도단체 통합을 위한 협의를 갖고 이어서 전국신도중앙대의원회 대회를 개최하였다. 그 후 중앙집행위원의 선출, 종정으로부터의 취임 인준, 문교부의 등록증 교부 등을 거쳐서 1963년 10월 20일 조계사에서 중앙간부 취임식을 개최하였다.

이제 전국신도회는 명실상부한 조계종의 대표적인 신도단체로서 종단과 협조관계를 유지하면서 다양한 사업을 전개하였다. 신도회가 정식 발족한 후 처음으로 전개한 사업은 종단 혁신을 위한 노력이었다. 이는 당시 통합종단이 출범하였지만 종단 내부의 모순이 적지 않다는 판단에서 나온 것이다. 곧 신도회는 1963년 11월 17일 중요 도시 대표자 대회를 갖고 종단 개혁을 위한 건의문을 작성하였다. '혁신재건안'이라 이름붙인 건의문을 그해 11월 18일에 개최한 종회에 제출하였다. 신도회가 요구한 개혁의 방향은 "정화운동의 계승, 진정한 수도승단의 건설, 명실상부한 사부중의 종단 건설, 승려와 신도의 재교육" 등이었다. 신도회의 개혁안은 종회에서 정식 수용, 검토되어 종헌 개정을 위한 위원회가 구성되기에 이르렀다. 위원회에서는 종단개혁을 위한 기

전국신도회 제10차 대의원대회
(1969. 4)

획위원회를 설치하기로 하였다. 이는 승려와 재가가 공동으로 종단 재건·개혁을 위한 제반 시책을 결정할 수 있는 기구였다. 1964년 1월의 제6회 임시중앙종회에서 통과된 이 기획위원회령은 신도회가 종단 혁신을 검토한 고민의 산물이었다. 이후 기획위원회는 종단의 제반 노선, 개혁의 방향 등을 검토하였다.

전국신도회는 신도회 자체의 사업을 다양하게 시행하였지만 설립 초창기에는 조직 자체의 문제, 산하 단체와의 협조 관계 미흡, 불명확한 종단과의 관계 등으로 인하여 적지 않은 문제점을 야기하였다. 그럼에도 불구하고 종단의 발전을 위한 활동은 지속하였으며 그 대표적인 사업이 종단의 근대화, 중흥불사를 위한 지원이었다.

신도회는 종단의 모순과 비리가 발생하였을 경우에는 그 개선을 위해 노력하였다. 1968년 11월에 발생한 불국사의 승려폭행 사건으로 야기된 종단의 위기 상황에 대하여 신도회를 비롯한 각 불교단체들은 공동으로 교법수호전국신도단체협의회를 조직하였다. 이 사건이 발생하자 신도들은 폭력 추방, 윤리기강의 확립, 교법 수호 등을 위한 협의체를 발족시켰던 것이다. 이 협의회에는 전국신도회, 대한불교청년회, 달마회, 대동염불회, 마야부인회, 관음회, 중앙선우회, 학사불교회, 대학생불교연합회, 거사림, 조계사신도회 등이 참여하였다. 그밖에도 이 단체를 지지한 전국의 신도가 적지 않았는데 경북에서는 독자적인 교법수호협의회가 결성되었다. 이 교법수호협의회는 1968년 11월 18일 조계사에서 교법수호선언대회를 개최하고, 협의회의 의사를 종회에 전달하였다. 협의회는 1969년에 정법수호연합회로 명칭을 전환하여 종단과 불교정신의 수호를 위한 활동을 지속하였다. 한편 이 협의회의 활동을 전개함에 있어 전국신도회와의 위상 정립, 종단에서의 인가를 둘러싸고 약간의 불협화음이 있었다. 그 이후에도 신도회는 종단의 혼란 및 분규가 야기될 때마다 종단에 대한 애정으로 대안을 제시하고 타협을 위한 활동을 다하였다. 1972년 4월의 신도회 대의원 대회에서 불교백서를 통한 종단의 발전책을 모색한 것과 이른바 조계사측과 개운사측이 대립하였을 때도 신도회장인 이후락이 종단사태 수습을 위한 원로회의 구성을 제의하고 그것이 실현되었다는 사실은 이를 말해준다.

이 무렵 주목해야 할 불교단체는 대학생불교연합회이다. 대학생불교연합회(이하 대불련)는 1963년 9월 22일 동국대에서 창립대회를 갖고 정식으로 출범하였다. '불교중흥은 우리 손으로'라는 기치를 내걸고 출범하였는데, 여기에는 대불련 자체의 불교 신앙을 통한 자각과 서원이 있었지만 통합종단 직후 대학생들에게 포교하려는 종단 및 승려들의 후원이 적지 않게 작용하였다. 대불련의 출범 정신은 "우리는 진리의 벗, 참다운 구도자가 되련다. 우리는 진리의 얼, 참다운 생명가치를 구현하련다. 우리는 진리의 빛, 참다운 복지사회를 건설하련다"는 강령에 잘 나타난다. 이같은 정신에 뜻을 함께 한 17개 대학교 및 삼군사관학교의 대학생들이 창립의 주역으로 활동하였다. 신호철, 전창렬,

오형근 등이 주축이 되어 불교의 정신을 바로 깨달아 종단·사회·국가를 위한 다양한 활동을 전개하였던 것이다.

대불련의 초창기 활동은 불교사상을 체득하면서, 조직을 전국적으로 확대해가는 데 중점을 두었다. 조계사 및 도선사 등에서 불교법회를 주최하고, 대불련이 설립되지 않은 대학을 순회하여 불교사상 강연회를 개최하였다. 이를 통하여 조직이 확대됨과 동시에 포교의 견인차로 활약하였다. 그리고 방학기간에는 유명 사찰을 순행하고 수련대회를 개최하여 전국 대불련 학생들이 참가한 가운데 불교사상 및 신앙의 체득을 위한 수련생활을 가졌다.

이같은 대불련의 순수한 활동은 당시 종단 및 승려들에게 큰 감명을 주었으며, 종단 차원의 지원과 함께 대불련의 지도교수회가 결성되는 촉매제로 작용하였다. 초창기 대불련의 활동을 단적으로 드러낸 것은 대불련내의 구도회 및 봉은사학생수도원이었다. 구도회는 대불련의 학생들 중 불교의 사상을 심화하기 위한 별도의 구도 모임이었다. 이들은 정규적인 대불련의 활동을 하면서 별도의 구도 수행을 통하여 불교의 근본 정신을 깨달으려는 학생들의 조직체였다. 구도회는 조계사, 도선사 등지에서 구도에 전념하다가 방학이면 전국 사찰의 선지식을 순방하여 불교의 근본을 배우기도 하였다. 나아가서 그들은 사찰에서 승려와 똑같은 수행을 하였다. 김룡사에서 성철스님의 엄격한 규율에 따라 선방 수좌와 마찬가지로 50일간 동안거 정진에 몰두한 것은 그 대표적인 사례이다. 이러한 배경에서 나온 것이 봉은사학생수도원이다.

이 수도원은 1965년 9월 12일부터 봉은사에 개설되었는데, 구도회의 활동에 만족하지 않고 불교의 근본을 더욱 깨달으려는 일단의 학생들이 공동의 수련생활을 기하려는 목적에서 출발하였다. 당시 수도원에는 10여 명 내외의 학생들이 공동으로 기거하면서 학교를 다녔는데, 출가자와 같은 생활을 하면서 자율적인 규칙을 정하여 수행을 하였다. 수도원을 지도하였던 인물은 청담스님, 서운스님, 광덕스님, 박성배, 이기영, 서경수 등이었다. 이 수도원은 1973년까지 지속되었는데 대불련 초창기 정황을 단적으로 말해주는 내용이다. 수도원에서 수행을 하였던 대불련 학생들(김기중, 이진두, 이용부, 김금태, 김선근, 조용길 등)은 대불련의 간부를 역임한 핵심 인물들이었다.

대불련은 1970년대에 접어들면서 불교와 종단뿐만 아니라 국가와 사회에 대한 문제에도 상당한 관심을 표방하였다. 그 산물로서 나타난 것이 기존 수련대회를 화랑대회로 전환한 것이었다. 즉 1972년 8월의 수련대회부터 화랑대회로 개칭하여 불교와 민족을 합일하려는 의식과 적극적으로 사회의 문제에 관심을 기울이겠다는 의지를 표명하였다.

대불련의 사회와 국가에 대한 관심은 1975년부터 가시화된 민중불교라는 이름으로 더욱 구체화되었다. 이는 1976년 8월 완주 송광사에서 개최된 제4차 화랑대회에서 구체적인 논리를 띠고 공론화되었다. 그 대회는 '민중불교운동 실현을 위한 전진대회'를 표방하여 민중불교 운동의 전반에 걸쳐 심도있는 논의가 진행되었다. 여기서 발표된 전재성의 논문, 「민중불교론」은 그 후 『대화』지에 게재되어 민중불교 파급에 일익을 담당하였다.

대불련은 이같이 불교·민족·민중을 동질적으로 보려는 의식의 재생산을 기하면서 다양한 활동을 전개해 나갔다. 그러나 1970년대 후반기에 접어들면서는 유신체제의 억압 등으로 인하여 사업과 노선 정립에 적지 않은 어려움을 겪기도 하였다.

대불련과 관련하여 또하나 기억해야 할 것은 1966년 하안거 때 김룡사에서 열린 운달산(運達山)법회이다. 성철스님은 이곳에서 비구·비구니·재가불자, 그리고 대불련 회원 100여 명을 대상으로 20일간 『반야심경』을 비롯한 주요 경전을 강론하였다. 뿐만 아니라 현대 물리학을 응용하여 불교교리를 논리정연하게 설파함으로써 이를 계기로 성철스님의 존재가 세간에 널리 알려졌다.

한편 당시의 중·고·대학생의 불교도를 망라한 룸비니도 활발한 사업을 전개하였다. 본래 룸비니는 1959년 4월 6일 '자각 실천, 무아봉사, 자비구세의 발원'이라는 목적으로 창립되어 80여 명의 회원으로 출발하였다. 창립시의 명칭은 룸비니학생법회였는데 각국의 불교학생과의 교류, 한국불교 선전 등

을 기하면서 신앙생활을 하였다. 그 후 꾸준한 발전을 거듭하다 1963년 10월
24일 대각사에서 전국대의원대회를 갖고 명칭을 룸비니 한국학생협회로 전환
하였다.

대한불교청년회는 종단과 긴밀한 관계를 갖고 종단 수호 및 불교 중흥을 위
한 활동을 전개하였다. 불교청년회는 1960년 2월에 재발족하였는데, 불교정
화운동의 옹호와 불교재건운동에 매진하겠다는 의지를 구현하였다. 불교청
년회는 1962년 9월 29일 제1회 대의원대회를 갖고 헌장 통과, 조직 정비 및 주
요간부 인선을 마치면서 본격적인 활동에 들어갔다. 대한불교청년회의 중앙
본부 간부에는 종단 집행부 승려가 다수 포진되어 종단 외곽단체의 성격을 갖
기도 하였다.

불교중흥과 불교사업을 추진한 대표적인 단체는 삼보학회였다. 삼보학회
는 독실한 불교신자였던 이한상의 주도로 설립되었는데 불교사업을 추진·지
원하기 위한 단체였다. 이한상은 풍전산업, 대한전척을 경영하였던 사업가로
서 불교 중흥에 열정을 가지고 1964년 4월 24일에 삼보장학회를 설립하였다.
이 장학회에서는 불교를 수학하는 학생들의 학업을 지원하였다. 그 후 그는
대한불교를 인수하였고 불교발전을 위한 지원 방안으로 1965년 4월 24일에
삼보학회를 창립하였다. 삼보학회는 이한상의 지원과 불교발전을 추진하겠
다는 의지로 불교신문사, 한국불교최근백년사 편찬부, 광동학원, 불교종립학
원연합회, 대학생불교연합회, 봉은사 학생수도원, 사명대사 동상 건립, 삼보법
회 등 다양한 불교사업을 주관하거나 후원하였다.

1970년대에는 다양한 포교·신행단체가 활동하였다. 이 가운데 재단법인
대원정사와 한국불교연구원, 불광법회, 한마음선원, 그리고 대한불교진흥원
이 대표적이다. 먼저 대원정사는 1970년에 동국제강(주)의 창업주인 대원 장
경호(大圓 張敬浩)거사가 불교대중화를 목표로 설립하였다. 1973년에는 대원
불교대학을 개설하여 시민들에게 기초교리와 불교문화를 전수하였다. 이어
어린이와 중고생, 청년법회를 잇달아 개설하였다. 이 대원불교대학에서는 교

양강좌를 개최하여 젊은 불자들에게 불법을 체계적으로 전하기 위해 노력하였다. 당시 많은 스님과 불자들이 이 곳에서 강의를 받아 불교의 저변을 확대하는데 큰 역할을 수행하였다. 이후부터 종단은 물론 교계에 불교교양대학이 개설되기 시작하였다.

한국불교연구원은 평생을 불교연구에 매진하였던 이기영(李箕永)박사가 1974년 4월에 설립하였다. 설립 목적은 불교의 사상·역사·예술 등을 연구하고, 이를 바탕으로 올바른 신행을 정립하며 나아가 우리 불교를 해외에 선양하는데 두었다. 이를 위해 학술연구와 신행, 그리고 출판, 교육·연수 등 여러 방면에 걸쳐 조직적이고 체계적인 활동을 전개하였다.

그밖에 15차례 이상의 국제학술회의를 개최하였고 1988년에는 2년제 전문교육기관으로 원효학당을 두어 많은 불자들에게 불교에 대한 심도깊은 이해를 제공하였다. 이 가운데 주목하는 것은 구도회의 운영으로 서울·부산·대구 등 각 구도회에서 펼친 기초교리 강좌에는 많은 일반인들이 참여하여 교리 이해를 심화하는 데 커다란 공헌을 하였다.

다음으로 불광법회는 1975년 광덕스님이 종로 대각사에서 창립하였다. 불광법회는 매주 목요일에 시민을 대상으로 법회를 개설하여 올바른 불교의 진리와 가치관을 펼쳤다. 횟수를 거듭하면서 점차 대중이 증가하였고, 1982년 서울시 송파구 석촌동에 불광사를 창건하였다. 도량의 신설과 함께 법회에 참가하는 시민들이 더욱 늘어나 지역별 법회가 조직되기도 하였다. 1986년에는 포교원과 유치원을 설립하고 학생법회를 본격화하였으며 1992년에는 불교서적을 전문 출판하는 불광출판부를 두어 문서포교에도 힘을 기울였다.

한마음선원은 1970년대 초반 안양시 석수동에 창건하여 1982년에 종단에 등록하였다. 선원을 창건한 대행스님은 이른바 '주인공'에게 모든 것을 맡기면서 일상생활을 영위해 나가는 독특한 수행법을 개발하여 불자들에게 감화를 주었으며 많은 사람들의 발길을 불교로 돌리게 했다. 현재 여러 지방에 다수의 지회를 두고 있으며, 해외에까지 진출하여 포교 역량을 세계적으로 확대해가고 있다.

대한불교진흥원은 1975년 한국불교의 중흥을 목적으로 설립하였다. 대원정사를 창립했던 장경호거사가 당시 박정희대통령에게 31억 여원을 헌납하여 불교발전을 위해 사용해주기를 서원하였고, 이에 박대통령이 호응하여 재단법인을 설립하였다. 재단은 이러한 목적으로 군법당 건립 지원, 불교서적 간행과 보급 등의 사업에 주력하였으며, 종단과 단체에서 추진하는 각종 사업도 지원하였다.

1976년에는 고산(杲山)스님이 기독교 일색이었던 부천에 석왕사를 창건하여 이 지역에 불법을 크게 일으켰다. 이렇게 1970년대에는 도심속에 불교단체 및 사찰들이 생겨나 각박한 도심생활을 불법으로 가꿔나가기 시작하였다.

그러나 이 시기의 포교는 종단 내의 세력 갈등으로 종단 차원에서의 제도적 지원이 거의 없었으며, 원력을 지닌 몇몇 스님이나 재가단체에 의해서 진행되었다.

역경과 문화

통합종단 출범 직후, 역경 분야의 주목할 성과는 동국역경원의 출발이었다. 역경사업은 종단의 3대불사로 지정되면서 종단 차원의 지원체제에서 구체화되었다. 종단 차원의 역경사업은 1963년 2월의 제3회 종회에서 역경위원회법을 제정하면서부터 시작되었다. 이 법에 따라 1963년 2월 13일에는 1차로 17명의 역경위원을 위촉하고 위원장에 운허스님을 위촉하였다. 위원회는 기획·번역·증의·윤문·운영·유통 등의 6개 분과를 두었으며 별도로 원고의 출판 여부를 결정하는 심사위원회를 두었다. 역경위원회는 1964년 7월 21일 동국대와 협조관계를 맺고 부설기관으로 동국역경원을 발족하였다. 역경원의 예산은 종단과 정부의 지원으로 충당하였고, 1965년 6월 『장아함경』의 발간을 시작으로 대장경의 한글화 작업이 본격화되었던 것이다. 이후 2001년 4월 24일, 37년간의 대역사가 원만히 이루어져 마침내 전 318권의 한글대장경을 완간하였다.

한편 역경위원회의 발족과 동시에 나타난 문제는 역경 작업을 공동으로 수행할 공간인 역경 도량의 필요성이었다. 종단은 1967년 3월, 용주사를 역경 도량으로 지정하였다. 역경 도량의 책임은 운허스님이 담당하였지만 스님이 동국역경원의 원장으로 자리를 옮긴 후에는 관응, 탄허스님이 그 책임을 이어갔다. 그리고 1967년 5월 22일에는 용주사에 역경사연수원을 개설하여 역경인재를 배출한 것도 특기할 내용이다.

1960년대의 역경은 종단 차원과 개인적 차원에서 진행되었는데, 여기에는 운허스님의 주도와 헌신이 많은 영향을 끼쳤다. 스님은 역경에 전념하고자 개인적 차원에서 1961년 5월 출판사 법보원을 설립하고 국내 최초로 『불교사전』도 간행하였는데 이는 역경과 불교학의 기초를 제공하였다. 법보원에서는 『부모은중경』, 『목련경』, 『우란분경』, 『화엄경』, 『열반경』 등을 출판하였다. 이러한 개인적 차원의 역경은 탄허스님에 의해서도 추진되었다. 스님은 월정사에 주석하며 해동역경원을 창립하여 『육조단경』, 『보조어록』 등을 번역 · 출판하여 이 분야의 기초작업에 전념하였다. 스님의 대표적인 역경 작업은 1974년 9월에 간행된 『현토역해신화엄경합론(懸吐譯解新華嚴經合論)』이었

『우리말 팔만대장경』 편집회의 (1962. 10)

다. 스님은 이후에도 강원의 기본 교재들을 번역, 출판하여 교학의 기초를 다졌다.

이 시기 문화사업에서 빼놓을 수 없는 것은 『대한불교』의 창간이다. 현재 조계종의 기관지 『불교신문』의 전신인 『대한불교』는 1960년 1월 1일자로 창간되었다. 신문 매체를 통한 문서포교가 전무하였던 당시로서는 획기적인 일이었다. 당시 총무원장 청담스님이 편집인을 맡아 초창기에는 월 1회 타블로이드판 2면으로 출발하였다. 1964년부터는 불교사업에 주력한 이한상이 인수·경영하다가 1972년 경부터 종단의 기관지로서 그 성격을 확고히 하였다.

부처님오신날이 공휴일로 제정된 것은 1975년 1월 14일이었다. 부처님오신날을 공휴일로 지정해야 한다는 목소리는 해방 이후부터 꾸준히 제기되었다. 그러나 종단에서 공식적으로 제기한 것은 1963년 4월 총무원이 추진한 '부처님 탄일 공휴일 제정' 대정부건의서 서명운동이었다. 이 서명 운동을 계기로 공휴일 제정 사업은 다각화, 조직화되었다. 1965년 당시 동국대생인 김선홍은 법정투쟁도 전개하였다. 그 결과 조계종단을 비롯한 불교계에서는 뜻을 같이하여 부처님오신날 공휴일제정추진위원회를 결성하는 등 다각적인 노력을 기울였다. 1973년 3월에는 용태영변호사가 총무처장관을 상대로 법정투쟁을 벌이기도 하였다. 1974년 총무원에서는 이와 관련한 위원회를 결성하면서 정부에 대한 탄원과 서명작업을 주도해 나갔다.

운허스님을 비롯하여 대한불교청년회가 1963년에 6월 8일에 펴낸 『우리말 팔만대장경』의 간행도 뜻깊은 것이었다. 여기에는 운허스님을 비롯한 권상로, 김동화 등 당시 전문학자들이 다수 참가하였다. 1963년 11월에는 선의 보급을 위해 동국대학에 대학선원을 설립하였다. 새시대에 새로운 선원을 열어 선사상을 보급하고 진정한 대승불자를 길러내기 위한 수행도량이었다. 여기에는 승속, 신도, 비신도를 막론하고 모든 이에게 도량을 개방하여 선의 대중화와 지성화를 위한 발판을 다져 나갔다.

한편 불교계 최초로 군승 문제를 종단차원에서 해결한 것은 1968년 5월이

부처님오신날 공휴일 제정 축하법회 (1975. 1)

었다. 종단에서는 군종법사제도 설치에 관한 탄원서를 1964년 3월 14일에 국 방부에 제출하였다. 1965년 9월, 동국대에 군승후보교육원이 개설되었으나, 기독교의 반대 등으로 성사되지 못하였다. 이에 종단에서는 정부 당국에 지속 적인 건의와 탄원을 하면서 그 타당성을 강조하였다. 마침내 1968년 5월 군종 장교요원 선발 규정이 공포되어 군법사제도가 마련되었으며 조계종단은 군종 장교요원 추천단체로 지정되었다. 그 해 8월 제1기 군승후보생 5명을 선발하 였고, 11월 30일에는 정식으로 군승에 임관하여 최초의 군법사가 탄생하였다.

2. 종단의 개혁과 민주화

1) 10 · 27법난과 승단의 자각

10 · 27법난과 불교계의 피해

1980년에 들어서 조계종단은 3년 여의 대립과 분규에서 벗어나 화합과 안정의 국면을 맞이하였다. 개운사측과 조계사측간의 합의에 의해 적법한 총무원과 종회가 구성되기에 이른 것이었다. 1980년 4월의 총선거를 통해 제6대 종회가 개회하고 월주스님이 총무원장으로 취임하였다.

새롭게 출발한 총무원은 그간의 구태를 벗고 자율적 종단운영과 종단의 자체 정화를 천명하였다. 국가권력의 간섭을 배제한 자율적 · 자주적 종단운영은 총무원이 군부의 '국가보위비상대책위(이하 국보위)'를 지지하고 나선 '전한국불교회'와 '대한불교총연합회'를 탈퇴하고 전두환정권에 대한 지지 성명을 거부하면서 표면화되었다. 특히 국가권력이 불교를 통제하기 위한 구실로 이용하였던 불교재산관리법, 공원법, 문화재보호법, 그린벨트법 등 불교 관계법의 개정을 요구하는 움직임이 구체화되었다.

또한 분규종단이라는 오명을 씻고 종단의 안정과 위상 제고를 위해서 추진한 자체 정화는 '축재금지, 불청정행위 금지, 폭언 · 폭력행위 금지, 사치행위 금지, 상호비방 금지' 등의 정화 방향을 구체적으로 제시하였다.

조계종단의 자체 개혁이 추진될 무렵인 1980년 10월 27일, 한국불교 최대의 치욕적 사건인 10 · 27법난이 발생하였다. 10월 27일 새벽, 불교계를 정화한다는 명목으로 전국 사찰에 계엄군이 들이닥쳐 수색과 연행을 시작한 것이다. 다음날 계엄사령부는 "불교계가 사이비 승려와 폭력배들이 난동, 발호하는 비리지대로서 자력으로는 갱생의 힘이 없는 것으로 판단, 부득이 사회정화의 차원에서 철퇴를 가한다"는 발표를 하였다. 이어 30일에는 간첩 소탕을 명분으로 거듭 수색과 연행이 이어졌다.

계엄사령부는 불교계의 비리를 수사한다는 명분을 내세웠고, 11월 14일에 그 결과를 발표하였다. 수사과정에서 승려 및 재가자 55명을 연행하고 98명의 참고인을 조사하여 승려 10명, 재가자 8명은 구속, 32명은 불교정화중흥회의에 처리를 위임했다고 밝혔다. 계엄사령부의 수사내용은 종권장악을 위한 파벌간의 암투와 폭력행위, 음주와 음행을 일삼아온 사이비 승려의 행태, 사찰 주지 임명을 둘러싼 금품수수, 사찰재산 착복 및 유용, 각종 불사를 통한 부정행위 등이었다.

이때 연행된 인물은 이서옹 전 종정, 송월주총무원장, 본사 주지 등 종단의 주요인사가 포함되었다. 뿐만 아니라 계엄사령부의 발표보다 훨씬 많은 수의 승려와 재가자가 연행, 구금되었다. 이 수사과정에서 있었던 혹독한 고문과 비리조작은 이후 증언과 진상규명을 통해 낱낱이 밝혀졌다. 고문의 후유증으로 사망한 승려도 있었으며 조작된 수사로 하루아침에 '요정 사장'으로 몰린 승려도 있었다. 계엄사령부가 수사과정에서 밝혀낸 비리와 관계된 돈은 2백억 6천여 만원이라고 발표하였다. 그러나 혐의가 없어 단 한건도 재산을 환수한 사실이 없었다. 이후 연행자 대부분은 삼청교육대로 보내졌으며 일부는 흥국사에서 강제 참선교육을 받게 되었다. 이 흥국사 강제 참선교육은 이른바 '불교판 삼청교육대'였던 것이다.

그렇다면 이렇게 불교계에 씻을 수 없는 오욕을 남긴 10 · 27법난은 왜 일어나게 된 것인가. 신군부는 어떤 의도로 이러한 참혹한 피해를 준 것인가. 과연 당시 불교계의 혼탁과 비리가 국가권력의 간섭을 부를 정도였던 것인가에 대해 살펴보자.

먼저 계엄사령부가 밝힌 동기, 즉 사회정화에 입각한 불교계의 정화는 법난을 일으킨 본래 의도와는 거리가 있다는 것이 통설이다. 만약 10 · 27법난이 정당성을 갖기 위해서는 이후 불교정화를 위한 실질적이고 구체적인 방안이 마련되어야 했다. 그러나 그러한 면을 찾을 수 없었으며 계엄사령부의 수사 결과 또한 애초의 수사 착수 때와는 다르게 흐지부지되고 말았다.

10·27법난은 국보위 설치 이후 신군부에 의해 진행된 '사회정화조치'의 연장선에서 실행되었던 것으로 파악된다. 사회정화조치는 학원사태 근절, 종교의 정치활동 통제, 교육풍토 쇄신 등의 명분을 내세워 정통성이 희박한 정권에 반대하는 모든 세력을 제거하려는 의도였던 것이다. 이러한 정치적 색채를 띤 정화 조치가 종교계를 목표로 자행된 것이 바로 10·27법난이었다. 신군부가 여러 종교 가운데 불교를 선택한 것은 새로 출범한 총무원체제가 종단 자율운영을 천명함으로써 신군부에 적극 협조하지 않았고, 그동안 지속되었던 종단 불안정과 분규, 상호비방 투서의 남발 등이 요인으로 작용하였을 것이다.

10·27 법난으로 불교계가 입은 유형, 무형의 피해는 이루 말할 수 없는 것이었다. 자율적·자주적 종단운영의 기치를 내세웠던 총무원체제가 법난을 계기로 무너지고 국가권력에 의해 '불교정화중흥회의'가 구성되었다. 이것은 불교계의 자율적 개혁과 정화의지를 꺾고 다시 종단의 구성원들을 체념과 혼란의 상태로 몰아간 것이었다.

또한 다수의 승려와 재가자가 연행되어 고문을 당하고 사찰이 침탈된 것은 그 당사자뿐 아니라 불교도와 한국불교사에 씻을 수 없는 상처로 남게 되었다. 한편 계엄사령부의 발표는 불교를 폭력·비리조직의 온상으로 언론에 호도함으로써 불교의 위상을 추락시키는 결과를 초래하였다.

이러한 10·27법난의 상처는 이후 종단사의 곳곳에서 터져 나왔다. 불교운동권에서는 10·27법난을 하나의 화두로서 고민하고, 정부에 진상규명과 책임자 처벌을 촉구하였다. 특히 젊은 불교인 사이에서는 종단과 국가권력의 관계, 호국불교로 지칭되어온 불교의 현실에 대한 일대 각성을 촉구하는 계기가 되었다. 이러한 고민과 성찰은 불교자주화의 과제로 부각되었으며 반정부 민주화운동과 연관되어 불교계의 여론 형성에 결정적인 기폭제가 된 것이다.

한편, 10·27법난의 진상규명과 책임자 처벌의 지속적 요구는 1988년 국무총리의 사과담화를 이끌어냈다. 1989년 국회 5공 청문회에서 10·27법난 진상규명이 의제로 채택되었다. 이때 국방부는 과잉수사와 과장보도에 대해 사과하였다. 이러한 과정을 통해 불교계의 깊은 상처와 실추된 명예는 조금씩 회복되어 갔다. 그러나 진상규명이 완전한 것은 아니며 법난의 의도와 사건의 실체에 대한 진실은 충분히 밝혀지지 않았다. 결국, 10·27법난은 불교계 스스로 화합과 종단 정비를 이루어내지 못한 채 교단에 닥친 자주성 침탈의 사건이었다.

불교개혁의 태동

10·27 법난 이후 국가권력의 강압에 의해 중앙종회와 기존의 총무원 산하 기구가 해체되고 1980년 11월 5일 과도체제인 대한불교조계종 정화중흥회의가 출범하였다. 정화중흥회의는 총무원 중심제의 종헌과 중앙종회의원 선거법을 확정, 공포하고 원로회의를 구성했다. 새 종헌에는 종단의 모든 행정이 종무회의 심의를 거쳐야 한다고 규정하고, 본사주지 임면을 둘러싼 인사부조리를 막는 조항이 신설되었다. 한편 종정은 원로회의에서 추대하고 임기를 10년으로 하여 종단의 세력 변동에 직접적인 영향을 받지 않도록 하였다. 1월 19일 제7대 중앙종회가 개원함으로써 정화중흥회의는 해산되었다. 1981년 1월 11일 원로회의는 제6대 종정에 성철스님을 추대하였다. 그러나 스님은 1월 20일 조계사에서 봉행된 종정 취임식에 불참하였다. 후일 국정자문위원으로 위촉되었을 때도 서울에는 왕래하지 않았다.

한편 종단은 불국사·월정사 주지 임명을 둘러싼 잡음으로 인해 종회에서 총무원장이 불신임되는 등 혼란상이 지속되었다. 10·27 법난의 상처와 후유증에서 벗어나지 못한 채 종권을 둘러싼 분쟁이 노정되었던 것이다.

종단이 이러한 혼란의 소용돌이에 휘말리는 동안 종단의 외곽에서는 학생, 청년불자들이 주도하는 불교운동이 본격화되었다. 1970년대 중반 이후 대학생불교연합회가 주축이 된 이 새로운 불교운동의 흐름은 1980년 초반을 거치면서 '민중불교운동'이라는 이름으로 정식화되었다. 민중불교론의 등장은 억압적인 유신체제하에서 무기력한 기성불교에 대한 실망과 비판, 각성된 불교운동의 요구에서 비롯된 것이었다. 또한 1970년대에 적극적인 사회참여를 통해 종교적 양심세력으로서 위상을 구축하던 기독교의 사회운동에 자극받은 바도 컸다. 이 민중불교론에 관한 논의는 사회민주화와 변혁운동의 중심개념으로 등장한 민중과 불교계의 개혁흐름이 결합하면서 이루어졌다.

그러나 1980년 이전까지 민중불교운동은 개인적 참여와 연구모임 수준의 차원에 머물러 있었다. 민중불교의 기초적 이론이 체계화되고 구체적 실천성을 갖기에는 운동 주체세력이 미숙했기 때문이다.

민중불교라는 새로운 흐름이 본격적으로 드러난 것은 1980년대 초의 일이다. 1980년 민주화의 봄, 5·18광주항쟁 등 한국사회의 격동과 10·27법난이라는 치욕적 사건이 젊은 불자들의 의식을 각성, 성숙시킨 계기로 작용하였던 것이다. 이때 나타난 구체적 흐름이 바로 사원화(寺院化)운동이었다. 사원화운동의 주도자들은 사원을 민중지향적 사회활동의 근거로 삼았다. 이들은 원시불교의 무계급·무소유 승가공동체를 이상으로 삼아 '세간의 승가화, 승가의 세간화'를 목표로 천명하였다. 이들 중 일부는 학생운동의 현장준비론에 영향을 받아, 사원을 노동운동에 투신할 활동가들을 길러내는 공간으로 삼았다. 사원화운동의 주된 흐름은 칠보사, 묘각사, 개운사 등에서 나타났는데, 그 활동은 대체로 사찰내 대학생회의 조직, 불교학과 사회과학의 이론적 결합에 대한 연구, 야학운동 등이었다. 이들은 특히 사원을 야학운동의 근거지로 삼음으로써 그동안 사찰이 지니고 있었던 폐쇄성과 반민중성을 타파하고 지역사회와 민중에 기여하는 사찰의 위상을 정립하려 한 것이다.

그러나 야학운동은 1981년 12월말부터 1982년 초까지 당국에 의해 관련자 130여 명이 연행되고 '불교사회주의운동'으로 규정되어 주요 인물들이 구속됨으로써 중단되었다. 그러나 이 운동은 민중불교운동의 구체적, 실천적 전기를 마련했다는 점에서 의의를 찾을 수 있다. 당시 사원화운동을 주도한 것은 대불련이었다. 대불련은 이후 인재 배출, 민중불교운동의 대중화 등 운동의 토대 구축에 큰 역할을 하였다.

한편 이러한 대학생, 청년 재가자를 중심으로 출발한 민중불교운동의 이념은 의식있는 소장파 승려에게 확산되었다. 1981년 청년승가육화대회, 대불련 지도법사단 구성과 활동 등이 그 예이다. 1981년 7월 중앙승가대학에서 개최한 전국청년승가육화대회는 전국에 흩어져 있는 젊은 학인들이 한 자리에 모여 불교계가 안고 있는 무수한 문제점을 지적하고 그 해결을 위한 방법론을 모색하는 자리였다.

이러한 가운데 한편에서는 종단의 제도적 개혁을 위한 구체적 연구와 기획이 시도되었다. 그것은 조계종 종책연구소와 그를 모태로 한 불교사회연구소의 활동을 통해 나타났다. 이들 연구소에는 당시 민중불교운동의 이론적 정립에 주력하였던 여익구, 정승석이 관여하고 있었다. 이들은 총무원 기획실과 함께 종단제도 개혁시안을 마련하였다. 이 시안에는 승단을 수행승과 교화승으로 이원화하고 각각의 역할을 규정하는 혁신적 내용이 담겨 있었다. 그러나 이 시안은 공개 직전에 일부 언론에 사전 유출됨으로써 종단의 보수적인 여론에 밀려 폐기되고 말았다. 하지만 종단 외곽에서의 민중불교운동의 확산과 심화는 돌이킬 수 없는 대세였다. 특히 1983년 7월 17일 범어사에서 열린 전국청년불교도연합대회에서는 재가와 승가가 결합하여 불교개혁을 주장하여 큰 반향을 일으켰다. '땅에서 넘어진 자 땅을 딛고 일어나라' 는 주제하에 전국의 선원납자, 동국대 석림회, 중앙승가대학, 전국강원 학인 등 승가와 대한불교청년회, 한국대학생불교연합회, 기타 청년회 등 1,700여 명이 참석한 대규모 대회였다. 이 대회에서는 분단과 현대사회의 모순을 안고 있는 시대 상황 속에서 불교가 충분한 자기 역할을 수행하지 못한 점을 비판, 반성하고 청년 불교도가 민족사적, 시대적 모순상황을 극복하는 데 책임감을 지니고 실천적 노력을 기울일 것을 제기하였다. 대회목표로서 ① 청년 불교도(출가, 재가)의 결속, ②불교의 혁신화, ③민족불교의 구현, ④ 불국정토의 건설을 내세웠다. 이 대회를 통해 전국청년불교도연합회가 결성되었고 회장에 김지형, 부회장에 성일, 사무총장에 성문스님 등이 선출되었다.

전국청년불교도연합회는 청년 승가와 청년 재가가 연합하여 불교의 당면 과제를 해결하기 위하여 결성된 전국적 조직이라는 점에서 큰 의미를 가진다. 그러나 연합회는 결성 이후 실천활동을 위한 조직강화와 구체적인 실천방안 을 마련하던 중 신흥사 사건이 발생, 조직이 채 정비되기도 전에 분규에 휘말 려 구체적인 활동을 기하지 못하였다.

1980년대 초부터 재야 불교권에서 일어난 불교개혁의 움직임은 90년대 초 까지 지속된 민중불교운동의 이론적, 실천적 무대였다. 이 시기의 민중불교운 동은 10·27법난 이후 침체되고 암울했던 종단현실 속에서 기성불교에 대한 비판과 불교의 대사회적 역할의 제시로 젊은 승가와 재가 청년들에게 절망을 딛고 일어설 수 있는 대안으로 수용되었다.

그러나 1980년대 후반에 들어서 민중불교운동에 대한 비판적 시각도 제기 되었다. 기성불교권내에서 민중불교의 실체를 인정하고 민중불교론을 본격 적으로 검토한 것은 1980년대 말에서 1990년대 초반에 이르는 시기였다. 『대 원』지가 특집(1988년 3월)으로 다룬 '한국의 시대상황과 민중불교운동', 1989 년 5월 8일 교수불자연합회와 불교신문사가 주최한 '민중불교 어떻게 볼 것인 가' 라는 학술 심포지엄 개최, 1990년 『대승불교』지에서 지상논쟁을 불러일으 킨 휴암스님의 '왜 하필 민중불교인가' 라는 기고문은 그러한 민중불교에 대 한 관심과 비판적 시각을 말해주는 것이었다. 그 내용은 운동 과정상의 문제, 불교교리의 기계적 해석과 사회과학적 운동론의 무비판적 수용 등이었다. 이 러한 지적은 이후 불교운동권내에서도 자기비판의 준거로 제기되었고 민중불 교운동의 공과를 살피게 하였다.

2) 종단 개혁운동의 전개와 시련

비상종단

젊은 학인과 수좌, 청년불자를 중심으로 불교개혁운동이 구체화되고 있었던 1980년대 초반, 제도권 종단은 법난 이후의 혼란상에서 쉽게 벗어나지 못하였다. 본사 주지 임명을 둘러싼 잡음과 잦은 총무원장의 교체, 총무원과 종회의 갈등 등은 종단 안정을 저해하는 요인이었다. 이러한 상황에서 1983년 8월 6일 설악산 신흥사 폭력 사건이 발생하였다. 신흥사 신임주지의 취임과정에서 총무원이 임명한 신임주지를 신흥사 대중들이 반대하여 일어난 사건이었다.

신흥사 사태에 직면하여
종단집행부의 사퇴를
요구하는 철야 단식법회
(1983. 8)

이 사건은 10·27법난 이후 파행적 종단운영의 극단에서 일어난 사건으로서 당시 종단분규의 단면을 말해 주었다. 하지만 이 사건으로 전 불교계는 이대로는 안된다는 위기의식과 각성이 일어났고 불교개혁이라는 과제가 종단의 새로운 활로로 제시되었다.

사건 직후 종단의 개혁세력들은 신흥사 사태에 대한 성명을 발표하고 종단 지도층 퇴진과 불교개혁을 요구했다. 임시종회와 원로회의에서는 총무원장의 교체와 종회기능 중지를 선언하고 급기야 9월 5일 조계사에서 전국승려대회를 개최하였다. 이 자리에서는 불교개혁과 정법수호운동을 천명하고 '비상종단운영회의' 설치를 결의했다.

9월 15일 봉은사에서 7명의 원로의원이 회의를 개최하여 종헌개정과 비상종단운영회의법을 제정하였으며, 11월 7일에는 비상종단운영회의가 발족되었다. 그러나 이 과정에서 기존의 총무원 집행부가 반발하여 서로 적법을 주장하며 법정투쟁을 벌였다. 결국 법원으로부터 비상종단운영회의가 적법성을 인정받았지만 종무를 인계받지 못해 조계사 담장 틈으로 들어가 총무원을 접수하는 사태가 벌어졌다.

1984년 7월 비상종단 내 조계종 제도개혁 7인의 위원과 8인의 실행위원은 제도개혁의 방안을 발표하였다. 7월 14일 비상종단운영회의는 '종단풍토 쇄신을 위한 특별조치법 및 사정특별위원회의 징계절차 운영에 관한 특별조치법'과 신도의 종단운영 참여를 골자로 하는 신도법을 제정하고 교화승 제도를 신설하도록 종헌을 개정, 공포하였다. 이 제도개혁안은 당시 젊은 개혁세력의 주장을 수용한 것으로서 종단체계의 일대전환을 가져올 수 있는 것이었다. 제도개혁안의 주요 내용은 다음과 같다.

첫째, 종무행정 체제에 있어 본사를 폐지하고 각 도에 교무원, 시에 교구를 신설한다.

둘째, 종도들의 다양한 의견수렴과 입법화를 위해 120명 규모의 교정회의를 신설한다. 그리고 종단최고의 종책 결정기관인 상임위원회를 두어 교정회의의 권한을 대행토록 하였다.

셋째, 종단을 6부 대중과 신도로 구성한다. 6부 대중은 기존의 4부 대중(비구·비구니·청신사·청신녀)의 개념과는 달리 비구·비구니·사미·사미니·전법사·전교를 말한다. 이것은 종단 운영에 중간 교역층인 재가자의 참여를 보장한 것이었다. 이밖에 사찰재산 관리의 공영화, 포교원·교육원의 설립을 통한 포교와 교육의 확립, 신도조직의 체계화, 사회봉사활동 기구의 강화 등을 특징으로 하였다.

이러한 개혁안은 매우 파격적이면서도 동시에 급진적 성격을 띤 것으로 종단운영의 새로운 틀을 제시한 것이었다. 비상종단의 개혁안은 그동안 종단의 분규와 갈등에 대한 진단과 대안의 성격을 가지고 있었다. 즉 종단의 입법기능(종회)과 행정기능(총무원)의 갈등, 강력한 행정력이 뒤따르지 못한 채 유지되어온 중앙(총무원)집권제의 문제, 소수가 독점해온 종단권력의 분배 문제 등에 대한 나름의 해결책을 모색한 것으로 볼 수 있다.

그러나 이러한 개혁안에 문제가 없었던 것은 아니다. 상임위원회의 과중한 권력집중, 급진적인 6부대중의 종단운영 계획 등은 종정을 비롯한 원로회의, 교구본사 주지 등 기존의 종단운영 세력들에게 반발을 일으키기에 충분한 것이었다.

이러한 반발은 성철스님의 종정직 사퇴를 계기로 불거져 다시 종단을 양분상태로 몰아넣었다. 이에 대응하여 비상종단은 1984년 6월 12일 봉은사로 총무원을 옮겼다. 한편 비상종단에 반발하는 세력은 8월 1일 해인사에서 전국승려대회를 개최하여 비상종단의 해체를 결의하고 조계사를 접수하였다. 종권 중심부에서 배제된 비상종단의 소장 승려들은 범어사 종무소에 조계종총무원 현판을 내걸었다. 이후 10월 28일에 비상종단의 소장 승려들이 폭력배를 동원하여 총무원 청사에 난입, 점령하는 사태가 벌어졌다. 그러나 이들은 조계사 신도들에 의해 곧 축출되었다. 이 사건은 표면적으로는 총무원장 녹원스님과 비상종단측 초우스님이 대화합을 위한 공동성명을 발표하는 것으로 일단락되었다. 그러나 이 사건은 비상종단측 승려들의 도덕성에 큰 타격을 주었다.

비상종단은 1980년대 초반 불교개혁세력의 염원을 모아 획기적이고 진보적인 개혁을 추진하였다는 사실에서 그 의의를 찾을 수 있다. 그럼에도 불구하고 비상종단의 개혁이 실패하게 된 원인은 여러 측면에서 지적될 수 있을 것이다.

우선은 개혁안의 급진성과 홍보 미숙으로 인한 대중적 지지 획득의 실패를 들 수 있다. 이것은 그만큼 종단 보수층의 반발과 방해가 컸다는 것이다. 종단 개혁안이 비록 획기적이고 발전적인 것이었음에도 개혁의 급진성은 대중의 이해 수준을 넘어선 것이었다. 특히 6부 대중제 실시를 대처승제의 부활로 오해한 종단의 원로들은 크게 반발하였다. 결국 광범위한 지지를 얻어내지 못함으로써 고립을 맞게 되었다.

다음으로는 개혁 주체세력의 역량이 부족했고 종권에 집착한 측면을 한 원인으로 볼 수 있다. 비상종단의 소장승려들은 기존 세력과 타협을 시도하였으나 성과는 없었다. 더욱이 폭력배를 동원한 총무원 점거는 비상종단의 생명인 도덕성과 참신성에 부정적인 요인이 되었다. 위기에서 지속된 이들의 행보는 개혁을 위한 노력보다는 종권 쟁취를 위한 안간힘으로 보여 여타 개혁세력 조차 이들을 외면하게 하였다.

이러한 한계를 가지고 있었던 비상종단은 출범한 지 1년도 못되어 좌초되었다. 그러나 비상종단이 기획, 실행한 종단 개혁의 실험은 이후 종단사에 커다란 교훈과 경험을 남겼다. 또한 이 비상종단의 실험은 이후 종단내 불교개혁세력의 등장을 공식화한 것이었다.

해인사 승려대회

1980년대초 본격화된 민중불교운동은 1980년대 중반에 이르러 질적 전환의 계기를 갖게 된다. 1985년 5월 14일 180여 명의 출가·재가가 망라된 민중불교운동연합 발족이 그것이다. 이 민중불교운동연합은 정권의 탄압 속에서도 불교의 자주화와 군부독재타도 운동을 적극적으로 펼쳤다. 노동계의 파업 현장 지원과 농성, 민주 개헌 요구 투쟁에 참여, 5 · 3 인천가두시위의 주도 등 민불련은 불교계 사회민주화 활동과 열기의 수위를 높이는 데 역할을 하였다. 이어 1986년 6월 5일 불교정토구현승가회가 창립함으로써 진보성향의 승려가 총망라된 독자적 승가단체가 출현하게 되었다. 이러한 민중불교운동은 1986 년 9월 7일 개최된 이른바 해인사 승려대회에 이르러 일대전기를 맞이하였다.

해인사 승려대회는 민중불교운동의 일대 사건으로 기록된다. 이 대회는 성 문 · 명진 · 벽우 · 진관 · 현기스님 등 소장파 개혁승려들이 주도하였으며 일 부 중진승려가 결합하면서 전 불교계의 커다란 호응과 지지를 이끌어냈다.

2천여 명의 승려가 참여한 이날 대회에서는 '불교자주화, 사회의 민주화'를 천명하면서 불교관계악법 철폐, 사원의 관광유원지화 중지, 성고문사건 진상 규명, 수입개방압력 거부, 10 · 27법난 해명 등을 주장하였다. 특히 이 대회에 참석한 서의현총무원장이 그때까지 언급조차 금기로 여겨온 10 · 27법난을 폭 거로 규정하고 호국불교의 개념을 특정 정권의 비호가 아닌 국민을 위한 것으 로 바꾸어야 한다는 발언을 하였다.

해인사승려대회는 종래의 보수적이며 정권과 유착한 불교계가 과감한 현 실비판을 가함으로써 교계 내외에 큰 자극을 주었다. 그 현실비판의 내용은 불교의 입장에서 그동안의 모순을 딛고 국가권력과의 관계를 바르게 설정하 려고 한 점, 당시 사회개혁 세력의 활동에 동참하여 사회민주화에 대한 독자 적인 목소리를 내게 된 점으로 파악할 수 있다. 이로써 해인사 승려대회는 불 교운동사에 한 획을 그었으며 불교 대중은 물론 사회민주화를 염원하는 제반 세력들에게 놀라움과 기대에 찬 눈으로 새롭게 불교를 바라보게 하는 계기가 되었다고 평가할 수 있다.

또한 승려대회는 한국불교의 현대사에서 몇가지 중요한 의미를 지닌다. 우 선 불교관계악법 철폐를 강력히 요구함으로써 그동안 불교자주화를 가로막고 있던 제도적 굴레에 대해 불교계가 자각을 하게 되었다는 점이다.

다음은 불교자주화 운동과 사회민주화 운동의 불가분의 관계를 인식했다는 것이다. 사회민주화없이는 진정한 불교자주화 역시 성취될 수 없음을 통감하고 전 불교대중에게 동참을 호소하면서 불교 위상을 재정립하기 위한 이론적이며 조직적인 계기를 이루었다는 것이다.

해인사 승려대회의 영향과 파급력은 놀라울 정도로 컸다. 전국의 불교단체들이 승려대회에 대한 지지성명을 연일 발표하였고 중앙승가대학 학인들은 승려대회 바로 다음날부터 농성에 들어갔다. 경찰이 해인사 승려대회를 마치고 귀경하는 승가대학 학인들에게 버스에 부착된 현수막을 철거하라고 하였으나 학인들이 이를 거부하면서 충돌이 일어났다. 이 충돌로 연행자와 부상자가 속출하자 학인들은 중앙승가대에서 8일간의 농성에 돌입한 것이다. 이렇게 해인사 승려대회에서 학인과 경찰의 시비가 발단이 되어 시작된 9·8승가대학 농성은 일반에게 해인사 승려대회의 의미를 더욱 알릴 수 있는 계기가 되었다.

전국승려대회 (1986. 9. 7), 해인사

8일간의 농성을 마치면서 개운사에서 불교관계악법 철폐운동 공동대책위원회(이하 악법철폐공대위)가 발족하였으며, 이 악법철폐공대위와 불교탄압공대위는 10·27법난 규탄 및 불교자주화쟁취대회를 10월 27일에 봉은사에서 개최하기에 이르렀다. 또한 정권은 해인사 승려대회와 관련하여 그 주도 승려들을 집시법 위반혐의로 구속하였는데 이것은 불교계의 반정부 투쟁에 불을 붙이는 격이 되었다.

해인사 승려대회는 불교계의 불교자주화와 사회민주화를 더욱 촉진케 하였다. 그러나 이러한 운동의 심화 과정에 문제가 없었던 것은 아니다. 일부 소장승려들과 경찰과의 충돌이나 농성과정에서 나타난 과격, 폭력 경향은 보수적인 종단 풍토에서는 쉽게 받아들일 수 없는 문제였다. 또한 과연 불교계가 정치사회 현실에 관해 어느 정도 목소리를 내고 그에 개입하여야 할 것인지에 대한 의문도 나타났다. 이러한 문제들에 대해 민중불교운동측과 기성종단측 사이에는 일치할 수 없는 입장차이가 확인되었다.

아뭏든 1986년 9월 7일의 해인사 승려대회는 그동안 축적된 민중불교운동의 성과물로서 불교계내에 불교자주화, 사회민주화 운동을 확산시킨 계기가 된 사건임에 틀림없다. 또한 불교계가 보수적이며 친정부적인 교단으로 인식되었던 이미지를 대외적으로 쇄신시키는 전기가 되었다.

3) 실천불교운동의 전개

1980년대 중반이후 교계에는 다양한 불교운동 단체들이 등장하였다. 사회민주화의 물결이 거세게 일어나면서 진보적인 성향을 지닌 출가·재가자들이 결집하여 불교개혁과 민주화 운동에 매진하였다. 그 대표적 단체가 민중불교연합, 정토구현승가회, 대승불교승가회, 실천불교전국승가회, 그리고 선우도량이다.

민중불교연합(이하 민불련)은 1985년 5월 4일에 출범하였다. 민불련의 출범은 그동안 고립·분산적으로 지속되어 온 민중불교운동 세력을 하나로 묶는 조직적인 기틀의 탄생을 의미하는 것이었다. 또한 민불련의 활동은 민중불교운동을 사회 전면에 표면화시켜 그 실체를 대중에게 명확히 인식시키는 계기가 되었다.

민불련의 창립은 1980년대 중반 민중운동단체들이 속속 창립한데 이어 재야연합조직인 민주통일민중운동연합의 결성 등 당시 재야 운동세력의 등장에 영향을 받았다. 또한 개별적으로 진행되어 온 민중불교운동의 이론적, 실천적 활동들은 운동의 조직화, 체계화를 위한 조직을 요구할 단계에 이르렀던 것이다. 민불련은 1985년 5월 4일 100여 명의 출·재가 불교도가 운집한 가운데 창립총회를 개최하였는데 이날 창립총회 참석자 전원이 당국에 의해 무차별 연행되는 탄압을 겪었다.

민불련은 불교계의 출가와 재가의 연합운동체로서 민중불교운동의 상징적 대표기구로 활동하였다. 창립선언문에서 민불련은 초종단적인 사부대중의 힘의 결집체로서 간단없는 투쟁을 지속하여 불교의 민중화를 이룰 것이라고 밝혔다. 그 강령으로 ①민중의 참된 자유와 진정한 평등이 보장되는 불국정토 건설, ②민족의 의지를 결집하여 자주적 평화통일 달성, ③불타의 정법을 수호하여 주체적인 민중불교 확립을 선포하였다.

민불련이 창립한 이후 지속한 사업은 노동현장의 지원활동, 각종 반정부 집회 조직 및 참여, 기관지 『민중법당』을 중심으로 민중불교운동론의 정립과 유포, 10·27법난 진상규명 요구 등 일련의 불교자주화운동의 실천으로 요약할 수 있다. 이러한 민불련의 활동은 불교계의 사회변혁운동 세력을 하나로 묶어 반독재민주화운동을 선도하였으며 민중불교운동을 진보적 불교운동으로 사회전체에 인식시켰다.

그러나 민불련의 활동 중 과격 투쟁적 요소들과 사회주의 이론의 무비판적 적용 등은 보수적 종단 주도세력의 저항을 받았을 뿐 아니라 대중적 지지를 확보하는 데 장애가 되었다. 또한 정권의 끊임없는 탄압 속에 민중불교운동 내부의 방법론 갈등, 대통령 선거를 둘러싸고 일어난 노선의 차이, 조직력의 근본적 한계 등의 요소들은 민불련 성장에 암초로 작용하였다. 결국 민불련의 창립과 활동은 당대 민중불교운동의 내용과 성격, 한계를 말해주는 지표로서 그 의미를 찾을 수 있을 것이다.

1980년대 중반에 이르기까지 민중불교운동의 주축은 사실상 재가자 혹은 재가 · 출가 연합세력에 의해 진행되어 왔다. 그러나 민중불교운동이 성숙단계에 이르는 1980년대 중반에 이르러 불교계 운동의 중심으로 일군의 승가집단이 급격히 부상하게 된다. 이러한 당시 사정을 말해주는 것이 1986년 6월의 정토구현전국승가회(이하 정토구현승가회)의 창립이다. 정토구현승가회는 불교운동의 역사에서 사회참여와 불교자주화 운동을 표방한 최초의 승가조직이었다.

1986년은 사회개혁세력에 의해 군사독재 퇴진과 민주헌법 쟁취운동이 활발히 진행되던 해이다. 이때 각계 각층에서 터져나온 시국선언과 민주화의 열기는 5월 15일 조계종 승려 152명의 시국성명으로 이어졌다. '민주화는 정토구현이다' 라는 제하의 시국성명은 전국의 학인 · 선승들이 참여하여 불교 내외로 큰 파장을 일으켰다.

이와 같은 시국상황과 불교계의 지지에 의해, 드디어 6월 5일 221명이 발기하여 사회민주화와 불교자주화를 목적으로 한 승가조직인 '불교정토구현전국승가회' 가 창립하였다. 정토구현승가회의 핵심 인물은 지선 · 청화 · 진관 · 법성스님 등이었는데 불교계의 진보적 소장 승려들이 결속하여 활동하였다.

정토구현승가회는 1980년대를 대표하는 진보적 승가조직으로서 불교계의 민주화운동 참여에 큰 공헌을 하였다. 그러나 사회참여 활동에 대한 투쟁적 편향과 함께 종교운동으로서의 임무와 자기 한계에 대한 간과, 그리고 일반 승려의 대중적 의식과 융합하지 못하였다는 한계를 안고 있었다.

1988년 3월에는 대승불교승가회(이하 대승승가회)가 창립되었다. 대승승

정토구현 전국승가회의 수련회

가회의 주도세력은 기왕의 승가운동 노선에서 사회참여보다는 종단개혁에 중심을 두었던 측과 대선 당시 비판적 지지노선에 반대하고 후보단일화 노선을 주장하던 측의 결합으로 이루어졌다. 이들은 1988년 1월부터 논의를 거쳐 3월 25일 개운사에서 대승승가회를 창립하였다. 대승승가회를 주도한 인사는 회장 송산, 상임위원장 명진, 공해대책위원장 성문, 민족불교연구소장 현응스님 등이었다.

대승승가회의 기본강령은 '수행정진, 교화방편, 정토구현'이었다. 창립선언문에서는 "깨달음과 역사가 통일된 삶과 실천운동으로서 대승불교운동이 요망된다. 대승불교운동의 현실적 지평은 산중불교와 민중불교의 모순과 한계를 극복하고 새롭고도 창의적인 불교운동의 담지자로 민족불교운동을 선언한다"고 하였다. 이러한 창립취지는 사회적 요구에 천착하는 민중불교운동의 문제점을 비판하고, 불교운동의 새로운 전망을 불교교리의 재해석과 그것에 입각한 대중운동으로서의 민족불교운동을 채택한다는 것이다.

대승승가회의 활동은 1980년대 초기의 불교운동이 가지는 급진성을 극복하고 사회민주화운동과 아울러 불교계 내부의 문제에 보다 관심을 기울인 것이었다. 이것은 승가 대중의 수준과 정서에 맞는 운동 양식이라 평가도 받았다.

그러나 창립초기인 1988년 6월 봉은사사태에서 일부 회원이 사태의 주역으로 개입하면서 대중적 신뢰에 타격을 입었고, 조직적 결합력의 취약성과 운동 진로의 부재로 인해 1991년 3월, 활동을 마감하게 되었다. 결국 대승승가회는 보수적 제도권 종단과 진보적 운동권 사이에서 분명한 자기 위치를 확보하지 못했던 것으로 이해할 수 있다. 그러나 대승승가회의 결성과 활동은 1990년대 승가운동의 조직과 노선에서 새로운 지평을 여는 중요한 계기가 되었다.

1980년대 말 냉전체제의 붕괴로 나타난 세계질서의 변화와 민주항쟁의 성과로서 얻어진 한국사회의 민주화 진전은, 1990년대 진보적 사회운동 노선에 큰 영향을 주었다. 이러한 경향은 불교계의 개혁세력에도 예외가 아니었다. 1980년대 불교운동이 치중했던 지나친 정치편향 등은 1990년대 들어서 반성과 비판의 대상이 되었다.

1992년 10월 1일 창립한 실천불교전국승가회(이하 실천승가회)는 변화된 인식과 운동노선을 명확히 보여준 승가운동단체이다. 실천승가회의 주축인 청화·지선·효림스님 등은 1992년 8월에 해체된 정토구현승가회를 이끌던 주역들이었다. 한마디로 실천승가회는 1980년대 승가운동의 계승과 극복을 목표로 한 단체였다.

이후 1994년까지 실천승가회는 개혁세력의 선두에서 종단개혁과 개혁회의 구성에 주도적 역할을 하였다. 실천승가회가 이끈 종단개혁 활동 중 가장 주목할 것은 종회의원 직선제와 겸직금지를 골자로 한 종헌·종법 개정운동이었다. 이 운동은 종단개혁의 주된 내용을 종단구조의 개혁, 종단운영 체제 및 제도의 개선에 초점을 맞춘 것이었다. 실천승가회는 1993년 4월 종단개혁을 위한 공개토론회를 거친 이후 7월에 종헌종법 개정을 위한 대중 서명운동에 착수하여 3개월만에 2천여 명의 서명을 받는 성과를 거두었다. 이러한 종헌종법 개정운동은 당시 대중들의 큰 호응을 얻었으며 1994년의 종단개혁불사에 첫발을 내딛는 성과였다고 볼 수 있다.

실천승가회는 1990년대를 대표하는 승가운동단체의 일원으로서 1980년대 승가운동 정신의 계승과 극복을 표방하였다. 이러한 관점에서 종단개혁이라는 불교 내부의 문제에 천착하였으며, 재야운동권의 역할에서 벗어나 1994년 개혁불사의 주체세력으로 전면에 등장하였다. 실천승가회가 내세운 종단개혁의 요체는 법과 제도의 개혁으로 특징지울 수 있으며 이는 1994년 개혁불사의 전반적인 기조와도 일치하는 것이었다.

마지막으로 선우도량은 1990년 11월 14일 수덕사에서 수좌 80여 명이 창립대회를 개최하면서 공식 발족하였다. 선우도량은 '승풍진작'과 '바람직한 수행자상 확립'을 위한 승가결사체를 표방하였다. 현대불교운동사에서 선우도량의 창립 의미는 다양한 측면에서 접근할 수 있다. '결사(結社)'라는 한국불교의 전통을 재해석하여 현대의 승가운동으로 이끌어냈고, 과거의 승가운동과는 다르게 승풍과 수행자의 문제를 주요 과제로 채택하였다. 선우도량 활동의 주축은 도법·수경·현봉·혜담·현응·학담·철오·현각스님 등으로, 이전까지 승가운동권내에 잘 알려지지 않았던 수좌 출신과 정토구현승가회, 대승불교승가회 출신의 일부 승려가 결집하였다.

2년 여의 준비기간을 거쳐 창립된 선우도량은 세가지 방식의 결사(장기결사, 수련결사, 현장결사)를 동시에 지향하였는데 교계의 새로운 불교운동의 대안으로서 관심을 모았다. 선우도량은 승단의 문제가 단순한 세대교체로는 해결될 수 없다는 것이었고, 불교가 한국사회에서 제역할을 하기 위해서는 보다 근본적인 대안이 필요하다는 문제제기를 하였다.

이후 선우도량의 활동은 매년 2회 열리는 수련결사를 통해 구체적인 활동을 전개하였다. 수련결사에는 일정한 주제와 그에 대한 장시간의 토론과정이 있었다. 1992년 '계율에 관하여'라는 주제를 시작으로 1998년 '초기불교의 시대적 역할과 한국불교의 시대적 과제'에 이르기까지 총 14회에 걸친 수련결사

에서는 행자교육, 깨달음, 청규, 수행론, 간화선, 종헌종법, 결사운동, 교육방
향, 승가상, 미래사회와 사찰의 역할, 삼보정재와 수행자의 윤리성, 교구본사
의 역할과 과제 등의 다양한 주제들이 다루어졌다. 이러한 주제들은 한국 승
단의 현실과 불교의 사회적 역할에 대한 본질적인 문제들을 내포한 것이었다.

선우도량은 '한국불교근현대사연구회'를 부설기관으로 두어 활발한 연
구·출판활동을 펼쳤다. 종단의 정체성 확립에 기여할 것을 목표로 1994년 본
격적인 작업을 시작한 이래 근현대불교사 연구의 기초 자료집 발간을 통해 이
분야 연구를 촉진하고 있다.

승가운동을 불교적 전통에서 찾아 현대화하고 현대불교에 대한 근본적인
문제제기와 그를 타개하기 위한 불교적인 대안 제시, 실천활동을 전개한 선우
도량의 활동은 '90년대 승가운동의 새로운 지평을 제시하였다.

4) 종단 운영의 난맥

종권의 분쟁

1987년 이후 한국사회 전반의 민주화 진전과 종단 외부 불교운동의 성숙에
도 불구하고 종단 내부에서는 비민주적 운영과 종권을 둘러싼 갈등이 지속되
었다. 이러한 종권갈등의 양태는 진보적 불교운동 세력은 물론이고 일반 종도
들 사이에서도 종단에 대한 신뢰를 상실케 하였고 개혁에 대한 요구를 증대시
켰다. 또한 당시 종단은 종권갈등뿐만 아니라 정국혼란과 대통령선거 국면을
맞이해서 뿌리깊은 여당 지지 성향을 노골화하여 적지않은 반발을 샀다. 당시
서의현원장은 국민의 분노 속에 6월 항쟁을 불러일으킨 대통령의 4·13 호헌
발표를 지지하였고 대통령 선거운동기간에는 '불자대통령 만들기'를 운운하
며 특정후보 지지를 공언하였다.

이러한 종권의 갈등과 종단집행부의 비자주적 체질이 집약되어 표출된 사

건이 바로 1987, 88년의 봉은사사태이다. 봉은사사태는 1987년 10월 31일 봉은사에서 변밀운주지가 정대불사일을 기하여 '노태우총재 대통령 당선 기원법회'를 계획하면서 시작되었다. 이때 밀운스님은 서의현원장의 경쟁자로서, 당시 여권에서 밀운스님에게 총무원장직 보장을 조건으로 '노태우후보 당선 기원법회'를 개최하도록 사주하였다는 설이 유포되었다. 이에 대해 10월 30일 정토구현전국승가회 등 5개 단체 대표는 봉은사를 방문하여 법회의 취소를 요구하였다. 그러나 밀운스님은 이를 거부하였고 급기야 10월 31일 법회 당일에는 법회를 반대하는 시위대와 밀운스님측이 충돌하여 부상자가 발생하고 경찰이 시위대를 강제 연행하는 사건이 발생했던 것이다. 이것은 정권에 기대어 종권을 선점하려는 과열된 종권갈등이 빚어낸 사건이었다.

이 봉은사사태뿐만 아니라 1987년 말에는 총무원과 종회의 대립을 비롯하여 종권쟁탈을 위한 암투가 시작되었다. 이에 대해 당시 총무원은 총무원장 권한 강화를 위해 종헌개정을 준비하였고, 1988년 3월 임시종회에서는 종단 대표권자를 총무원장으로 하는 실질적인 총무원장 중심제로의 종헌개정을 단행하였다. 이 과정에서 밀운스님측이 일으킨 폭력사태가 발생하였으며 종헌종법 개정은 결국 서의현원장의 권한을 더욱 강화시켰다. 주지 임면권이 종정에서 총무원장에게 넘어가면서 명실공히 총무원장은 법적·행정적 대표권자가 되었다.

이러한 상황하에서 봉은사는 또 한번의 사태를 맞이하였다. 1988년 4월, 서의현원장은 봉은사 주지 밀운스님을 해임하고 부주지를 재산관리인으로 위촉하였다. 강제 축출된 밀운스님은 이에 반발하고 봉은사를 점거하였다. 사태는 거리집회와 무력대치, 주지의 구속, 총무원장 자격과 관련한 직무집행정지 가처분소송 등 심각한 분규로 치달았다.

이 과정에서 주지쟁탈전을 조장했다는 여론이 일자 총무원은 중앙승가대학에 봉은사 관리를 요청하고 승가대학 사무처장이자 대승불교승가회 운영위원인 성문스님을 신임주지로 임명하였다. 이에 6월 23일, 성문스님측이 봉은사에 입주하려하자 밀운스님측의 스님과 신도들이 적극 저지하면서 또다시 난투극이 발생하였다.

결국 1988년 12월 밀운스님측은 '비상종단운영위원회'를 구성한다며 봉은사에 총무원 간판을 내걸었다. 이후 봉은사측과 조계사측은 주도권을 장악하기 위해 물리적 충돌을 빚는 등 갈등이 심화되어 갔다. 그런데 이 사건은 1989년 5월 서의현원장과 밀운스님이 불교중흥을 위한다는 명목으로 합의서를 발표하면서 결말을 맺게 된다. 이 합의에는 그동안 종단의 위신을 추락시킨 데 대한 사과 한마디 없이 분규로 발생한 채무를 삼보정재로 탕감한다는 내용이 포함되어 있어 종도들의 분노를 샀다.

봉은사사태로 극도의 분규상황을 맞았던 조계종은 1990년대 들어서 종정추대와 관련한 또 한번의 분쟁에 휘말리게 되었다. 당시 이성철종정의 유임을 주장하는 측과 월산스님을 추대하려는 측이 서로 대립하여 총무원이 양분되는 분규를 맞게 된 것이다. 이 분규에는 총무원과 종회, 그리고 원로회의가 각각 추대절차와 추대방법을 놓고 의견을 달리하였다. 두 차례의 중앙종회에서 합의에 실패하자 결국에는 1991년 7월 해인사와 9월 통도사에서 두 차례의 승려대회가 개최되는 등 갈등 양상은 극단으로 치달았다. 이러한 혼란은 1990년과 1991년에 부처님오신날 종정법어가 나오지 못하는 지경에까지 이르렀다.

한편 이러한 혼란의 와중에 1990년 6월 임시중앙종회에서 26대 총무원장으로 서의현스님이 재임되었다. 스님은 통합종단 이후 처음으로 임기를 마친 총무원장이자 연임한 첫 총무원장이 되었다.

1991년 8월 원로회의는 결국 종정에 성철스님을 재추대하였다. 그러나 이에 불복한 측이 10월 통도사 승려대회를 개최하여 수권위원회를 구성하고 서의현원장 체제의 퇴진과 종회 해산을 결의하였다. 10월 7일 이 수권위원회는 서울 강남에 총무원을 개원하여 종단은 또다시 강남, 강북의 두 총무원 체제로 갈라지게 되었다. 그러나 1992년 법정공방은 강북 총무원에 유리하게 진행되었고, 결국 강남 총무원이 강북 총무원으로 흡수되기에 이르렀다.

이후 서의현원장을 중심으로 한 종권체제가 강화되는 가운데 전횡을 빚던 종단상황은 문민정부의 등장과 진보적 불교운동세력의 적극적인 종단개혁 의지가 표출되면서 변화의 단서가 드러나게 되었다.

그러한 종단개혁의 시발은 실천불교전국승가회의 서명운동이었다. 1993년 3월 12일 실천불교전국승가회는 종회의원 직선제 및 겸직금지 등을 골자로 하는 종단개혁 요구를 공개 청원하기 위한 서명운동에 나선 것이다. 여기에 선우도량, 전국불교운동연합 등도 잇달아 성명을 내고 종단개혁 서명운동을 지지하면서 종단개혁에 대한 여론이 점차 확산되었다. 이무렵 드러난 동화사 통일기원 약사대불과 관련한 상무대 비리사건은 서의현원장체제의 전횡과 부패상이 폭로되는 계기가 되었다.

이런 와중에서 성철스님이 1993년 11월 4일 해인사에서 입적하였다. 스님의 입적을 계기로 전국적으로 일어난 추모열기, 생애와 사상에 대한 관심은 놀라운 것이었는데 이것은 곧 한국불교에 대한 잠재력 확인으로 이어졌다.

성철스님의 입적으로 잠시 주춤하던 종단개혁 움직임은 1993년 12월 20일 동국대학교 석림동문회의 '종단 제도개혁 공청회'를 계기로 새로운 국면을 맞이하였다. 이날 공청회의 참석자들은 서의현원장의 퇴진을 선언했다. 이는 '서의현원장 퇴진'을 처음으로 공론화한 것이었다. 이로써 종단개혁운동은 서의현원장의 퇴진, 민주적 종단의 건립, 제도개혁의 흐름으로 구체화되면서 종단개혁의 요구는 더욱 거세졌다.

종단 정체성의 표류

1980년대 후반에서 1990년대 초반에 걸친 종단의 종권갈등은 한국불교의 발전을 저해하는 암초와 같은 요소였다. 이때의 종권갈등의 양상은 폭력사태와 법정공방 등 반불교적 모습을 드러내면서 종단 정체성의 위기를 초래하였다. 이 원인은 정권에 대한 반자주적인 종단체질과 종권의 전횡과 부패, 뿌리 깊은 문중·문도회의 대립의식, 개혁주체의 변질 등을 들 수 있을 것이다.

먼저 반자주적, 정권예속적 종단의 행태는 이미 정화 이후 종단에 내재해온 체질적 특성으로서 이 시기에는 봉은사사태를 통해 여실히 드러났다. 봉은사 사태는 종권 도전세력과 총무원장 사이의 알력으로 발생한 사건이었는데 그 과정에서 여권 대통령 후보의 도움을 얻어 종권경쟁에서 유리한 위치를 선점하려는 의도가 드러났던 것이다.

이와 더불어 1987년의 정치적 격변기에 보여준 총무원장의 언동은 1986년 해인사승려대회의 불교자주화 선언을 망각하고 종도들의 불교자주화 의지를 거부하는 것이었다.

한편 총무원장의 권한을 강화한 종헌개정과 총무원장 연임 결정으로 굳어진 독단적인 체제는 종단운영의 전횡과 종단 지도부의 부패를 더욱 심화시켰다. 이러한 예가 단적으로 드러난 것이 봉은사사태와 상무대 비리사건이었다. 봉은사사태의 결말에서 총무원장과 밀운스님이 합의한 내용은 세속정치판의 정략적 타협을 무색하게 하는 것이었다. 이로 인한 불교의 위신추락은 물론이고 삼보정재의 유용은 종도들을 크게 실망시켰다. 또한 상무대비리는 조기현 전국신도회장이 상무대 이전공사를 맡은 대가로 청와대측에 정치자금을 제공하는 과정에서, 서의현원장에게 80억원이 전달된 사건이었다. 이 사건은 정권과 종단이 유착하여 부패를 키운 것으로 전 국민들로 하여금 종단을 정치자금의 은신처, 비리의 온상으로 여기게 만들었다. 이러한 총무원체제의 문제들은 종도들의 비판 의식과 개혁 열망을 더욱 부채질하였다.

이러한 종단의 총체적 모순구도는 종단운영의 세속화와 부패, 반민주, 반자주적 행태를 더욱 강화시키는 악순환을 거듭하게 만들었다. 이러한 악순환의 고리를 끊기 위해서는 새로운 개혁주체의 출현과 전 종도들의 강력한 개혁의지가 필요하였다.

한편 1988년 불교계의 오랜 족쇄로 여겨졌던 불교재산관리법(이하 불재법)이 폐지되고 대체 법안으로 전통사찰보존법이 시행되자 잇따른 분종·창종 사태가 발생하였다. 조계종의 일부 원로급의 승려들이 일붕선교종, 대승종 등을 창종하여 종단을 탈퇴하였던 것이다. 이러한 분종·창종 사태는 그 동안 종단의 체제가 불재법이라는 관제의 틀에 의해서 유지된 바가 컸다는 것을 말해주는 것이었다. 불재법 시행후의 사태는 종단 존속의 위기감을 불러왔고 내부 개혁에 대한 필요성을 높이는 또 하나의 계기로 작용하였다.

5) 수행과 교화활동

교육

이 시기의 종단내의 교육에 있어서 주목하는 것은 중앙승가대학의 성장과 1990년대 초반 승가교육 개혁론의 등장, 교육과 관련된 다양한 연구기관의 설립 등이다.

중앙승가대학은 1979년 중앙승가학원으로 시작하여 1980년 중앙승가대학으로 개칭하였으며 1981년 3월 16명의 1회 졸업생을 배출하였다. 1982년 한국비구니대학을 흡수·병합하였고 종단에 학교운영을 위한 재정지원을 요청하였다. 1985년 11월 개운학사 준공식을 거쳐 발전의 토대를 닦았고 1989년 7월에는 문교부로부터 학교법인 승가학원 설립허가를 얻고 초대 이사장에 당시 조계종총무원장이었던 의현스님이 취임하였다. 1990년 2월 문교부로부터 상급학교 입학자격이 주어지는 '각종 학교'로 승격하였고, 1991년 3월 교육부로부터 4년제 대학 학력을 인정받았다. 또한 1993년에는 중앙승가대학 설치령 개정으로 개운사·보타사를 부속 사찰로 지정하였다. 중앙승가대학이 이처럼 설립 이후 성장을 거듭한 이유는 현대적 교육체계를 갖춘 승려만의 고등교육기관으로서의 특징과 종단의 지원이 지속되었다는 점에서 찾을 수 있다. 이러한 외적 성장과 더불어 중앙승가대학은 1980년대 중반 이후 사회민주화와 종단개혁의 선봉에 서서 승가운동의 주축을 담당하기도 하였다.

1981년 2월 17일에는 자운(慈雲)스님을 전계사를 모시고 통도사에서 제1회

단일계단 수계산림을 개최하였다. 정화이후 혼란의 와중에서 계율을 경시하는 풍조가 발생하자 수계식의 여법한 진행을 통한 승가 위상의 회복을 목적으로 진행되었다. 1주일간 계본에 대한 강의, 예배 · 예경 · 안행 · 발우공양 · 가사입는 법 · 일상작법 등에 대한 교육이 실시되었다. 이후 단일계단 수계산림이 매회 개최되어 조계종도로서의 의식과 의제의 통일을 이루었고 계율 정신의 확인을 통한 승풍의 쇄신에 힘을 기울였다. 그러나 사미 · 사미니로서 갖추어야 할 기초적인 사상 및 이념 교육은 여전히 부재하였다. 체계적인 기초교육을 통한 조계종도로서의 사상적 정체성을 마련하는데는 미흡했던 것이다. 또한 일부 본사에서는 단일계단 수계산림에 불참하는 사례도 종종 있었다.

그리하여 1991년 8월 행자교육의 이념적 정체성을 마련하고 행자교육 및 전체 승가교육의 체계를 공고히 다지기 위해 행자교육원을 개원하기에 이르렀다. 습의와 의식 교육뿐만 아니라 사상성을 담보한 교과 교육을 통일적으로 시행하여 행자교육의 내용을 체계화시키려는 목적이었다.

그러나 행자교육에 대한 기간과 교육내용의 문제가 종단내외에서 제기되었고 이것은 선우도량을 중심으로 한 승가교육 개혁논의로 확대되었다. 승가교육 개혁은 1991년 선우도량이 '바람직한 수행자상 확립을 위한 행자교육'이란 주제로 수련결사를 개최하고, 공청회 등을 거쳐 1993년 '한국불교승가교육 개혁안'을 발표하면서 구체화되었다. 개혁안은 이후 승가교육 개혁의 토대가 되었는데 그 골자는 행자교육원을 기초교육기관으로, 강원 및 중앙승가대학을 기본교육기관으로, 수의과 · 대학원을 전문교육기관으로, 재교육과정을 특별교육기관으로 설치하는 것이었다.

1955년 전문강원이 복구된 이후 1980년초까지 강원교육의 학제 및 교과과정이 강원마다 다르고 학인들의 학적부마저 제대로 관리되지 않았다. 이러한 실정에서 강원은 종단 교육기관으로서의 올바른 위상을 갖지 못했다. 이러한 문제를 해결하고자 1984년 8월에 '전국비구니강원 교직자 회의'가 열려 교과과정 및 교육이수 기간에 대한 통일안을 제시하였다. 이어 동년 9월 29일 법주

강원의 연학 모습. 범어사

사에서 강원교육의 정상화 방안을 모색하기 위한 전국 강원·강사 연석회의
가 열렸다. 이 자리에서는 전국비구니강원 교직자회의의 토의 사항을 이어받
아 강원 이수년한을 정하고 교과목의 통일을 결의하였다. 즉 이수년한을 사미
과 1년, 사집과 1년, 사교과 1년, 대교과 1년 등 총4년으로 정했고 각 과별로 이
수해야 할 교과목을 제시하였다.

총무원에서는 1984년 11월 7일에 전국강원 교직자 회의에서 건의한 교과목
의 일부를 현행의 과정에 구체적으로 명시하는 안을 받아들여 '승가학원(강
원)설치령'을 발표하였다. 이 교과목의 대략을 보면 전통적인 치문, 사집, 사
교, 대교 과목 외에 불교사 및 선종사상사를 추가하였으며 교양 필수과목으로
외국어와 율장 중에서 1과목을, 교양 선택과목으로 철학·심리학·포교론·
불교문화사 중에서 한 과목을 이수하도록 했다. 그리고 선문염송을 수의과에
서 배우는 것으로 정했다.

그러나 이렇게 강원 학제와 교과목이 정해졌음에도 그것이 그대로 시행되

지 못했다. 교재개편과 강사 확보가 안된 상태에서 4년만에 이 모든 교과를 마친다는 것이 불가능했기 때문이다.

1981년 11월 전통교육의 맥을 계승하는 중요한 불사가 있었다. 즉 직지사에서 황악불교전문학림(黃岳佛敎專門學林)을 개설한 것이다. 황악불교전문학림은 해방 이후 전례가 없었던 새로운 강사 교육의 전형을 보여주었다. 3년 동안 결제, 해제없이 결사를 맺고 문강(問講) 및 논강(論講)식 수업으로 관응(觀應)스님으로부터 전통교과를 익혔다.[42] 모두 대교과를 마친 중강 이상 학인들이었다. 교과목은 사집, 사교, 대교였지만 연담(蓮潭), 인악(仁岳)스님의 사기(私記)는 물론 간정기(刊定記)까지 이수하였다. 1984년 11월 14일 3년결사를 마친 10명의 학인들에게 관응스님은 강맥을 전수하는 전강식(傳講式)을 거행했다. 원산(圓山)·범하(梵河)·시현(時玄)·자일(慈日)·연관(然觀)·재원(再願)·지수(智首)·원욱(元旭)·진성(眞晟)·성정(性正)스님이 그들이다. 이 전강식은 전통 강원교육의 부흥과 강맥 전수의 기틀을 마련하는데 기여하였다.

1982년 2월에는 황악불교학림과 더불어 금산사에서 화엄학림이 개설되었다. 그러나 이렇게 전문 강사를 양성하고 경전 연찬을 통해서 불교학과 종단 발전을 도모하려는 학림의 역할은 지속적으로 이어지지는 못했다. 종단 차원이 아닌 본사 단위에서 이루어진 것이어서 종단의 제도적 뒷받침이 없었던 탓이다.

봉암사 종립 특별선원의 지정과 수행·정진의 고조

1982년 11월 조계총림에 승가원(강원)이 개설되어 총림으로서 사격을 갖추어나갔다. 1985년 3월에는 통도사에 영축총림(靈鷲叢林)이, 이어 동년 4월 수덕사에 덕숭총림(德崇叢林)이 설립되어 조계종의 총림은 모두 4개로 증가하

---

42) 관응스님이 직지사에서 30일간 전국 강사 및 강주스님, 그리고 대교과를 마친 스님 200여 명을 대상으로 선문염송 법회를 개설한 것이 계기가 되어 결성되었다. 선문염송 강의가 끝난 후 다시 경전 연찬에 뜻을 둔 스님들이 모인 것이다.

였다.

1982년 6월 종단에서는 봉암사를 조계종 특별 수도원으로 지정하여 성역화 의지를 표명하였다. 그 결과 희양산 봉암사 지역은 특별 수도원으로 확정되어 일반인·등산객·관광객의 출입을 통제하여 부처님 오신날만 개방하고 다른 날은 신도를 포함한 모든 일반인의 출입을 막아 수행도량의 분위기를 조성하게 되었다. 이어 1984년 6월 제13차 비상종단 상임위원회에서는 선풍 진작과 종단 발전을 위해 봉암사를 종립선원으로 결정했다.

봉암사 종립 특별선원의 수행방법은 모두 4가지로 구분된다. 용맹정진, 가행정진, 원력정진, 외호대중 정진이 그것인데 용맹정진은 22시간, 가행정진은 14시간, 원력정진은 10~12시간, 후원의 외호대중 정진은 5~6시간으로 짜여져 있다. 1947년 봉암사 결사를 맺고 새로운 수행 가풍을 형성했던 그 자리에서 80여 명의 대중들이 오롯이 가부좌를 틀고 오도를 향한 정진을 시작하였고, 이러한 봉암사의 수행가풍은 오늘날까지 내려오고 있다.

1980년부터 1993년까지 전국 각지에서 50개 내외의 선원이 매년 안거에 들어갔으며 27개 선원이 새롭게 개원 내지 복원되기에 이르렀다.[43] 선원과 정진대중수는 1980년초부터 1985년까지 주춤거리다가 1986년 이후부터는 점진적으로 늘어났다. 이렇게 1980년초에 선원이 많이 개원되지 못하고 수선 대중이 적었던 것은 1980년에 발생한 10·27법난이 주된 요인으로 작용했다. 10·27

---

43) 이 시기에 개설된 선원은 다음과 같다. 의정부 회룡선원, 고운사 고금당선원, 가평 향천사선원, 충북 음성 미타사선원, 월정사 육수암선원, 천은사 방장선원, 괴산 공림사 감인선원, 서울 수유리 보광선원, 용인 화운사 능인선원, 상주 용흥사 백운선원, 은해사 백흥암선원, 은해사 기기암선원, 태안사 금강선원, 천안 광덕사 태화선원, 강진 백련사 만덕선원, 예산 보덕선원, 쌍계산 금당선원, 충무 용화사 당래선원, 내장사 벽련선원, 법주사 탈골암 대휴선원, 지리산 칠불사 운상선원, 승련사선원, 완주 위봉사선원, 경기 가평 현등선원, 부안 월명암 사성선원, 갑사 대자암 무문관, 제주 학전선원 등이다.

44) 1980년의 하안거, 동안거의 선원수 및 정진대중수는 교무부에서 발간한 『방함록』를 참고하였다. 정진대중수는 외호대중을 뺀 숫자를 추정한 것이다.

법난이 일어나기 전인 1980년 하안거에는 42개의 선원에서 700명 내외의 수
좌들이 정진했는데, 법난 이후의 동안거에서는 선원수가 대폭 줄어 34개의 선
원에서 670명 정도의 수좌들이 참선에 들었던 것이다.[40] 선원마저 법난의 영
향권에서 벗어나지 못했기 때문이다.

1983~1993년의 선원과 대중수

구분	선원수	비구	비구니	합계
1983	35	290	449	739
1984	42	370	456	826
1985	37	363	405	768
1986	45	408	388	796
1987	47	423	484	907
1988	48	454	506	960
1989	52	525	517	1,042
1990	51	453	550	1,003
1991	56	483	631	1,114
1992	54	464	578	1,042
1993	58	505	589	1,094

※조계종 교육원 『선원총람』

　이후 전국적으로 선원의 숫자와 정진대중이 늘어난 배경에는 간화선 화두
참구를 통해 깨달음을 추구하려는 수행자들이 많이 늘었났던 것이 주된 원인
이겠지만, 수선납자들을 공경하는 종단 불자들의 신앙심도 커다란 역할을 하
였다. 이들 불자들의 보시 공덕과 후원없이 선승들은 마음 편히 수행할 수는
없기 때문이다. 그리고 재가불자들의 참선 정진도 이어져 도시에서는 많은 시
민 선방이 생겨나고 불자들의 수행 열기로 가득하였다. 그리고 방학이나 휴가
철이 되면 많은 불자들이 절을 찾아 참선 정진하면서 심신을 가다듬게 되었던
것도 이 시기에 나타난 두드러진 특징이기도 하였다.

도심포교당의 참선수행

포 교

1980년대에서 1990년대 초반은 한국불교의 포교부문이 괄목할만한 성장을
이룬 시기이다. 이 시기의 포교에서 주목할 수 있는 현상은 종단내의 포교원
설립, 포교사단의 결성, 도심포교의 확대, 직능별 포교조직의 결성 등을 들 수
있다.

먼저 포교원이 설립된 때는 1981년 3월 19일의 일이다. 조계종령 제43호에
의거하여 설립된 포교원은 3대 지표로서 '인류의 불자화, 불교의 생활화, 사회
의 정토화'를 내걸었다. 이후 포교원의 사업은 포교 인적자원의 체계화, 포교
자료의 문서화, 그리고 법회의식의 일원화 및 생활화 등과 같이 포교의 체계
적 운용을 목적으로 하였다. 이러한 사업의 지침은 결국 '조계종 전국포교사
단', '전한국불교 포교사협회' 등과 같은 전국적 포교조직을 형성하는 성과를
이루기도 하였다. 그러나 포교원의 위상이 총무원 산하기구로 배치되어 포교

사업의 전문화와 자율적 운영에는 한계를 안고 있었다.

　다음으로 도심포교당의 설립은 1980년대 이후 한국불교의 포교상황을 설명해주는 중요한 지표이다. 1982년 서울 지역 최초로 '포교원' 간판을 내걸었던 여의도포교원을 비롯 강남포교원, 은평포교원, 구룡사, 능인선원, 정토포교원 등이 1980년대 서울지역에 설립된 주요 포교당이었다. 구룡사는 1985년 강남으로 이전하면서 지하 2층, 지상 7층의 건물을 짓고 본격적인 강남포교 시대를 열었다. 구룡사는 주변 중산층 신도들에게 가까이 갈 수 있는 포교 방편으로 지역문화를 창달하고 문화공간의 역할도 담당하였다.

　1984년에 출발한 능인선원은 신도 30명으로 개원하여 10년만에 5만 신도로 늘어날 정도로 강남지역에 불심을 돋구었다. 특히 능인선원은 불교대학을 통해 학기별로 2~3천명의 새신도를 배출하면서 1999년에는 신도수가 약 22만명으로 늘어나 세간에 놀라움을 주었다. 이렇게 능인선원이 비약적으로 발전하기까지에는 지광(智光)스님의 노력과 정진이 있었다. 3천명씩 참여하는 새벽기도를 하루도 빠짐없이 집전하는 지광스님은 능인선원의 모든 운영을 신도들에게 일임하고 오직 기도와 체계적인 신도교육에만 힘을 기울였던 것이다.

　도심포교당의 설립은 서울뿐만 아니라 지방에서도 성행하였다. 여수 여천불교포교원, 충북 청주의 대한불교심우회 포교당, 경북 구미의 구미불교포교원 등이 지방에 설립된 대표적 포교당이었다. 1980년대에 이어 1990년대는 도심포교가 더욱 성행하였다. 1990년대 초반 설립된 포교당으로는 법륜왕사, 사천왕사, 금강정사 등을 들 수 있다. 이러한 도심포교당 설립은 1960년대 이후 우리 사회에서 진행된 이농, 인구의 도시집중화 현상, 불교계의 사회의식 고양과 사회참여 확대 등을 감안할 때 당연한 것이라고 볼 수 있으며 도시화 속도와 기독교의 팽창에 대응하기에는 오히려 늦은 감이 있었다. 또한 도심포교당 설립의 내실을 살펴보면, 종단이나 역량 있는 본사급 사찰의 계획과 지원보다는 원력있는 승려에 의해 포교당이 설립된 경우가 많았다. 이것은 도심포교당 건립을 위한 종단의 체계적 계획, 관리가 부족했음을 말해준다.

한편 도심포교를 중심으로 한 포교의 활성화는 다양한 포교전략과 방법의 창출로 이어졌다. 즉 1980년 전후하여 시작된 일요법회, 우리말 반야심경·천수경 독송, 불교대학 및 강좌의 개설 등 다각적인 시도가 이루어졌다. 또한 1990년대 조계종의 거의 모든 본사급 사찰에서 여름 휴가기간을 이용하여 일반인을 대상으로 실시한 수련대회는 불교문화의 보급과 포교에 중대한 역할을 하였다고 볼 수 있다.

1980년대 중반 이후 포교분야에서 주목할만한 또 하나의 변화는 직능별 불자회의 결성이 활성화되었다는 점이다. 국회정각회(1985), 한국교수불자연합회(1988), 불교실업인회(1990), 전국교사불자회(1990) 등을 비롯 다양한 전국단위의 직능별 불자회 결성이 이 시기에 이루어졌다.

한편 대한불교진흥원은 1980년 이후에도 지원사업과 함께 다양한 활동을 주체적으로 진행하였다. 『우리말 불교성전』을 비롯한 불서를 간행·보급하였고, 불교발전을 위한 학술세미나, 시민선방 운영, 스님 및 불교단체의 연수 등도 행하였다. 1980년대 말에는 서울시 마포의 다보빌딩을 매입하여 안정적인 재원을 바탕으로 불교진흥에 박차를 가하였다. 1990년에는 불교방송국의 설립에 견인차 역할을 함으로써 포교의 새로운 지평을 개척하기도 하였다. 또한 불교적 소양 함양을 위한 불교문화센터를 운영하고 있으며, 다보문화강좌, 다보법회 등을 개설하였다. 그리고 대원회 등과 함께 대중불교결사전국대회 및 전국순회법회 등을 통한 대중불교운동의 확산을 위해 지속적으로 노력하고 있으며, 1996년에는 충북 괴산에 다보사 다보수련원을 건립하여 불자들의 각종 수련과 교육을 실시하고 있다.

이 시기의 해외포교는 크게 성장하지는 못했지만 1982년에는 하와이 대원사 창건이나 1990년대 들어 교구본사들이 미국에 해외포교당을 건립하여 포교에 활기를 불어넣은 사실을 주목할 수 있다. 또한 유럽 등지에는 1987년 영국 런던의 연화사, 1992년 독일 홍법원, 보문사, 프랑스 송광사 파리 분원 길상사 등이 창건되었는데 해외포교는 이러한 포교당 설립 외에도 방송과 문서포교 등 언론매체를 통한 포교가 활성화되었다.

사회활동

1980년대의 대사회적 활동은 불교운동단체를 중심으로 한 사회민주화운동을 들 수 있다. 또한 불교계 운동단체의 연합활동으로서 통일운동을 빼놓을 수 없다. 1988년 서울 올림픽을 계기로 불교계의 사회운동세력은 '공동올림픽쟁취불교본부'를 구성하였고 8월 15일에는 '조국의 자주적 평화통일을 위한 남북불자공동법회'를 개최하면서 통일운동의 물꼬를 텄다. 이러한 활동은 결국 1988년 12월 4일 민족자주·통일 불교운동협의회(이하 통불협)를 창립하기에 이르렀다. 통불협은 핵무기철거, 평화협정 체결을 위한 불교도 서명운동을 벌이는 등 1993년 전국불교운동연합으로 재편되기까지 불교계의 통일운동을 이끌었다.

이후 1990년대 들어서 사회활동은 1980년대와는 다른 국면을 맞이하였다. 이 시기 사회활동의 특징은 불교계 내에서도 사회민주화운동이나 체제변혁운동보다는 시민사회운동의 성향이 강화된 것이다. 또한 80년대의 사회운동이 전체운동 구도속에 부분적으로 참여하는 수준에 머물렀다면, 1990년대 사회활동은 불교적 정신과 특징을 살린 사회운동이 늘어났다는 것이다.

1990년대 대표적 사회운동단체로는 1991년 7월 창립한 경제정의실천불교시민연합(이하 경불련)을 들 수 있다. 경불련은 정법을 수호하고 대중의 일상생활과 밀접하게 연계된 불교운동을 통해 사회정의를 확립하고 민주복지사업을 구현하겠다는 목적으로 출범하여 공명선거운동과 외국인노동자의 인권문제 등에서 많은 활동을 벌였다.

1990년 11월 조직된 불교인권위원회는 비전향장기수 등 양심수에 대한 인권운동과 함께 국가보안법을 비롯한 반민주악법 철폐 운동을 벌였다. 또한 이 불교인권위원회는 일본군 종군 위안부 할머니에 대한 후원사업을 벌였다. 후일 이 활동이 기초가 되어 1992년 10월 정신대할머니들의 삶의 보금자리인

'나눔의 집'을 마포구 서교동에 개원하게 되었다.

다음으로 1990년대 사회활동의 새로운 조류는 환경문제에 대한 관심이었다. 이 환경운동은 불교적 세계관에 기초한 대사회활동으로서 자리매김하였다. 불교계에서 환경운동이 시작된 것은 1992년 2월 공해추방불교인모임이 창립되면서부터이다. 공해추방불교인모임에서는 심포지엄과 캠페인 활동을 전개하고 청소년을 대상으로 환경교육을 전개하였다. 또한 불교계 환경운동의 주류는 1991년 한국불교환경교육원의 활동이 본격화되면서부터였다. 한국불교환경교육원은 생태주의에 대한 연구, 동양사상과 불교사상을 환경운동 속에 확산시키려는 연구·교육활동, 환경운동단체 서로를 연결하고 도와주는 네트워크 구축 등의 구체적인 성과를 보였다.

이와 더불어 1993년 8월 법정스님의 발의로 시작된 '맑고 향기롭게 운동'도 주목된다. 마음과 세상, 자연을 맑고 깨끗하게 가꾼다는 기치로 시작된 이 운동은 일반인들에게 불교의 사회활동에 대한 이미지를 크게 향상시키고 불교적 삶의 가치를 전파하는 데 큰 역할을 하였다.

학술과 문화

1980년대 후반에서 1990년 초에는 많은 학술·연구단체들이 등장하여 불교사상과 학문의 발전에 괄목할만한 성장을 이루었다. 그 대표적 단체가 보조사상연구원·가산불교문화연구원·고려대장경연구소, 그리고 성철선사상연구원 등이다. 이들 단체는 중앙의 종단에서 종권을 둘러싼 마찰이 고조되어 가는 어려운 여건속에서도 교리와 사상, 그리고 학문의 발전을 위해 부단히 노력하였다.

먼저 보조사상연구원은 1987년 2월 송광사에서 창립하였다. 부처님의 사상을 계승하고 조계종의 중흥조인 불일(佛日) 보조국사의 사상과 가풍을 연구·계발하여 한국불교를 중흥하는데 그 목적을 두고 있다. 이를 위해 매월 월례발표회를 개최하고 학술지 『보조사상(普照思想)』을 발행하고 있다. 또한 연 1

회 보조사상과 관련한 국내외 학술회의를 개최하고, 보조어록 및 불교관련 원전 강독회를 실시하였다. 한편 1989년 11월에는 『보조전서』를 발행하였고, 1991년 10월 부터는 불일교양강좌를 개설하여 시민을 대상으로 교리의 대중화에 노력하고 있다.

가산불교문화연구원은 1991년 6월 "불교전통의 창의적 수용을 통해 인간의 본래 불성과 근본 법성을 발현시킨다"는 목적으로 지관스님이 설립하였다. 연구원은 한국불교의 역사와 정신, 문화를 오늘에 되살리기 위해 한국불교대백과사전 편찬, 학술, 교육, 출판, 교화의 5대사업을 전개하는 한편 미래의 한국불교를 이끌어 갈 인재양성에 매진해 왔다.

1996년에는 불교원전전문학림인 삼학원을 부설하여 불교 고유의 이수방법인 논강 및 전강의 전법 전통을 계승하였다. 즉 근본 경전과 논서 등의 연찬을 통한 교학의 체계적 전수와 진보적 불교학의 연구결과를 두루 섭수하는 전문연구와 인재양성의 장으로 자리매김하고 있는 것이다. 연구원은 그동안 『교감역주 역대고승비문총서』, 『한국불교소의경전연구』, 『한국불교사상사』, 『가산학보』 등 40여 종의 교학서와 자료집을 발간해 한국불교학을 체계화하는데도 큰 역할을 했다. 특히 2001년 현재까지 제4권을 출간한 불교대백과사전 『가산불교대사림』 편찬사업은 불교학 연구의 새로운 이정표를 제시할 것으로 기대되고 있다.

이밖에 개원 이후 10년간 「세계승가공동체의 교학체계와 수행체계」, 「혜초스님 기념 세미나」를 비롯해 일본 화엄학연구소와의 교류, 독일 헤겔학회 심포지움 개최 등 다양한 세미나와 심포지움을 통해 한국불교의 전승가치와 삼학(三學)의 사회화를 위한 노력을 기울이는 등 전통과 현대를 아우르는 성과들을 이룩해가고 있다.

다음으로 고려대장경연구소는 1993년 3월 고려 팔만대장경의 보존과 계승·발전을 목적으로 설립하였다. 대장경의 연구를 통하여 불조의 혜명을 계승·선양하고 인류 문화의 발전에 기여하는 것을 목적으로 발족하였다.

고려대장경은 다른 대장경에는 없는 희귀 자료들을 갖고 있는 세계문화유산이지만, 활자가 아닌 판본이라는 점에서 불교학의 기본 텍스트로 활용하기에는 한계가 있었다. 연구소에서는 이를 극복하기 위하여 대장경의 전산화에 심혈을 기울였다. 즉 판본의 완전한 보존과 효율적인 전산화라는 두 작업을 병행하면서 불교학 연구의 기초적이고 필수적인 터닦기 작업에 힘을 쏟았던 것이다. 그 결과 1996년 1월 팔만대장경의 전산입력을 완료하였고, 1998년 10월에는 『고려대장경 해제』전 6권을 출간하였다. 또한 2000년 12월에는 고려대장경 전산화본을 제작하였고, 2001년에는 새롭게 CD본을 발표하였다.

끝으로 성철선사상연구원은 1996년 3월 선종의 전통 종지(宗旨)인 돈오돈수의 선풍을 고양하고, 성철스님의 가풍을 선양하기 위해 설립되었다. 재단법인 백련불교문화재단의 부설로서의 연구원은 이와 같은 목적을 달성하기 위하여 선종 정통 종지의 연구, 학술연구비 지원, 전문학자의 양성, 『백련불교논집』 간행, 선관계 자료의 수집·정리 및 번역 등의 사업을 수행하며, 특히 성철스님의 자료 정리에 역점을 두고 있다.

한편 위와같은 학술·연구단체와는 달리 불교문화재를 전문으로 조사, 발간하는 연구원도 이 시기에 활발하게 활동하였다. 즉 1989년 10월에 개원한 성보문화재연구원과 1992년 10월에 설립한 사찰문화연구원이 대표적이다. 성보문화재연구원은 사찰과 박물관 소장의 불화를 전문적으로 조사, 연구하여 『한국의 불화』 1차분 20권을 완간하였다. 불화는 한국 불교문화가 지니는 가장 특징적인 분야로서 일찍이 여타의 불교국가에서는 볼 수 없었던 우리 문화의 진수이다. 이를 체계화하고 대형책자로 간행함으로써 우리 불교회화의 우수성을 다시한번 선양하는 의미있는 역할을 수행하고 있다.

사찰문화연구원은 전국의 전통사찰 860여 개를 대상으로 철저한 현지조사와 문헌 연구 등을 거쳐 도별로 『전통사찰총서』를 간행하고 있다. 또한 『용주사지』, 『봉은사지』, 『낙산사지』 등의 사지(寺誌)를 발간하여 사찰의 역사와 문화재, 인물 등을 종합적이고 현대적인 안목에서 재해석하고 있다.

　이상과 같은 연구ㆍ조사 단체들은 어려운 여건속에서도 한국불교의 저변을 확대하는데 공헌하고 있다. 여기에 머물지 않고 보다 활발한 활동을 위해 불교계의 관심과 지원이 절실한 실정이다.

　이러한 학덕을 갖춘 종단 지도자, 학계에 의해 설립된 다양한 연구ㆍ학술 단체의 등장과 활동은 이후 종단의 연구풍토 함양과 한국불교학의 현대화, 불교학 연구자의 확대 등에 큰 공헌을 하였다.

　1980년대에서 1990년대 초반 불교문화 부문에서 주목할 내용은 불교방송을 비롯한 불교언론매체의 증대를 우선 꼽을 수 있다. 1990년 불교라디오 방송인 불교방송(초대사장 장상문)의 개국은 세계 역사상 최초의 일로서 한국불교사의 신기원이라 할 만하다. 타종교와의 선교경쟁에서 열세를 빚어온 불교가 새로운 도약을 시작한 것이었다. 불교방송은 '깨침의 소리, 나누는 기쁨, 참된 말씀을 바로 펴는 방송, 온 겨레를 하나로 묶는 방송, 나누는 기쁨을 함께 하는 방송' 등을 지표로 정했다. 1988년 12월 불교방송 설립추진위원회가 구성된 이후 종도들의 성원 속에 개국을 맞이한 불교방송은 1990년 5월 1일 서울ㆍ경기 일원을 가청권으로 첫 전파를 띄우며 전파포교 시대를 열었다.

　이와 더불어 1980~90년대 교계의 신문, 잡지의 잇따른 창간으로 불교언론은 양적 발전을 이루었다. 1982년 3월 월간 『해인』이 창간되었는데 이는 이후 지속된 사보(寺報) 창간의 효시가 되었다. 한편 1983년 12월 조계종 총무원에서는 『불교사상』을 발간하였다. 또 1984년 2월 교지와 학술지를 혼합한 『승가』가 중앙승가대학에서 발행되었다. 1985년 6월에는 대중불교시대를 펼치는 잡지 『대원』이 창간되었고, 1984년 11월에는 포교 전문지 월간 『법회』가 등장하였다. 당시 『대원』지는 세련된 편집과 좋은 글로 많은 불자들로부터 사랑을 받아 대중포교에 기여하였으며 이후 『대중불교』로 제호를 바꾸어 깊이있는 기사로 불교의 제반 문제에 대한 해결책을 모색하였다.

　1980년대 후반에는 주간신문과 사보 및 새로운 월간잡지 매체의 등장이 더욱 두드러졌다. 1986년 5월 『불교회보』(화쟁교원 발행)가 『주간불교』로 제호를 변경하면서 신문체제를 띠게 되었고 1988년 5월 불국사가 발행하는 『법보신문』이 창간되면서 가로쓰기, 한글전용 등 교계 신문 형식의 새로운 바람을 일으켰다. 1989년 『해동불교신문』(발행인 강창신)이, 1990년에는 『대한불교』(발행인 이홍교)가 창간되었다. 잡지로는 1989년 월간 『현대불교』와 최초의 불교어린이 잡지인 『굴렁쇠 어린이』, 1992년 대한불교진흥원의 불교교양지 『다보』의 창간이 이어졌다.

이러한 불교 언론매체의 양적 발전은 포교의 효과는 물론이고 불교계의 정보기록과 유통구조를 현대화시켰다. 그러나 재정 취약과 질적 수준 저하, 즉 매체간의 차별성 없는 정보, 현실비판 기능의 부재 등은 이후 불교언론이 감당해야 할 숙제가 되었다.

한편 1980~90년대 초반에 이르는 시기는 불교를 주제로 한 대중문화 작품

불교방송국

이 큰 호응을 얻은 때이기도 하다. 특히 임권택감독의 '만다라'(1981), '아제아제 바라아제'(1989), 배용균감독의 '달마가 동쪽으로 온 까닭은'(1989), 장선우감독의 '화엄경'(1992)은 불교를 소재로 한 영화로서, 국내에서도 큰 각광을 받았을 뿐 아니라 해외영화제에서도 크게 주목받았다. 이러한 작품들은 불교를 소재로 한 대중문화의 수준을 한 단계 끌어올린 영화들로 이후 대중문화에 큰 영향을 미쳤다. 한편 소설부문에서는 선재동자의 구도행을 소설화한 고은의 『화엄경』(1991)이 베스트셀러가 되어 대중의 사랑을 받았다.

이러한 불교를 소재로 한 작품들이 대중의 인기를 끌게 된 것은 1980년대 이후 한국사회 내에서 민족문화와 역사에 대한 관심이 높아지고 그에 따라 불교에 대한 일반의 이해가 심화된 데 따른 것이었다. 대중문화로 다가간 불교 관련 작품들은 불교의 이미지를 깊이 각인시켰고, 불교에 대한 인식을 높이는 데 기여하였다.

대한불교 조계종의 역대 종정과 성철스님

종정(宗正)이란 대한불교 조계종을 대표하는 최고 수반으로서 본종의 신성(神聖)을 상징하며 종통(宗統)을 계승하는 최고의 권위와 지위를 지닌다. 종정이라는 명칭이 최초로 등장한 것은 1908년에 출범한 조선불교 원종(圓宗)의 이회광스님으로부터이다. 이후 종단의 최고 수반으로서의 명칭은 종단의 변천과정 속에서 교정(敎正) 혹은 종정으로 불리다가 최종적으로 1962년 통합종단 대한불교 조계종이 출범하면서 종정으로 굳어져 지금까지 유지되고 있다.

이러한 조계종 종정은 총단의 최고 예우를 받을 뿐만 아니라 국민적인 존경의 대상이 되는 정신적 지도자이다. 대한불교 조계종은 1962년 창종 이래 1999년까지 총 11대에 거쳐 8명의 스님이 종정의 자리를 지켰다. 이들 역대 종정은 다음과 같다.

대한불교조계종의 역대 종정

순 서	법 명	재 임 기 간
초 대	효봉 (曉峰)	1962 ~ 1966
제2대	청담 (靑潭)	1966 ~ 1967
제3대	고암 (古庵)	1967 ~ 1972
제4대	고암 (古庵)	1972 ~ 1974
제5대	서옹 (西翁)	1974 ~
제6대	성철 (性徹)	1981 ~ 1991
제7대	성철 (性徹)	1991 ~ 1992
제8대	서암 (西庵)	1993 ~ 1994
제9대	월하 (月下)	1994 ~ 1998
제10대	혜암 (慧菴)	1999 ~ 현재

이 분들은 모두 당대 최고의 선사들이었다. 즉 대한불교 조계종은 선을 중심으로 기타 수행이나 교학, 염불을 통합하고 있으므로 종단을 대표하는 종정은 반드시 최고의 덕망과 수행력을 갖춘 선사를 추대하였던 것이다.

한편 대한불교 조계종이 출범하기 이전에도 종단의 형성에 직·간접적으로 영향을 미친 종단이 근대 이후 시대별로 여러 개 존재해 왔고 거기에 따라 다수의 종정이 추대되었으며 그 종정들의 대다수가 선의 대종장이거나 대강백으로서 조계종의 가풍을 형성하는데 많은 기여를 하였다.

1908년에 조선불교 원종이 출범하면서 이회광스님이 최초의 종정으로 등장한 뒤, 1911년에 임제종(臨濟宗)이 창종되면서 대강백 경운(擎雲) 스님이 관장(管長)으로 추대되었다. 관장이라는 명칭도 종정과 마찬가지로 종단의 최고 책임자를 일컬었지만, 당시 경운스님이 연로하여 한용운스님이 임시 관장 소임을 맡았다.

1929년에 조선불교선교양종(朝鮮佛敎禪敎兩宗)이 발족하면서 7명의 교정(敎正)이 종단의 수반으로 등장했다. 그들은 한암(漢岩), 한영(漢映), 경운(상기 임제종 초대 관장과 동일 인물), 환응(幻應), 해담(海曇), 용허(龍虛), 동선

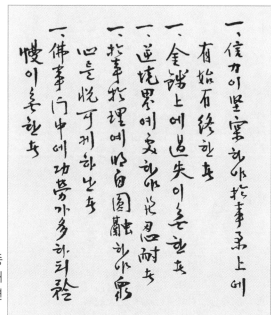

一, 信力이 堅實하야 指事로 上에

有始有終한 者

一, 金錢上에 過失이 無한 者

一, 運塭界예 交친하 忍耐로

一, 指事처理예 明白圓融하야 無

四로 悅可케하난者

一, 佛事門中에 功勞가 多하되 謙

懷이 足한 者

1941년 방한암스님이 이종욱스님을 조선불교조계종 태고사 종무총장으로 추천하면서 그 자격요건을 제시한 글

(東宣)스님이었다. 이들은 모두 당대의 대선사이자 대강백이었다.

1934년에는 선학원 수좌들이 중심들이 되어 결성한 조선불교선종(朝鮮佛敎禪宗)이 창종되었는데, 수석 종정으로 만공(滿空), 종정으로 수월(水月)·혜월(慧月)·한암스님을 추대했다. 1941년 조선불교 조계종이 등장하면서 초대 종정으로 한암스님이 1945년까지 종무를 총괄했다.

1945년에는 다시 종명이 조선불교(朝鮮佛敎)로 바뀌면서 종단의 최고 수반 명칭은 '교정'으로 바뀌었다. 조선불교의 초대 교정은 한영(漢永, 재위기간 : 1945~1948), 제2대 교정은 한암(漢巖, 1948~1951), 제3대 교정은 만암(曼庵, 1951~1954)스님이었다.

1954년에는 정화 운동이 본격적으로 추진되면서 비구승을 중심으로 '불교조계종(佛敎曹溪宗)'이 출범하여 1962년까지 이어졌다. 당시 초대 종정은 만암스님, 제2대 종정은 동산(東山)스님, 제3대 종정은 석우(石友)스님, 제4대 종

성철스님

정으로 효봉스님이 맡으면서 과도기 정화시절의 비구 종단을 이끌어갔다.

이어 등장하는 것이 대한불교 조계종이다. 조계종의 역대 종정 스님들 가운데 현대에 들어 단연 두각을 나타냈던 분이 효봉·청담·성철스님이다.

효봉, 청담, 성철 세 스님은 현 대한불교 조계종을 탄생시키고 종풍을 세우는데 커다란 기여를 한 대종장들이다. 효봉 스님은 1937년에 금강산 신계사에서 깨달음을 열은후 가야총림 초대 방장과 대한불교조계종 초대 종정을 역임하면서 종단의 초석을 다졌다. 청담, 성철 두 스님은 1943년 속리산 복천암 선원, 1944년에 문경 대승사 선원에서 공동 수행하면서 한국불교 개혁에 대한 의지를 세웠다. 당시 스님들은 '한국불교의 살길은 선불교를 중심으로 한 수행가풍을 세우는 것' 이라는데 이의를 달지 않았다. 이후 두 스님은 1947년 봉암사결사에 합류하여 부처님 법대로 살자는 기치 아래 철저하게 수행하여 현

조계종의 수행가풍과 제도적인 기본틀을 세우게 된다. 이후 1954년 불교정화
운동이 시작되자 청담스님은 불교 개혁과 사찰 운영 등 불교 행정에 매진하여
정화불사를 완료하였고, 성철 스님은 수행에 전념하여 조계종의 수행가풍을
실천, 많은 종도들의 귀감이 되었다.

특히 대한불교조계종의 제6대, 7대 종정과 해인총림 초대, 제3, 4, 5대 방장
을 역임한 성철스님은 종단과 불자들에게 지대한 영향을 끼쳤다. 스님은 1993
년 11월 4일 열반에 들었다. 당시 대한민국의 모든 매스컴은 연일 성철스님의
열반을 맞이하여 스님의 생애와 사상을 앞다투어 대서특필하였으며, 이 땅의
많은 사람들이 큰 스님의 열반에 이목을 집중했다. 한 인물의 죽음에 대한 애
도의 물결이 이처럼 장대하면서도 엄숙하게 이어진 일이 없었다고 할정도로
전국적인 추모 인파는 꼬리에 꼬리를 물었다. 대한불교조계종의 상징적 인물
이자 이 시대의 큰 스승이 불자들과 국민들에게 끼친 정신적 영향은 그만큼
일반의 상상을 초월했기 때문이다.

성철 스님은 1944년 문경 대승사에 동안거에 든 이후 10년간 장좌불와,
1947년 봉암사결사의 주역, 1955년 대구 성전암에서 10년간의 동구불출 등으
로 조계종의 수행 가풍을 형성하는데 많은 영향을 주었다. 스님은 1967년 해
인총림 방장으로 취임하여 백일동안 법문을 설하고 용맹정진으로 상징되는
총림의 가풍을 형성하였다. 1981년에는 대한불교조계종 제6대 종정을 수락하
면서 그 유명한 "산은 산이요, 물은 물이로다" 라는 취임 법어를 발표하였다.

스님은 훌륭한 저술을 많이 남겼다. 특히『선문정로(禪門正路)』와『선문정
로평석(評釋)』그리고『한국불교의 법맥』은 돈오돈수(頓悟頓修)의 입장에서
스님의 독특한 조계가풍을 제시하였다. 돈오돈수설에 입각해서 한국선의 연
원과 법맥을 밝힌 것이『한국불교의 법맥』이며, 돈오점수론의 한계를 명확히
지적하고 돈오돈수에 입각한 간화선의 사상적 기원과 실천론을 천명한 것이
『선문정로』와『선문정로평석』이다.

돈오점수(頓悟漸修)란 보조국사 지눌스님이 주장한 것으로 돈오, 즉 몰록

깨달은 뒤에도 번뇌의 습기(習氣)가 남아 있기 때문에 수시로 닦아야 한다는 주장이며 돈오돈수란 한순간 깨우친 이후에는 더 이상 번뇌의 습기를 제거하는 수행이 필요없다는 설이다. 이와 관련하여 성철스님은 『선문정로』에서 깨달음 이후의 살림살이[悟後保任]에 대해 언급하면서 깨닫는 순간 이미 대해탈의 경계에 들어선 이에게 번뇌의 습기는 화롯불의 한 점 눈과 같다고 설파했다. 그러므로 돈오한 이는 "오직 자성(自性)을 원증(圓證)하여 보림무심(保任無心)할 뿐 습기는 문제 삼을 필요가 없다"고 말했다.

이 『선문정로』가 발표된 이후 많은 학술대회가 열려 돈점론의 사상적 실천법에 대한 진지한 연구 발표와 토론이 이어지기도 했다. 이 돈점논쟁은 조계종의 종조논쟁과 더불어 조계종 수행 가풍의 구명을 통한 정체성의 확인 작업이기도 했다. 스님은 이 밖에도 『백일법문』, 『돈오입도요문론강설』, 『신심명·증도가 강설』, 『영원한 자유』, 『자기를 바로 봅시다』, 『돈황본 육조단경』, 『본지풍광』 등을 펴내 간화선에 입각한 선의 참모습을 보여 주었으며, 불자는 물론 일반인들에게도 많은 정신적 감화를 주었다.

3. 개혁종단의 성립과 발전

1) 범종단개혁추진위원회와 개혁회의의 출범

범종추의 성립

1994년은 현대 조계종사에서 또하나의 분수령이었다. 이전의 권위적이고 비민주적인 종단 운영과 관행에서 벗어나 합리적이고 민주적인 종단 운영제도로 쇄신한 시기였다.

1994년 1월초, 석림동문회, 선우도량, 중앙승가대학 동문회, 동국대 동림동문회, 실천불교전국승가회, 전국승가대학인연합, 중앙승가대학 학생회, 동국대 석림회 등 8개 승가단체 대표들이 한국일보 송현클럽에서 '한국불교의 미래를 밝히기 위한 승가 제단체 신년 인사회'를 개최하였다. 이 모임에서 대표자들은 "종단 안팎의 상황에 대해 양심적이고 건전한 제 단체가 능동적으로 대처해 나가기 위해 모임을 지속한다"고 결의하였다. 이로써 그동안 개혁을 바라던 각 단체의 개별적 활동을 지양하고 공동의 연대하에 종단개혁을 추진하기로 합의하게 된다.

곧이어 2월 석림동문회를 비롯한 개혁 지향적인 8개 단체들은 종단개혁의 기치아래 총무원장 3임 저지에 뜻을 모아 '범승가종단개혁추진회(이하 범종추)'를 조직하였다.

범종추 지도부는 종단개혁의 흐름을 확산시키기 위하여 종정과 종단 원로들을 방문하여 입장을 전달하는 한편, 범종추의 조직과 개혁 추진에 역량을 집중하여 갔다. 그리하여 3월 23일 범종추는 중앙승가대학 정진관에서 출범식을 거행하고 대표와 기구 및 운영체계를 공식화하면서 종단개혁 차원에서 서의현원장의 3선을 저지한다는 입장을 공식화하였다. 이 무렵 재가불자 1천

범승가종단개혁추진회 출범식 (1994. 3. 23)

여 명이 상무대 비리 진상규명과 서의현원장의 3선 반대를 선언하였고 대불
련과 동국대 불교학생회 학생들이 동국대에서 농성에 돌입하였다.

　3월 26일에는 범종추 승려 3백여 명이 조계사에서 '종단개혁을 위한 구종
법회'를 입재하고 지도부는 종단개혁 때까지 무기한 단식정진에 돌입한다는
비장한 결의를 천명하였다. 또한 동국대 석림회와 중앙승가대학 학인들 이외
에 해인사 · 통도사 · 송광사 · 운문사 등 승가대학(강원) 학인들이 구종법회
에 참여하기로 결의하여 전국의 학인대중들이 총무원장의 3선 저지와 종단개
혁에 동참하는 흐름이 형성되었다.

　3월 28일에는 지도부의 단식정진이 계속되는 가운데 범종추 소속 5백여 명
이 조계사에서 서의현원장의 3선 결사반대, 상무대 80억 비리 및 종단의 무능
부패의 개선 등을 천명하였다. 나아가 총무원 집행부의 즉각 사퇴를 촉구하고
철야 정진기도에 들어갔다. 한편 총무원 집행부는 종로경찰서장에게 경비 요
청을 하여 공권력의 힘을 빌어 3선을 강행하고자 하였다.

　3월 29일 새벽 서의현원장이 동원한 괴청년 3백여 명이 경찰의 비호 아래

조계사에 난입하여 정진 중이던 승려들을 폭행하고 해산시키려 하였다. 하지만, 스님들은 개혁의 의지로 완강하게 버티었고, 지도부는 총무원 청사 1층 법당으로 들어가 단식 정진을 계속하고자 하였다. 범종추 승려들이 청사 1층 법당에 들어가자 경찰 1600여 명이 조계사 경내에 투입되어 법당에서 정진 중이던 승려들을 쫓아내고 청사를 경비하기 시작하였다. 범종추는 곧바로 조계사 경내 경찰 투입을 강력히 성토하고 총무원장의 퇴진과 경찰 관계자의 사과를 요구하였으나 경찰은 30일 새벽에 조계사 경내에서 농성하고 있던 470여 명을 강제 해산, 연행하였다.

3월 30일 오전 조계사 경내에 경찰의 삼엄한 비호를 받으며 서의현원장은 제112회 임시종회를 열고 제27대 총무원장 선거를 강행하여 거수 표결로 원장에 재선되었다. 이 시각 지하·영담·일면스님 등 종회의원 11인이 종회의 불참을 선언하고 종단 정상화를 촉구하였다. 범종추는 3월 29일 정부의 조계사 공권력 난입을 제2의 법난으로 간주하고 정부의 공식 사과, 총무원장 선출 무효, 서의현원장의 즉각 퇴진을 위한 전 종도의 궐기를 호소하고 지도부는 사무실을 개운사로 옮겨 5일째 단식 정진을 계속하였다. 3월 31일 재가신도들은 재가불자연합을 창립하고 범종추와 함께 종단개혁을 선언하였다. 또한 예비역 법사회 등 많은 불교단체들이 성명서를 내고 범종추의 개혁을 지지하여 대중의 여론은 공권력 비호하의 서의현원장 3임을 반대하는 쪽으로 흐르고 있었다.

그런데 다음 날인 4월 1일 「한겨레」와 「중앙일보」는 3월 29일 새벽 조계사 폭력사태를 야기한 괴청년들이 서의현원장측에서 동원한 조직폭력배라는 사실을 폭로하고 검찰에 철저한 수사를 촉구하였다. 청정해야 할 종교계에 폭력배가 개입되었다는 사실은 온 국민들에게 충격을 던져 주었다. 이에 정당에서도 성명서를 발표하고 검찰·경찰의 철저한 수사를 촉구하는 등 교계에 원장의 퇴진론이 더욱 확산되어 갔다. 이처럼 불교계 대중과 사회 여론의 압력으로 공권력 비호를 통해 서의현원장의 3임 지원을 모색하던 김영삼정권도 급기야 폭력행위에 대한 수사를 시작하게 된다.

서의현원장의 무리한 3선 강행으로 인하여 종도뿐만 아니라 국민으로부터 극심한 비판을 받는 종단의 위기 상황을 수습하고자 4월 5일 대각사에서 혜암 스님을 비롯한 11명의 원로의원들이 원로회의를 열었다. 이 회의에서는 3월 30일 종회의 무효와 종회의원의 참회, 그리고 총무원장의 즉각 사퇴와 전국승려대회 소집 등을 결의하였다. 그러나 서의현원장은 종단 원로들의 결의를 거부하고 승려대회 개최를 금지하라는 종정교시 발표를 유도하였다. 이와 같이 서의현 집행부는 종권에 집착하여 종단은 더욱 혼란이 가중되는 가운데 원로의원들과 범종추 지도부는 조속한 사태수습을 위해서는 전국승려대회를 열어 대중의 뜻으로 총무원 집행부를 퇴진시켜야 한다는 판단 아래 종정의 금지 교시에도 불구하고 대회를 강행하였다.

마침내 4월 10일 조계사에는 원로회의의 결의와 종단개혁을 지지하는 2천 5백여 명의 스님들이 참여한 가운데 전국승려대회가 열렸다. 대회에서 대중들은 종정의 불신임과 원장의 멸빈[승적박탈], 그리고 개혁회의 출범을 결의하였다. 종단 사상 초유로 많은 승려들이 참석하여 원로회의와 범종추의 종단개혁 방침을 지지하자 종단사태는 사실상 개혁으로 완연히 기울었다. 그러나 서의현 집행부는 여전히 공권력에 의지하여 물러나지 않고 있었다. 이에 분노한 대중들은 총무원 청사의 접수를 시도하였으나 공권력의 탄압으로 많은 부상과 연행이 속출하였다. 이에 원로회의 혜암의장을 비롯한 6명의 원로들이 직접 단식정진에 합류하여 3·29, 4·10 법난을 규탄하는 범불교도대회 개최를 결정하였다. 또한 김영삼대통령의 공개 사과와 내무부장관의 해임을 요구하였고 승려대회 참가 천여 대중도 철야농성에 돌입하였다. 이 무렵 산사의 선원에서 고요히 수행만 하던 선원 수좌 백여 명이 천오백여 수좌를 대표하여 조계사에서 비폭력 무저항 정신으로 용맹정진을 시작하였다. 또한 대한변호사협회와 같은 사회단체에서도 종단개혁 지지 성명서를 발표하였다.

4월 12일 문화체육부 차관이 조계사를 방문하여 개혁회의 지도부와 경찰

철수에 대한 의견을 나누었다. 다음 날인 4월 13일 새벽 1시 총무원 청사를 비호하던 경찰이 철수하였고 곧이어 오전 6시 서의현원장은 사퇴하였다. 그럼에도 불구하고 전국에서 운집한 1만 여 불자들은 범불교도대회를 개최하여 김영삼정권의 불교 탄압을 규탄하고 대통령의 공식 사과와 내무부 장관의 해임을 촉구하였다. 그리고 광화문에서 가두 시위를 벌였으며, 다시 총무원 청사로 집결하여 개혁회의 현판식을 거행하였다.

4월 15일 제113회 임시종회를 소집하여 서의현원장의 불신임과 개혁회의법 제정, 종회 해산 등을 결의하여 개혁회의의 합법적인 탄생을 종헌종법으로 뒷받침하였다.

4월 18일에는 원로회의를 개최하여 조계사 경찰 투입을 법난으로 공식 규정하고 대통령 사과를 결의하였고, 4·15 중앙종회 결의사항을 인준하여 개혁회의 의원 99인을 인준하게 된다. 4월 22일에는 교구본사 주지회의를 소집하여 원로회의와 전국승려대회 그리고 제113회 중앙종회 결의사항을 지지하고 개혁회의의 종단운영 방침에 따를 것을 결의하였다.

개혁회의의 활동

개혁회의는 종단의 비상 상황에서 탄생한 최고의 의결기구로서 산하에 총무원을 두고 일상 종무를 처리하면서 종단개혁을 추진하였다. 4월 19일 시무식을 거행하고 총무원 집행부 인선과 산하에 각 위원회 구성에 박차를 가하여 개혁 과제를 심의하였다.

개혁회의는 5대 활동 지표로 ① 정법종단의 구현, ② 불교자주화 실현, ③ 종단운영의 민주화, ④ 청정교단의 구현, ⑤ 불교의 사회역할 확대를 천명하였다. 그리고 10대 실천 공약을 제시하였다. 즉 ① 불교의 근본정신 회복 및 승단 위계질서 확립, ② 교단의 자주성 확립 및 불교 관련 악법 개폐, ③ 교단의 민주적 운영과 재산 공개, ④ 여법한 주지 인사 실시 및 무분별한 가람불사 지양, ⑤ 파벌적 문중의식 타파 및 승가후생 복지 증대, ⑥ 승가교육(기초, 기본, 전문,

재교육)체계 수립 진행, ⑦ 의식법복 의제 정비, ⑧ 포교 활성화 및 사회복지사업 추진, ⑨ 재가불자 종단 참여 모색, ⑩ 인권, 환경 등 사회적 역할 확대를 약속하였다. 이와 같이 개혁회의는 안으로 종단개혁과 불교중흥을 위해 종단 운영 제도의 쇄신과 비민주적 인사의 정화를 목표로 하였고, 대외적으로는 불교의 자주화와 사회 활동의 확대를 지향하였다.

먼저 불교 자주화는 개혁회의 탄생의 본래적 과업이었다. 서의현 전원장은 종단의 위상을 높인다는 미명아래 전두환, 노태우, 김영삼 정권과 유착하여 종단의 자주성과 도덕성을 실추시켰다. 1987년 대통령직선제 개헌운동이 전국을 뒤흔들 때 당시 총무원장은 호헌 지지 성명서를 발표하였고, 6공화국 당시에도 상무대 건설사업을 수주한 전국신도회장으로부터 사업비 중 일부를 시주받아 투명하지 않게 사용한 것이 대표적인 사례이다. 급기야 1992년 대통

개혁불사를 향한 전국승려대회
(1994. 4. 10)

령선거에서 김영삼후보를 지지하여 당선에 일조하면서 정권으로부터 종권 유지를 비호받는 등 물의를 빚어 종단 망신을 자초하였다.

3임을 강행한 서의현원장을 종도의 힘으로 퇴진시키고 출범한 개혁회의는 이 과정에서 원장과 깊이 유착한 정치권력이 공권력을 투입하여 서원장측을 비호하였기 때문에 이를 법난(法難)으로 규정하고 대통령의 사과와 내무부장관의 퇴진을 통하여 불교의 자주성을 실현하고자 하였다. 4월 22일 개혁회의는 대통령에게 공개서한을 보내 답변을 요구하였다. 그러나 정부는 반응이 없었다. 이에 불자들의 결집된 힘으로 규탄운동을 전개하였는데 대한민국 헌정 사상 처음으로 검찰청사 앞에 1300여 명의 불자대중이 줄을 지어 법난을 자행한 책임자인 내무부 장관 고발운동을 전개하였다. 또한 전국 본말사에는 정부를 규탄하는 현수막을 일제히 내걸었다.

그러나 김영삼정권은 종단의 사과 요구를 외면하고 개혁회의 총무원장(재단법인 불교중앙교원 이사장)의 대표성을 인정하지 않았다. 5월 24일 문화체육부장관이 불교 22개 종단 대표와 오찬을 하면서도 조계종을 제외하였다. 이에 개혁회의는 강력히 반발하며 대통령 사과와 법난 책임 추궁 1백만인 서명운동을 전개하였다. 또한 범종추는 '개혁음해를 중단하라'는 성명서를 발표하였다. 6월 5일에는 종단 사상 처음으로 총무원장을 비롯한 집행부가 광주 망월동 5·18민주영령을 참배하였다.

이무렵 법난의 책임자인 내무부장관이 총무원을 공식 방문하여 대웅전에서 부처님께 삼배를 하고 법난에 대해 유감을 표명하였다. 이에 개혁회의는 내무부장관의 사과 방문을 정권이 법난 문제의 해결에 성의있는 자세를 보인 것으로 평가하였다. 하지만 범종추는 6월 19일 성명서를 내고 정부의 보다 진실한 태도와 구체적인 행동을 촉구하였다.

그러나 개혁회의 지도부로서는 종단개혁 과제가 산적해 있었고, 개혁에 반발하는 기득권층이 정권과 결탁하여 개혁에 장애를 초래할 가능성이 있었으므로 정권과 일정 부분의 타협을 모색할 수 밖에 없었던 것이다.[44] 내무부장

관의 사과 방문이 있었던 1주일 뒤 문체부는 개혁회의 총무원장의 종단 대표
성을 인정하는 조치를 취하였고, 7월 초에는 김영삼대통령이 종정과 총무원장
스님을 초청하여 법난에 유감을 표하였다. 이렇게 하여 법난에 대한 대통령
사과와 책임자 문책 요구는 어느 정도 관철된 것으로 평가하고 아울러 정부로
부터 총무원장의 대표성을 인정받는 선에서 마무리하였다. 하지만 이것으로
불교 자주성이 실현되었다고 할 수는 없었다. 불교 자주성의 실현은 곧 종단
사부대중의 원력으로 성취되어야 할 힘든 숙제였기 때문이다.

한편 종단 내부의 개혁불사는 빠르게 진행되었다. 먼저 5월 9일 원로회의는
제9대 종정에 월하스님을 추대하여 승려대회에서 불신임을 받아 공석이었던
종단 법통의 상징을 복원하고 본격적인 개혁활동에 착수하였다.

종단개혁불사는 크게 두가지 방향으로 추진되었다. 종단의 제도개혁과 인
적 개편이 그것이었다. 제도개혁은 민주적 종단 운영체제를 구현하기 위해 종
도의 여론 수렴과 전문가의 참여를 통한 제도 개선에 초점을 맞추었다. 먼저
용주사를 필두로 전국 22개 교구본말사에서 공청회를 개최하여 개혁 여론을
수렴하였고, 각계 각층의 전문가를 초청하여 종책 세미나를 10여 차례 개최하
여 종단개혁에 대한 종책을 수립해 나갔다.

개혁회의 활동 기간에 종헌종법 개정을 통하여 종단 제도는 상당한 변화가
있었다. 종단 운영제도는 종도의 참종권을 확대하는 방향에서 총무원장과 중
앙종회의원의 직선제를 추진하였고 주요 소임의 겸직을 금지시켰다. 총무원
장에게 권한이 집중되었던 것을 약화시키기 위하여 교구본사 주지의 직선제
와 말사 주지 인사권을 교구본사 주지에게 위임하는 교구자치제를 도입하였
고, 교육원과 포교원을 별원으로 설립하여 승가교육과 포교의 전문성과 자율
성을 제도적으로 보장하였다. 그러나 총무원장 직선제는 종단이 올바르지 못
한 세속 정치를 닮아갈 위험이 있다는 우려로 중앙종회의원과 교구 선거인단

---

44) 조계종 개혁회의, 『종단개혁불사 백서』, 1994. p.17

320여 명을 통한 간접 선출로 조정되었다.

개혁회의 과정에서의 성과 가운데 하나는 승가교육체계의 정립이었다. 그동안 승가교육은 거의 출가자와 은사의 뜻에 맡겨져 있었으나 개혁회의는 1995년 이후 출가자는 기초(행자)의무교육 6개월→기본(사미·사미니) 의무교육 4년을 이수해야 정식 승려(비구·비구니)가 될 수 있도록 출가자의 교육체계를 정립하였다. 그리고 나아가 승려가 된 이후 전문·특수 교육과 재교육을 받는 시스템을 교육법 개정을 통해 제도화하였다. 개혁회의는 이를 전담하는 기관으로 교육원을 별원화하여 교육원장에게 인사권과 예산편성권을 보장하여 종단의 백년대계를 책임질 수 있도록 제도화하였다. 또한 개혁회의는 중앙승가대학의 학사이전과 신축불사 추진을 결의하였다.

그러나 재가신도의 교육과 조직, 그리고 종단 참여에 대한 제도개혁에는 가시적인 성과가 없었다. 당시 개혁불사에 동참하였던 재가불자단체들은 중앙종회 구성에 신도 대표 참여를 요구하고 이것이 수용되지 않을 경우 개혁에 협조할 수 없다는 극단적인 입장이었다. 종단은 신도의 종단 운영 참여를 시기상조라고 하였다. 비록 종단 차원의 신도 교육체계 정립과 신도회 대표의 종단 참여가 제도화되지 못하였으나 '사찰운영위원회법'을 제정하여 사찰 운영에 신도 참여를 제도화하였고, '신도법'을 통하여 신도의 자격과 교육의 의무화, 그리고 중앙신도회 등 신도회 구성을 제도화하는 성과가 있었다. 아울러 교육원과 동격의 포교원을 별원화하여 포교와 신도 교화사업을 전담하게 한 것도 개혁회의의 성과였다. 또한 종단의 사회 활동을 강화하기 위하여 종단 차원의 사회복지재단이 설립되었다.

이러한 종단 제도개혁의 진전과 함께 개혁회의는 '해종행위조사특별위원회'를 구성하여 반개혁 인사에 대한 조사와 징계조치를 단행하였다. 해종특위에 의하면 해종행위 조사대상자는 총 143명이었고, 이중 74명이 제소되어 호계위원회에서 60명이 문서견책 이상의 징계를 받았다고 한다. 징계자 중에는 멸빈(승가에서 영원히 추방되는 징계)자가 9명이었다.

 개혁회의는 개혁 방안이 논의되면서 종헌 전문의 개정과 총무원장 직선제 그리고 겸직금지 등 몇 가지 쟁점이 돌출되면서 상당한 내홍을 겪었다. 그러나 만장일치의 합의정신을 존중하여 9월 29일 원로회의가 개정 종헌을 인준하고 개혁회의 의장이 종헌을 선포함으로서 새로운 종단 운영제도를 성립시켰다.

 나아가 개혁회의는 10월 10일 제10차 본회의에서 직영사찰법 제정, 특별분담사찰 지정법 개정을 통하여 새 종단의 재정 기반을 확대할 수 있는 제도를 마련하였다. 이에 종법에 근거하여 조계사, 선본사, 보문사를 직영사찰로 지정하였으며 도선사 · 봉은사 · 연주암 · 석굴암 · 낙산사 · 봉정암 · 보리암 · 내장사를 특별분담사찰로 지정하였다. 또한 선거관리위원회법과 총무원장선거법 등 주요 선거 관련법을 개정한 뒤 활동을 마감하였다.

 이후 11월 21일 총무원장 선거에 월주스님과 월탄스님이 입후보하여 월주스님이 당선되었다. 스님은 11월 23일 원로회의 인준을 받아 제28대 총무원장에 취임하였다.

2) 개혁종단의 출범과 발전, 그리고 시련

개혁종단의 출범과 종단 운영의 쇄신

 제28대 총무원장에 취임한 월주스님은 개혁회의의 종단개혁 정신을 계승 · 발전시키는 것을 제일 과제로 천명할 정도였기에 새로운 집행부는 '개혁종단'이라 칭할 수 있다. 개혁종단은 종단 운영의 기본방향을 네가지로 설정하였다. 첫째, 개혁불사의 정신을 계승하여 새로운 제도를 시행 · 정착시키고 둘째, 교단의 자주성과 대정부 현안 문제를 해결하며 셋째, 이타자리의 보살행 실천을 통한 종단의 대사회적 역할과 위상을 강화하고 넷째, 종단 운영의 공개화, 민주적 의사 결정 구조의 정착화, 종무행정의 체계화이다.

개혁종단은 개혁회의가 전면 개정한 종헌·종법에 의거하여 새로운 종단 운영제도를 정착시키는 데 주력하였다. 승가교육 체계의 정비, 교육원·포교원의 별원화 정착, 사찰운영위원회·중앙신도회 구성·운영, 교구종회, 산중총회, 사설사암 및 법인의 관리 등 새롭게 변화된 종법령의 정착과 미비한 제도를 보완하기 위하여 3년여 동안 45개의 종법령을 개정하였다.

특히 개혁종단은 인사 제도에서 큰 변화가 있었다. 직할교구를 제외한 각 교구말사의 주지 인사권을 본사로 이양하였고, 본사주지 추천권을 교구 산중총회로 이관하여 교구 자치제가 시행되었다.

아울러 개혁종단은 '사찰운영위원회법'에 의거하여 종단 구성원인 사부대중의 공의에 입각한 투명한 사찰 운영이 되도록 위원회 구성을 독려하였다. 또한 신도의 종단 등록사업도 추진하여 신도들이 재적사찰을 정하여 교무금을 납부하고 신도증을 교부받는 새로운 신도등록제도를 도입하였다. 이러한 신도등록사업을 기반으로 1997년 3월 15일에는 교구신도회를 근간으로 중앙신도회를 창립하여 종단 구성의 한 축인 재가신도의 대표조직을 구성하였다.

또한 개혁종단은 종헌 제9조 3항에 의거하여 조계종 승려로서 사설 사암 또는 법인을 설립하였을 경우 종단 등록을 의무화하고 등록하지 않을 경우 조계종도로서 종법에 따른 일체의 공직에 취임할 수 없고, 그 제자의 종단 교육 혜택을 제한하였다. 이것은 조계종의 승려가 개인 자산 또는 신도의 시주로 사찰을 창건하여 종단에 등록하지 않고 분담금도 내지 않으면서 조계종 사찰로 행세하는 것을 막기 위한 조치였다. 개혁종단이 사설 사암 또는 법인에 강력한 제재조치를 취하자 3년간 220여개의 사설 사암이 종단 등록을 하였는데 이것은 이전 대비 185%가 급증한 것이고, 36만평, 2천여 억원 이상의 자산 증대 효과를 가져왔다. 그러나 재단법인 선학원과 같은 법인의 역사와 전통이 깊고 등록사찰 수가 1백여개 이상되는 곳은 집단적으로 종단 등록에 반발하기도 하였다.

개혁종단은 종무행정의 합리화와 체계화에 힘을 기울였고, 이에 상당한 진전이 있었다. 개혁 이전 총무원 중심의 종단운영 구조에서 총무원·교육원·포교원과 중앙종회, 호계원 등으로 구성되는 중앙종무기관이라는 개념이 새롭게 도입되었고, 종무 인력도 효율적인 종단운영을 뒷받침하였다. 종단 운영이 안정적이고 체계적으로 진행되려면 종무행정의 원칙 수립과 각 원 부서간의 유기적인 체계 정비가 필요하였다. 이를 위해 직무체계화, 업무메뉴얼 작성, 종무행정 전산화 사업이 추진되었다. 그 성과로 『종무행정 안내책자』가 발간되었고, 종단 차원에선 처음으로 중앙의 종무행정이 전산화되어 종무의 일대 혁신이 이루어졌다.

나아가 개혁종단은 사찰, 승적, 재산(부동산), 재정 등 종단운영의 기초가 되는 통계자료를 파악하여 종단 자산관리의 기틀을 마련해 나갔다. 특히 종단 재산 실태 파악을 통해 2,378필지 5백만평의 토지를 찾는 성과가 있었다.

개혁종단의 또 하나의 성과는 중앙종무기관 예산의 증액이었다. 종단 중앙 기관이 종무를 집행하고 본말사를 관리하여 한국사회에서 불교 종단 본연의 과제를 구현해 나가기 위해서는 적정한 예산의 뒷받침없이는 불가능하였다. 그 결과 나타난 것이 직영사찰과 특별분담 사찰이었다. 이러한 사찰의 재정 분담 덕분으로 종단은 1994년 이전에 총무원 결산이 20여 억원대에 불과하였으나 1995년에 75억원, 1996년 89억원, 1997년 110억원으로 급증하여 100억원 이상의 재정 기반을 실현하였다.

3) 수행과 교화 활동의 발전

수행은 종단의 근본 가치를 밝히는 길이고 출가수행자의 본분이다. 종단 수행공동체로 가장 핵심적인 수행기관이 선원이다. 통합종단 출범 이후 개혁종단에 이르기까지 선원과 정진대중 수는 지속적으로 증가해 왔다. 하안거 기준 1994년 전국 선원과 정진대중 수는 56개 선원에 1,113명이었으나 1999년에는

77개, 1,640여명으로 꾸준히 증가하고 있다.

조계종 선원 및 정진대중 현황(2000. 8)

구분	선원 수	정진대중 수		합계
		비구	비구니	
1994	56	503	610	1,113
1995	65	568	633	1,210
1996	66	622	667	1,289
1997	70	698	691	1,389
1998	69	700	716	1,416
1999	77	862	778	1,640

※조계종 교육원 『선원총람』

한편 1994년부터 1999년까지 매년 70여개 내외의 선원이 개원되었으며 새롭게 개원되거나 복원된 선원은 16개에 이른다.[45] 그리고 1993년에 개원한 대자암선원을 비롯하여 제주도 남국선원, 백담사 무금선원에서는 무문관(無門關)을 개설하여 6개월, 1년, 혹은 6년의 결사에 들어간 납자들의 정진이 이어졌다. 이렇게 대중방에서 무문관에 들어간 수좌들 외에 홀로 토굴에 들어가 문을 걸어 잠그고 폐관(閉關) 정진에 들어간 스님들도 있었다. 1996년 4월에는 백양사에서 서옹스님을 방장으로 모시고 고불총림(古佛叢林)을 개설하였다. 이로써 조계종단은 해인총림, 조계총림, 영축총림, 덕숭총림과 더불어 5개의 총림으로 늘어났다.

개혁종단은 중앙종무기관의 확충된 재정을 기반으로 승가교육과 포교, 그리고 복지사업에 역량을 집중해 갔다.

---

45) 경주 금련선원, 금산사 서래선원, 백양사 동천선원, 월정사 기린선원, 경주 보리사선원, 성관사 대각선원, 제주도 남국선원, 선운사 참당암선원, 실상사 백장선원, 화엄사 연기암선원, 부석사 봉황선원, 은해사 은부암선원, 신광사 조인선원, 팔성사 성적선원, 설악산 무금선원, 불갑사 무각선원이 그것이다.

  승가교육은 교육원 별원화 이후 4년간 약 100억원대의 예산이 투여되었는데 '기초, 기본, 전문·특수, 재교육'의 승가교육체계가 정비되었고, 각종 교육개혁위원회가 구성되어 활발한 의견 수렴을 통하여 개혁을 추진하였다. 특히 1994년 종단 제도개혁과 교육원 설립 이후 승가교육에서 가장 주목할만한 변화는 1995년 이후 출가자부터 기본교육 4년이 의무화된 것이다. 개혁 이전에는 출가하여 사미·사미니계를 수지하면 승가대학(강원)이나 선원, 혹은 포교에 전력하는 등 본인의 의사에 따라 자유롭게 활동하였다. 즉 의무적이고 통일된 교육과정이 없었던 것이다. 그러나 교육원 설립 이후 엄격한 교육행정의 원칙을 견지하여 출가하면 누구나 4년간의 기본의무교육을 이수하여야 정식 승려가 될 수 있게 하였다. 또한 승풍 진작과 승가위계 확립 차원에서 장삼과 일상복에 가사색 동정을 입는 사미·사미니 의제를 시행하여 예비승 신분인 사미·사미니와 정식 승려인 비구·비구니를 구분하였다.
  2000년에 들어 전국의 강원은 모두 17개로 늘어나 천 여명의 학인들이 경학

교육원 개원식 (1995. 1. 13)

을 연찬하였다. 사미강원은 동화사, 백양사, 범어사 , 법주사, 불국사, 송광사, 수덕사, 쌍계사, 직지사, 해인사, 화엄사, 통도사로 모두 12개, 사미니 강원은 운문사, 동학사, 봉령사, 청암사, 삼선승가대학의 5개였다.

아울러 실상사 화엄학림, 봉선사 능엄학림, 종립 은해사 승가대학원, 운문사비구니승가대학원, 종립 동화사 기초선원, 파계사 영산율원, 봉녕사 금강율원, 어산작법학교 등의 전문 및 특수 교육기관이 신설되었고, 1995년 종단 중진스님 연수회를 시작으로 본말사 주지연수회가 1년에 한 번 정례적으로 시행되었다.

또한 교육원은 1995년부터 국내외 장학승을 선발하여 소정의 장학금을 지원하였는데 2000년까지 연인원 2백명에게 2억원 이상의 장학금이 제공되었다. 개혁불사 이후 종단의 숙원 불사로 일컬어지던 중앙승가대학의 정규 대학 승격이 이루어졌고, 300억원의 건축비용을 마련하여 김포학사로의 신축 이전 불사도 마무리하였다.

교육원의 교재편찬위원회에서는 교육기관의 주요 교재를 편찬하고 있으며, 아울러 역경위원회에서 『불학총서』를 지속적으로 간행하고 있다. 또한 불학연구소는 『강원총람』과 『선원총람』을 간행하여 종단 교육·수행기관의 현황과 사료를 집대성하는 업적을 남겼다.

한편 교육원은 개원이래 매년 동국역경원에 소정의 종단 보조금과 정부의 협조를 통하여 대장경의 역경불사를 추진하여 왔으며, 고려대장경연구소를 중심으로 고려대장경의 전산화에 착수하여 2000년말에 완료하였다. 또한 가산불교문화연구원에서 추진하는 『가산불교대사림』 편찬을 지속적으로 지원하고 있다.

개혁종단의 포교사업은 포교원 별원 승격 이후 '한국불교 중흥을 위한 포교 청사진'을 수립하여 1996년 '불교청소년의 해'를 시작으로 1997년 '전법의 해', 1998년 '신도교육의 해' 등 활발한 사업을 추진하였다. 1995년 전국의 불교교양대학 실태조사를 추진하여 종단 등록제도를 시행하였고, 포교사고시를 시행하여 포교사를 육성해 나가고 있다. 1996년에는 조계종 청소년단체 파라미타를 조직하였고, 1997년에는 전국교사불자연합회를 창립하였다. 또한 전국 본말사에 포교자료를 제공하기 위하여 월간 『법회와 설법』을 간행하였고, 『불교입문』·『불교교리』 등의 신도교육 교재와 『통일법요집』과 같은 종단 차원의 통일의식집을 최초로 편찬하였다.

포교원은 1995년부터 신도의 종단 등록사업을 추진하기 시작하여 조계종 신도증을 배부하였으며, 승가교육체계에 조응하는 신도 교육체계 정비에 착수하였다. 또한 종단 등록 신도를 중심으로 신도회를 구성하여 1997년 중앙신도회를 창립하였다. 1999년부터는 신행단체의 종단 등록을 추진하여 대한불교청년회와 한국대학생불교연합회와 같은 전통있는 단체들이 종단에 등록하였고, 조계종 전국포교사단이 창립의 토대를 닦았다. 또한 개혁종단은 '사찰운영위원회법'에 의거하여 본말사로 하여금 사찰운영위원회를 구성하도록 촉구하였다. 사찰운영위원회의 활성화는 종단 발전의 한 축인 재가신도를 사찰 운영에 참여시킴으로써 주인의식을 고취시키고 사찰과 종단 발전에 신도의 역량을 결집시키기 위한 노력이었다. 그러나 종단의 이러한 노력에도 불구하고 사찰운영위원회의 구성은 전체의 30% 사찰에 불과하였는데, 이것은 본말사 주지스님과 신도들의 사부대중공동체 의식이 부족했기 때문이었다.

포교원 별원화 이후 주목할만한 성과가 군포교에 대한 지원이다. 종단은 1995년 이후 2000년까지 총 18억원 이상의 포교 예산을 군법당 건립에 지원하였으며, 군승단 운영비도 정기적으로 보조하여 군포교 활성화를 뒷받침하고 있다.

한편 '80년 후반과 '90년대 초반에 창립된 불교 학술 단체들은 개혁종단 출범 이후 종단의 지원과 종단 지도층에 있는 스님들의 원력으로 내실을 굳건히 다지며 괄목할만한 성과를 내외에 과시하였고 불교발전의 토양을 기름지게 일구어 나갔다.

문화 · 사회 활동의 전개

1990년 중반 이후 종단은 문화 · 사회적인 측면에서도 상당한 발전을 이루었다. 종단은 우리나라의 국보와 보물급 문화재의 60% 이상을 보유하고 있는 바 전통문화의 중추적인 역할을 담당하고 있으며, 그 보존과 관리의 문제가 매우 중차대한 과제가 아닐 수 없다. 이를 위해 개혁종단은 전문가를 중심으로 성보보존위원회를 구성하여 성보 관리를 보다 체계적으로 해나가도록 하였고, 전국 사찰에서 보유하고 있는 성보문화재 실태조사에 착수하여 사찰에 산재한 성보의 기초자료를 충실히 파악하는 노력을 기울였다. 아울러 종단 교구의 성보 보존을 위하여 총 280여 억원의 국비를 보조받아 14개 교구본사에 성보전시관(박물관) 건립사업을 추진하였다.

1996년부터는 사월초파일 봉축사업을 활성화하기 위하여 봉축기획단을 구성하여 봉축캐릭터와 상징물 개발을 추진하였고, 제등행렬은 연등축제라 하여 온 국민이 함께 할 수 있는 축제적 성격으로 발전시켜 나간 결과, 지금은 외국인들의 관심과 참여가 늘어나 세계적인 축제로 발돋움하고 있다.

국가지정문화재 중 불교성보 현황

국 보		보 물		총 계	
계	불교성보	계	불교성보	계	불교성보
302	154(51%)	1,285	809(63%)	1,587	963(61%)

※문화재청 국정감사 자료, 2000. 8

개혁종단은 대사회적 활동에서 많은 진전을 이루었다. 제28대 총무원이 표방한 사회운동은 '깨달음의 사회화운동' 이었다. 송월주총무원장은 이 운동에 진력하여 종단의 사회적 역할을 제고하고 부처님의 가르침을 사회에 실천하는 보살행을 구현하고자 하였다. 이에 따라 종단 공식 예산 이외에 '깨달음의 사회화운동' 기금으로 약 20억원을 조성하여 노동 · 인권 · 복지 · 환경 · 통일 사업에 보조하였으며, 정신대 할머니들의 보금자리인 '나눔의 집' 설립과 캄

보디아 훈 할머니 초청 등 소외된 이웃을 위한 사업에 깊은 관심과 지원을 기울였다.

나아가 개혁종단은 1995년 2월 사회복지재단과 1996년 4월 사회복지법인 승가원을 설립하여 종단의 사회복지사업을 조직적이고 체계적으로 전개할 기틀을 확립하였다. 특히 조계종 사회복지재단은 불교계의 복지활동을 선도해 나가고 있는데, 1998년 초까지 총 39개의 정부 복지시설을 위탁받아 운영하고 있으며, 연인원 140여 만명의 이용자들에게 복지서비스를 제공하는 성과를 낳았다. 2000년도를 기준으로 불교계에서 운영하는 사회복지 법인 및 단체·시설은 총 390여 개로 파악되며, 사회복지법인 43개, 아동복지시설 135개, 노인복지시설 50개, 청소년복지시설 31개, 장애인복지시설 13개, 종합사회복지관 35개소 등이 활동하고 있다. 1998년 문화관광부 종무실 자료에 의하면 IMF 이후 종교계의 실직자 구제활동에서 불교 11,400명, 개신교 10,200명, 천주교

외국인의 합장

9,930명 순으로 불교계 시설의 수혜 인원이 가장 많은 것으로 보고되었다.

송월주총무원장은 1995년 2월 중국 북경에서 이북의 조선불교도연맹 박태호위원장과 만나 '남북간 상호방문'을 합의하여 불교도들의 통일운동에 신기원을 마련하였고, 이후 매년 부처님오신날 봉축법요식에서 '남북 평화통일 공동발원문'을 발표하여 남북 불교도들이 힘을 모아 민족통일을 기원해 나가고 있다.

개혁종단은 국가의 불교관계 법령을 건의, 시정하는데 노력하였다. 1995년 9월 총무원은 '불교관계 국가법령 개정안'과 1996년 3월 '시정되어야 할 국가법령과 정책'을 조사한 이후 활발한 대정부 활동을 통하여 전통사찰보존법과 동 시행령·문화재보호법·자연공원법·지방세법 시행령·환경보전법 시행령 등 7개의 국가법령을 개정하였고, 종합토지세·부동산실명제 등 정부 정책에 대응하여 종단의 입장을 표명하였다. 또한 부산·광주·대구·청주 불교방송을 개국하여 전국적인 방송망을 확충하였고, 군승 정원 확대, 중앙승가대학의 4년제 정규 대학 승격 등 대정부 숙원 과제도 대부분 실현하였다. 이처럼 불교 관계 국가 법령 개정이나 대정부 현안 문제가 해결된 데에는 종단의 안정과 대사회적 위상 제고에 기인한 바가 컸다.

송월주총무원장은 무엇보다 종단의 사회적 위상을 제고하면서 대정부 현안 문제에 대해 대화와 협의를 통하여 해결하였으며 다른 한편으로는 '전국본말사 주지 결의대회'(1996년 11월)와 같은 대중의 역량을 결집하여 추진하였다. 그 결과 종단의 자주성을 견지하면서 각종 현안문제를 해결할 수 있었고, 이것은 또한 종단의 위상을 높이는 계기가 되었다. 특히 각종 국가 선거에서 종단의 엄중 중립을 선언하여 정교분리 원칙을 지키면서 공명선거운동에 참여하여 이전과는 확연히 다른 종단 이미지를 보여 주었다.

이처럼 1994년 개혁불사를 기점으로 1998년 10월까지 개혁회의와 개혁종단은 다양한 개혁과 변화를 가져왔다. 이러한 종단 운영제도의 쇄신과 발전은 종도의 화합과 종단의 안정 속에서 가능하였다. 그러나 이 기간 동안 종단의 이면에서는 종단의 안정을 저해하는 시도가 끊이지 않았다. 1994년 개혁불사 기간에 해종 행위로 멸빈과 제적의 징계를 받은 자들이 1995년 초에 '총무원장 선출 무효' 소송과 '총무원장 직무정지 가처분' 소송을 세속 법원에 제기하여 종단의 법통에 도전하였다. 개혁종단은 교권과 종단 법통 수호를 위해 소송 대응에 적극적인 노력을 기울였다. 그리하여 1996년 5월 서울지방법원과 1997년 9월 서울고등법원에서 승소한 이래 1998년 2월 대법원에서도 승소하여 종단의 정통성을 지켜 나갔다. 개혁종단은 해종행위자들의 소송에 적극 대응하면서도 개혁불사 당시 불가피하였던 징계자에 대하여 참회하는 이들에게 사면복권을 단행하여 종단의 상처를 치유하고 종도의 화합을 도모하였다.

4) 종단의 내분과 자주성의 수호

제28대 총무원은 개혁회의의 개혁정신을 계승하여 종단 운영에서 일대 쇄신을 가져왔고, 종단 안정과 화합에 각별한 노력을 기울여 비교적 안정된 종단운영 흐름을 유지하였다. 그러나 이면에 불교방송 직원의 공금횡령사건, 홍천사 토지처분 의혹사건, 여의도불교문화원 불사금 횡령사건, 승려도박사건 등이 일어나 종단 분위기를 어수선하게 만들었다. 여기에 종단운영에서 소외된 일부 종회의원들은 중앙종회 안팎에서 이를 정치문제화하여 종단 안정에 이의를 제기하였다.

특히 윤월하종정은 종정중심제로의 종헌 종법 개정과 멸빈자의 사면복권 추진을 총무원장에게 지시하였으나 종단의 흐름상 불가능한 요구였다. 그 결과 종정은 총무원장 중심의 종단운영에 불만을 품고 1997년 종정 사임서를 원로회의에 제출하였다. 그러나 원로회의는 종정의 사임을 임기가 끝날 때까지 받아들이지 않기로 결의하였다. 이에 종정은 직무 수행을 거부하였고 1998년 초파일은 종정의 봉축 법어가 없이 진행되어야 했다.

종단의 법통과 신성을 상징하는 종정의 종단 운영에 대한 불만은 종단 분규의 불씨로 자라고 있었다. 이러한 상황에서 1998년 11월 제28대 총무원장의 임기가 끝남에 따라 차기 종권을 둘러싼 경쟁 양상이 표면화되기 시작하였다.

송월주총무원장은 개혁종단의 성취를 바탕으로 재임을 희망하였고, 상당수의 교구본사와 종회의원들의 지지를 받고 있었다. 그런데 종헌에 '총무원장은 1차에 한하여 중임' 하는 것으로 제한하고 있었는데 이 규정이 어떻게 적용되어야 하는가를 놓고 큰 쟁점으로 발전하였다. 즉 월주스님은 1980년에 총무원장에 선출되었으나 임기 도중에 군사정권에게 '10·27법난' 을 당하여 강압에 의해 사직당한 이력이 있었는데, 1994년 개혁회의에서 '총무원장은 중임' 만 가능하도록 종헌을 개정하였다. 그후 월주스님은 제28대 총무원장에 선출되어 임기를 마치고 다시 제29대 총무원장 선거에 출마하려 했기 때문이다.

월주스님을 지지하는 쪽에서는 현 종헌이 1994년에 개정되어 시행되었으므로 이 제한 규정은 해당하지 않는다는 입장이었고, 반대하는 쪽에서는 최초 종헌 시행 이후 전기간으로 보아 3선에 해당하기에 종헌 위반이라 주장하였다. 이것은 법률 전문가들도 의견이 엇갈리는 매우 미묘한 문제였다.

1998년 9월말 월주스님의 출마를 '3선' 이라 주장하는 후보자와 단체들이 연합하여 '총무원장 3선 출마 반대를 위한 범불교도연대회의' 라는 조직을 발족하였는데, 여기에는 실천불교전국승가회, 석림동문회, 중앙승가대학 동문회, 한국대학생불교연합회 등 14개 단체가 참여하였다.

한편 선거를 한 달여 앞두고 10월 중순 '송월주 총무원장 후보추대위원회' 가 종단 중진들을 중심으로 발족하여 활동을 시작하였다. 그런데 10월말 종정 직무를 거부하였던 윤월하종정은 '종정교시' 를 발표하고 "총무원장의 3선 부당, 종헌종법 개정, 모든 종도들은 제2의 정화불사라는 마음으로 종단을 바로잡길 바란다" 는 내용을 발표해 종단 현안문제에 직접 개입하였다. 이에 '종정예하 교시 봉행위원회' 가 급조되어 11월 4일 조계사에서 사부대중 6백여 명이 참석한 가운데 '종정예하 교시 봉행정진대법회' 를 진행하였다. 총무원장 선거를 하루 앞둔 11월 11일에는 3선반대 연대회의 참여단체 중 선거 참여파들이 이탈한 가운데 250여 명의 승려들이 조계사에서 전국승려대회를 개최하였다. 이들은 이 대회에서 중앙종회의 해산과 총무원장의 해임과 징계, 그리고 선거유보와 '정화개혁회의' 출범을 결의하고 대회 종료후 월주스님의 3선 저지를 명분으로 총무원 청사를 폭력으로 점거하였다. 이것은 종정교시와 승려대회를 빙자하여 종헌질서를 파괴한 1998년 종단사태의 서막이었다.

11월 12일은 제29대 총무원장 선거일이었다. 월주 · 월탄 · 설조 · 지선스님 등이 입후보한 가운데 조계사에는 전국 교구에서 상경한 선거인단이 운집하였다. 청사를 폭력으로 점거한 해종행위자들은 투표함을 탈취하는 등 폭력으로 합법적인 선거를 방해함에 따라 중앙선거관리위원회는 선거를 연기하였다. 11월 14일 청사를 점거한 해종행위자들은 구룡사에서 원로의원들을 초빙하여 불법적인 원로회의 형식을 갖추고 중앙종회 해산 결의를 유도하여 종단을 위기로 몰아갔다. 이에 11월 16일 중앙종회는 봉은사에서 제135회 임시중앙종회를 열고 해종행위자들의 총무원 청사 즉각 반환을 촉구하고 제29대 총무원장 후보자 전원 사퇴와 전국승려대회 소집을 통한 사태의 수습을 결의하고 대회 성사에 역량을 집중시켜 나갔다.

11월 20일 `송월주총무원장의 임기가 끝났으나 차기 원장을 선출하지 못하여 총무부장 도법(道法)스님은 종헌에 입각하여 총무원장 권한대행을 하게 되었다. 이 무렵 청사를 장악한 해종행위자들은 월주스님이 총무원장 후보직을 사퇴하였음에도 불구하고 청사에서 물러나지·않고 11월 26일에는 소위 '정화개혁회의' 라는 불법 단체의 현판식을 거행하여 종단의 종권을 접수했다고 주장하였다. 11월 30일 종헌 질서 수호와 합법적인 사태 해결을 대의명분으로 하는 집행부와 중앙종회, 그리고 대다수 교구본사가 참여한 전국승려대회가 소집되어 약 천오백여 명의 승려들이 참여한 가운데 "종헌 · 종법 수호, 정화개혁회의의 즉각 해산, 총무원 청사 반환, 종정의 탄핵, 해종행위자의 중징계" 등을 결의하였다. 대회 참가자들은 총무원 청사의 반환을 시도하였으나 총무원 점거자들의 저항에 부딪혀 큰 충돌이 일어났다. 이 와중에 총무원은 청사 점거자들을 합법적으로 퇴거시키고자 법원에 제기하였던 '정화개혁회의 퇴거단행 가처분소송'에서 승소하였다. 이에 법원 집달리를 동원, 퇴거를 요구하였으나 정화개혁회의측은 응하지 않았다. 총무원과 중앙종회는 교계 제단체와 연대하여 '종헌·종법 수호를 위한 범불교도대회'를 광화문에서 개최하고 총무원 청사를 불법 점거한 폭력세력을 방치하고 있는 공권력을 규탄하는 가두 시위를 전개하여 정부당국이 사회정의 확립 차원에서 사태의 조속한 해결을 촉구하였다. 12월 23일 정부당국은 폭력세력 척결 차원에서 5천여 명의 경찰을 투입하여 청사를 점거하고 있던 해종행위자들을 연행하였으며 총무원은 공권력의 협조를 얻어 43일 만에 청사에 복귀하였다.

1998년 종단사태는 사회적으로 엄청난 파문을 가져왔다. 승복을 입고 폭력을 휘두르는 모습이 언론과 방송에 수시로 비추어져 국민대중으로부터 외면당하였고, 종단과 승려들의 위상은 극도로 실추되었다. 더구나 종단의 자율적인 역량으로 사태를 수습하지 못하고 공권력에 의존하여 해결하는 한계를 노정하여 종단을 염려하는 종도들의 우려를 더욱 깊게 하였다.

그러나 종단사태는 부정할 수 없는 종단의 현실이었다. 다만, 종단사태를 거치면서 얻은 교훈은 종헌질서를 부정하고 폭력으로 집권하려는 시도는 더 이상 종도대중과 사회가 용납하지 않는다는 사실이었다.

종헌질서를 회복한 종단은 12월 29일 합법적인 선거를 통하여 제29대 총무원장에 고산(杲山)스님을 선출하였다. 1999년 1월 10일 대통령의 축하메시지가 낭독되는 가운데 총무원장 취임식을 거행하고 "참회와 발원으로 초발심을 회복하고 잘못된 구습과 관행을 탈피하는 각고의 노력을 경주해 나가자"고 밝혔다.

3월 25일 부처님 출가절을 맞아 오고산총무원장은 초발심회복운동을 선포하고 출가수행자를 비롯한 2천만 불자들이 초심으로 돌아가 청정가풍을 되살리자고 촉구하였다. 고산스님은 총무원장에 취임한 이후 참다운 수행자 본연

연등회 창립법회 (1996. 9. 16)

의 모습으로써 실추된 승풍의 진작에 솔선수범하였다. 4월에 종단은 원로회의를 개최하고 제10대 종정에 혜암대종사를 추대하여 5월 11일 조계사에서 추대법요식을 거행하여 종단 정상화를 내외에 공포하였다. 9월 총무원장은 조계사 대웅전에서 조계사 성역화사업추진위원회를 출범시키고 총무원 청사 신축 등 조계사성역화불사에 본격적으로 착수하였다.

　그러나 10월 1일 서울지법 민사 42부는 '정화개혁회의' 측이 제기한 소송에서 "고산 총무원장의 자격이 없다"고 판결하고, 총무원장 직무대행자로 '정화개혁회의' 측에서 추천한 도견스님을 지명하였다. 이러한 행위는 종단의 안정과 발전을 회복하기 시작한 전 불교인에게 커다란 충격이었다. 합법적인 선거인단에 의하여 선출되어 대통령의 축하메시지까지 받으며 취임하여 종단 내외에서 힘을 기울여 무너진 종단 위상을 회복시키고자 동분서주하던 총무원장을 재판부에서 자격이 없다고 판결한 것이다.

이에 대하여 불교대중은 종단의 자주성을 유린하는 부당한 판결이라며 재판부를 규탄하였고, 총무원과 중앙종회가 합동으로 법통수호대책위원회를 구성하였다. 또한 '종단 자주성 수호를 위한 사부대중 궐기대회'를 개최하여 대중의 단합된 힘으로 사태 수습을 모색하였다. 그러나 해종행위자들은 세속 법정의 소송 승소를 계기로 소위 '정화개혁회의' 잔존세력을 규합하여 종권 인수를 명분으로 조계사 진입을 시도하였다.

총무원과 중앙종회는 재판부가 종단의 자주성을 침해하였다는 입장에서 범불교도궐기대회를 소집하여 강력히 규탄하면서도 현실적으로 종단 법통이 세속 재판부의 판결로 불법집단에 넘어가는 사태를 막고자 고육지책으로 판결에 대한 항소를 포기하여 총무원장 유고를 인정하되 종헌에 입각하여 총무부장에게 총무원장 권한대행직을 승계시켜 종헌 질서를 유지하였다. 종헌에 의거한 합법적인 권한대행이 선출되자 세속 재판부에서 직무대행자로 지명한 대상자는 존립의 의미가 없었던 것이다. 이렇게 하여 정화개혁회의가 주장하는 종권 인수의 법적 근거를 상실하게 되어 그들의 불법성을 확인시켜 주게 되었다.

종단의 법통을 계속하여 유지하게 된 총무원과 중앙종회는 10월 12일 조계사에서 원로의원, 교구본사 주지, 그리고 종단 사상 처음으로 불교도 1만2천여 명이 참석한 '불교 자주권과 법통 수호를 위한 사부대중 궐기대회'를 열어 재판부의 오판을 규탄하고 원로회의와 총무원, 그리고 중앙종회를 중심으로 사태의 원만 수습을 결의하였다.

이에 종단은 11월 15일 제30대 총무원장 선거를 실시하여 선거인단 318명 중 307명이 투표하여 정대(正大)스님을 새 총무원장에 선출하였다. 정대스님은 원로회의의 인준을 얻어 11월 23일 제30대 총무원장에 취임하였다.

개혁의 시련과 정체성 정립의 과제

종단은 1994년 사회적 파문을 일으키며 개혁불사를 성취하였고, 개혁회의의 정신을 계승한 개혁종단은 4년간 종단 발전을 이룩하였다. 그럼에도 불구하고 1998, 1999년 잇달아 분규가 재연되어 종단은 일시적으로 혼란에 빠졌다.

이것은 1994년의 종단개혁이 나름대로 성과가 있었지만, 수행·정체성·사상적인 측면에서 한계가 있었기 때문이다. 즉 종단운영 제도는 교육원과 포교원을 신설함으로써 수행과 교화 중심의 종단 제도개혁은 실현되었지만, 종단운영의 사상이념을 현대적으로 정립하여 불교대중의 정체성을 확립하는 데에 한계를 보였던 것이다. 종헌 전문 개정이 좌절된 것이 그 단적인 사례였다.

종단의 구성원인 사부대중은 불교공동체로서의 통일된 사상과 규범을 공유하지 못하고 있다. 더욱이 종단 내부에도 세속의 온갖 사상조류와 자본주의

불교자주권과 법통수호를 위한 사부대중 궐기대회(1999. 10. 12)

경제논리가 스며들어 이를 해결하기까지는 많은 노력과 시간이 필요하다. 종단의 사부대중이 정신적인 일체감이 부족하고 종지종풍의 가치와 문화를 내면화하지 못한 상황에서 크고 작은 이해관계가 상충하고 문중·단체·학연·지연 등으로 집단화되어 갈등이 일어나고 있다.

이를 해결하는 길은 먼저 종단 사부대중이 통일된 교육과정을 통하여 불교적 세계관과 가치관을 내면화하고 종지종풍을 중심으로 현실의 문제를 해결해 나갈 불제자로 거듭나야 한다. 조계종의 사부대중이라면 부처님의 교의를 신봉하고 종헌·종법을 준수하는 규범의식을 내면화해야 한다.

종단은 1998, 1999년 잇달은 사태를 겪으면서 다른 어느 가치보다 부처님의 정법과 종헌·종법을 우선시하는 조계종도로서의 사부대중공동체의식, 즉 조계종도로서의 정체성 정립이 매우 소중하다는 사실을 뼈아프게 인식하게 되었다.

시야를 넓혀 보면 한국불교와 우리 종단은 무한한 가능성을 가지고 있다. 국가 지정 문화재의 60% 이상이 불교문화재이고, 1999년 정부의 통계 발표에 따르면 약 천만명에 달하는 인구가 불자로서 타종교에 비해 월등히 높은 비율을 점하고 있다. 또한 1,600여 년의 역사를 이어오면서 우리의 전통 문화로 굳건히 자리잡고 있다.

특히 우리 종단은 부처님의 정법과 한국불교의 정통성을 담지하고 있는 비구·비구니 승단의 전통을 전승하고 있다. 중국과 일본 불교계에서 사실상 전통이 단절되다시피한 간화선 수행 전통은 세계인이 주목하는 독창적인 정신문화이다. 이에 세계 유수의 인재들도 우리 종단의 독특한 수행문화에 귀의하여 출가하는 이가 늘어나고 있다.

이제 한국불교를 대표하는 우리 종단은 1700년 한국불교의 역사와 전통을 계승하면서 시대 대중에 부합하는 수행과 전법교화 체계를 갖추어 한국사회와 인류 세계의 변화와 발전에 기여해야 할 역사적 과제가 놓여 있다.

부처님오신날 제등행렬

참고 문헌

참고문헌

단행본

姜敦求,『韓國 近代宗敎와 民族主義』, 집문당, 1992.

姜東鎭,『日帝의 韓國侵略政策史』, 한길사, 1980.

姜昔珠·朴敬勛,『근세불교백년』, 중앙일보사, 1980.

姜渭祚,『日帝 統治下 韓國의 宗敎와 政治』, 대한기독교성서회, 1982.

高橋亨,『李朝佛敎』, 보문관, 1929

高　銀,『韓龍雲評傳』, 민음사, 1975.

權相老,『朝鮮佛敎略史』, 新文館, 1917.

權相老,『臨戰의 朝鮮佛敎』, 卍商會, 1943.

金敬集,『한국 근대불교사』, 경서원, 1998.

金敬集,『한국불교개혁론연구』, 불교진각종 종학연구실, 2001.

金光植,『韓國近代佛敎史硏究』, 민족사, 1996.

金光植 解題·李哲敎 資料收集,『韓國近現代佛敎資料全集: 解題』전69권. 민
　　　족사, 1996.

金光植,『韓國近代佛敎의 現實認識』, 민족사, 1998.

金光植,『우리가 살아온 한국불교 100년』, 민족사, 2000.

金光植,『근현대 불교의 재조명』, 민족사, 2000.

김승태 편역,『일제강점기종교정책사자료집 - 기독교편, 1910~1945』, 한국기
　　　독교역사연구소, 1996.

金煐泰,『韓國佛敎史槪說』, 경서원, 1988.

김용덕,『효봉선사』, 동아일보사, 1992.

김일엽, 『청춘을 불사르고』, 범우사, 1976.

김정휴, 『백척간두에서 무슨 절망이 있으랴?』, 명상, 1991.

김진태, 『달을 듣는 강물』, 해냄, 1996.

김호성, 『방한암선사』, 민족사, 1995.

김춘명, 『放下着하라』, 일주문, 1999.

도 법, 『화엄의 길, 생명의 길』, 선우도량, 1999.

동 봉, 『평상심이 도라 이르지 말라 - 용성큰스님 어록』, 불광출판부, 1993.

박걸순, 『한용운의 생애와 독립투쟁』, 한국독립운동사연구소, 1992.

박노준 · 인권환 『한용운연구』, 통문관, 1960.

朴雪山, 『뚜껑없는 조선 역사책』, 삼장, 1994.

박희승, 『이제 승려의 입성을 허함이 어떨는지요』, 들녘, 1999.

법 성, 『물러섬과 나아감』, 한길사, 1991.

법성外, 『민중불교탐구』, 민족사, 1989.

서경수, 『불교철학의 한국적 전개』, 불광출판사, 1990.

선원빈, 『한국근대불교의 山脈 17인 큰스님』, 법보신문사, 1992.

신복룡, 『대동단실기』, 양영각, 1982.

安秉直 編, 『韓龍雲』, 한길사, 1986.

六 樂, 『버린후엔 어느곳을 향하는가』, 적선사출판부, 1987.

윤이흠, 『일제의 한국 민족종교 말살책』, 고려한림원, 1997.

윤선효, 『자비보살의 길』, 불교영상, 1990.

원 택 엮음, 『우리 시대의 부처 성철 큰스님』, 장경각, 1985.

여익구, 『민중불교입문』, 풀빛, 1985.

여익구, 『민중불교철학』, 민족사, 1988.

李能和, 『朝鮮佛敎通史』, 보련각, 1982. (新文館, 1918)

이성철, 『한국불교의 법맥』, 장경각, 1976.

李逢春, 『불교의 역사』, 민족사, 1998.

李英茂, 『韓國의 佛敎思想』, 민족문화사, 1987.

李種殷 外, 『李能和研究』, 집문당, 1994.

이혜성 편저, 『혼자 걷는 이 길을 - 이청담 큰스님 법어집』, 상아, 1994.

이흥우, 『경허선사』, 민족사, 1996.

任重彬, 『韓龍雲 一代記』, 정음사, 1974.

임혜봉, 『친일불교론』, 민족사, 1993.

임혜봉, 『불교사 100장면』, 가람기획, 1994.

임혜봉, 『종정열전 1, 2』, 가람기획, 1999.

임혜봉, 『일제하 불교계의 항일운동』, 민족사, 2001.

전보삼 편저, 『푸른 산빛을 깨치고』, 민족사, 1992.

鄭珖鎬, 『近代韓日佛敎關係史研究』, 인하대학교출판부, 1992.

鄭珖鎬, 『韓國佛敎最近百年史編年』, 인하대학교출판부, 1999.

韓普光, 『龍城禪師研究』, 감로당, 1981.

韓普光, 『信仰結社研究』, 여래장, 2000.

한중광, 『경허』, 한길사, 1999.

韓哲曦, 『日本の朝鮮支配と宗敎政策』, 未來社, 1988.

韓鍾萬 編, 『現代 韓國의 佛敎思想』, 한길사, 1980.

洪以燮, 『韓國精神史序說』, 연세대출판부, 1975.

休 庵, 『한국불교의 새얼굴』, 대원정사, 1987.

東國大七十年史刊行委員會, 『東大七十年史』, 동국대학교출판부, 1976.

동국대 석림동문회, 『한국불교현대사』, 시공사, 1997.

만해사상연구회 편, 『韓龍雲思想研究』, 민족사, 1981.

만해사상연구회 편, 『韓龍雲의 3·1獨立精神研究』, 민족사, 1994.

閔鏡潭·道光 編, 『韓國佛敎僧團淨化史』, 한국불교승단정화사편찬위원회. 1996.

민족사, 『朝鮮佛敎各種會錄』影印版. 1996.

불교사학연구소 편, 『韓國 現代佛敎史 日誌』, 중앙승가대학, 1995.

불교사학회 편, 『韓國曹溪宗의 成立史硏究』, 민족사, 1986.

불교사학회 편, 『한국불교인물사상사』, 민족사, 1990.

불교사학회 편, 『韓國佛敎史의 再照明』, 불교시대사, 1994.

불교전기문화연구소 편 『현대고승인물평전』, 불교영상, 1992.

불학연구소 편 『강원총람』, 대한불교조계종 교육원, 1997.

불학연구소 편 『선원총람』, 대한불교조계종 교육원, 2000.

三寶學會, 『資料集成 韓國佛敎最近百年史』, 민족사, 1994 복간.

한국불교근현대사연구회, 『신문으로 본 한국불교근현대사』, 선우도량출판부, 1995 · 1999.

한국불교근현대사연구회 · 불교신문사 『교단정화운동과 조계종의 오늘』, 선우도량출판부, 2001.

吉田久一, 『日本近代佛敎史硏究』, 川島書店, 1991.

吉田久一, 『日本近代佛敎社會史硏究』上 · 下, 川島書店, 1991.

瀧澤 誠, 『武田範之とその時代』, 三嶺書房, 1986.

大谷派本願寺 朝鮮開敎監督府 編, 『朝鮮開敎五十年誌』, 1927.

大西 修, 『戰時敎學と淨土眞宗』, 社會評論社, 1995.

德澤史朗, 『近代日本の思想動員と宗敎統制』, 校倉書房, 1985.

北川弘三, 『淨土宗韓國開敎誌』, 淨土宗傳道會, 1961.

小島 勝 · 木場明志, 『アジアの開敎敎育』, 法藏館, 1992.

小室裕允, 『近代佛敎史硏究』, 同朋舍, 1987.

信樂峻麿, 『近代眞宗敎團史硏究』. 法藏館, 1987.

中濃敎篤 編, 『戰時下の佛敎』(講座 日本近代と佛敎 6), 國書刊行會, 1979.

中濃敎篤, 『近代日本の宗敎と政治』, アポロン社ル, 1968.

中濃敎篤, 『天皇制國家と植民地傳道』, 國書刊行會, 1976.

靑柳南冥, 『朝鮮宗敎史』, 朝鮮硏究會, 1911.

戶頃重基・丸山照雄 編,『天皇制と日本宗教』, 傳統と現代社, 1980.

忽滑谷快天,『朝鮮禪敎史』, 東京, 1930.

論 文

姜敦求,「美軍政의 宗敎政策」,『宗敎學硏究』12, 1993.

강영한,「일본불교의 조선침투과정과 한국의 불교개혁운동」,『종교연구』12, 1996.

강인철,「해방 후 불교와 국가 : 1945~1960」,『사회와 역사』57, 2000.

高橋勝,「明治期における朝鮮開教と宗教政策」,『佛教史研究』24, 1988.

高翊晉,「鏡虛堂 惺牛의 兜率往生論과 그 時代的 背景」,『韓國彌勒思想硏究』, 1987.

광   덕,「용성선사와 새불교운동」,『실천불교』3, 1985.

金敬執,「李英宰의 佛敎革新思想 硏究」,『韓國佛敎學』20, 1995.

金敬執,「鏡虛의 定慧結社와 그 思想的 意義」,『韓國佛敎學』21, 1996.

金敬執,「鏡虛의 戒律觀 硏究」,『彌天睦楨培博士華甲記念論叢 未來佛敎의 向方』, 1997.

金敬執,「鏡虛의 彌勒思想硏究」,『大蓮李永子博士華甲記念論叢 天台思想과 東洋文化』, 1997.

金敬執,「鏡虛의 禪敎觀 硏究」,『한국사상사학』9, 1997.

金敬執,「都城出入禁止의 解除와 그 추이」,『韓國佛敎學』23, 1998.

金敬執,「權相老의 改革論 硏究」,『韓國佛敎學』25, 1999.

金敬執,「近代 講院의 歷史와 敎育過程」,『월운스님 고희기념 불교학논총』, 1998.

金敬執,「近代 元興寺의 創建과 現行細則에 대한 硏究」,『九山論集』3, 1999.

金敬執,「近代佛敎의 硏究 現況과 課題」,『한국종교사연구』7, 1999.

金光植,「白龍城의 禪農佛敎」,『대각사상』2, 1990.

金光植,「日帝下 佛敎界의 總本山 建設運動과 曹溪宗」,『한국민족운동사연구』10, 1994.

金光植,「日帝下 禪學院의 運營과 性格」,『한국독립운동사연구』8, 1994.

金光植,「朝鮮佛敎靑年會의 史的 考察」,『韓國佛敎學』19, 1994.

金光植,「1910年代 佛敎界의 曹洞宗盟約과 臨濟宗運動」,『한국민족운동사연구』12, 1995.

金光植,「1910年代 佛敎界의 進化論 受容과 寺刹令」,『吳世昌敎授華甲紀念 韓國近現代史論叢』, 1995.

金光植,「朝鮮佛敎禪敎兩宗 僧侶大會의 개최와 성격」,『한국근현대사연구』3, 1995.

金光植,「朝鮮佛敎靑年總同盟과 卍黨」,『韓國學報』80, 1995.

金光植,「李英宰의 生涯와〈朝鮮佛敎革新論〉」,『한국독립운동사연구』9, 1995.

金光植,「1930년대 佛敎界의 宗憲實行問題」,『韓國近代佛敎史硏究』, 1996.

金光植,「8·15解放과 佛敎界의 動向」,『佛敎史硏究』창간호, 1996.

金光植,「佛敎革新總聯盟의 結成과 理念」,『重山鄭德基博士華甲紀念 韓國史學論叢 韓國史의 理解』, 1996.

金光植,「朝鮮佛敎學人大會 硏究」,『한국독립운동사연구』10, 1996.

金光植,「1920년대 在日佛敎留學生 團體 연구」,『竹堂李敦熙敎授華甲紀念 韓國史學論叢』, 1997.

金光植,「1926년 불교계의 帶妻食肉論과 白龍城의 建白書」,『한국독립운동사연구』11, 1997.

金光植,「二九五八會考」,『于松趙東杰敎授停年紀念論叢 韓國民族運動史硏究』, 1997.

金光植,「全國佛敎徒總聯盟의 결성과 불교계 동향」,『彌天睦楨培博士華甲記念論叢 未來佛敎의 向方』, 1997.

金光植,「朝鮮佛敎女子靑年會의 창립과 변천」,『한국근현대사연구』7, 1997.

金光植,「朝鮮佛敎禪宗 宗憲과 首座의 現實認識」,『建大史學』9, 1997.

金光植,「1930~1940년대 在日 佛敎留學生 團體 연구」,『韓國近代佛敎의 現實認識』, 1998.

金光植,「1930년대 강원제도 개선 문제」,『僧伽敎育』2, 1998.

金光植,「근대 불교개혁론의 배경과 성격」,『종교교육학연구』7, 1998.

金光植,「白龍城의 獨立運動」,『대각사상』창간호, 1998.

金光植,「일제하 佛敎界의 普成高普 經營」,『한국민족운동사연구』19, 1998.

金光植,「해방직후 제주 불교계의 동향」,『한국독립운동사연구』, 12, 1998.

金光植,「20세기 불교교단의 '자주화' 문제」,『법회와 설법』46, 1999.

金光植,「교단개혁운동의 명암」,『불교평론』창간호, 1999.

金光植,「불교 '정화' 의 성찰과 재인식」,『제8차 금오문도수련회자료집』, 1999.

金光植,「三寶學會의『韓國佛敎最近百年史』편찬 始末」,『인하사학』7, 1999.

金光植,「소설〈寺下村〉에 나타난 1930年代 佛敎像」,『김정학박사송수기념논총』, 1999.

金光植,「일제하 金山寺의 寺格」,『金山寺開山 1400주년기념학술회의 발표집, 金山寺의 歷史와 人物』, 1999.

金光植,「조지훈 · 이청담의 불교계 '紛糾' 논쟁」,『한국민족운동사연구』22, 1999.

金光植,「1930년대 불교계의 反宗敎運動 인식」,『한국학 리뷰』3, 2000.

金光植,「8 · 15 해방과 부안불교승려대회」,『한국민족운동사연구』25, 2000.

金光植,「김법린과 피압박민족대회」,『불교평론』2, 2000.

金光植,「佛敎再建委員會의 개요와 성격」,『근현대불교의 재조명』, 2000.

金光植, 「寺刹淨化對策委員會의 개요와 성격」, 『근현대불교의 재조명』, 2000.

金光植, 「일제시대 불교계 통일운동과 조계사」, 『조계사의 역사와 문화 세미나 발표문』, 2000.

金光植, 「全國比丘僧代表者大會의 始末」, 『근현대불교의 재조명』, 2000.

金光植, 「조종현·허영호의 불교교육제도 인식과 대안」, 『충북사학』 11·12, 2000.

金光植, 「조선불교조계종의 성립과 역사적 의의」, 『조선불교조계종의 창립과 주역연구』, 조계사 창건 91주년 학술토론회, 2001.

김남수, 「50년대 불교분규 발생의 정치적 의미 분석」, 『대불련』 3, 1997.

김남수, 「일제시대 불교계의 사회주의 운동」, 『선우도량』 13, 1998.

金相鉉, 「萬海의 獨立思想」, 『韓國學』 28, 1983.

金相鉉, 「韓龍雲과 公約三章」, 『동국사학』 19·20, 1986.

金相鉉, 「3·1運動에서의 韓龍雲의 役割」, 『李箕永博士古稀紀念論叢 佛敎와 歷史』, 1991.

金淳碩, 「開港期 日本 佛敎宗派들의 韓國 浸透」, 『한국독립운동사연구』 8, 1994.

金淳碩, 「朝鮮佛敎團硏究」, 『한국독립운동사연구』 9, 1995.

金淳碩, 「1930년대 전반기 在朝鮮 일본 불교계의 동향」, 『한국독립운동사연구』 12, 1998.

金淳碩, 「일제의 종교정책」, 『僧伽敎育』 2, 1998.

金淳碩, 「1920년대 초반 조선총독부의 불교정책」, 『한국독립운동사연구』 13, 1999.

金煐泰, 「佛敎革新論 序說」, 『창작과 비평』, 1976년 여름호.

金煐泰, 「萬海의 새불교운동」, 『釋林』 13, 1979.

金煐泰, 「近代佛敎의 宗統 宗脈」, 『崇山朴吉眞博士古稀紀念 韓國宗敎思想史』, 1984.

金煐泰,「경허의 불교사적 위치」,『덕숭선학』창간호, 1999.

김용환,「용성선사의 대각교운동에 관한 연구」,『종교연구』12, 1996.

金義煥,「朝鮮改化黨の幕後の指導者劉大致の活躍と最後」,『조선학보』98, 1981.

김정배,「단재 신채호의 사론과 불교」,『단재 신채호와 민족사관』, 1980.

金知見,「鏡虛禪師散考」,『禪武學術論集』5, 1995.

金知見,「鏡虛禪師 再考」,『덕숭선학』창간호, 1999.

金昌洙,「日帝下 佛敎界의 抗日民族運動」,『伽山李智冠스님華甲紀念 韓國佛敎文化思想史』하, 1992.

金昌洙,「한국 및 인도의 독립운동과 그 역사적 성격」,『만해학보』3, 1998.

金昌洙,「韓國近代佛敎의 改革思想」,『曉城趙明基博士追慕 佛敎史學論集』, 1988.

金昌洙,「韓國獨立運動史에서의 佛敎界의 位相」,『대각사상』창간호, 1998.

金昌淑,「석전 박한영의《戒學約銓》과 역사적 성격)」,『한국사연구』107, 1999.

金春南,「梁啓超를 통한 韓龍雲의 西歐思想 受容」,『玄巖申國柱博士華甲紀念 韓國學論叢』, 1995.

김호성,「결사의 근대적 전개양상」,『普照思想』8, 1995.

김호성,「조선불교유신론의 의례관」,『佛敎學報』36, 1999.

南都泳,「舊韓末의 明進學校」,『歷史學報』90, 1981.

南都泳,「近代佛敎의 敎育活動」,『崇山朴吉眞博士古稀紀念 韓國宗敎思想史』, 1984.

魯權用,「朴漢永의 佛敎思想과 維新運動」,『崇山朴吉眞博士古稀紀念 韓國宗敎思想史』, 1984.

魯權用,「近世開化期 佛敎의 改革理念」,『韓國宗敎史硏究』5, 1997.

菱木政晴,「東西本願寺敎團の植民地布敎」,『岩波講座 近代日本と植民地4:

統合と支配の論理』, 1993.

도면회, 「일제의 침략정책(1905~1919)에 대한 연구성과와 과제」, 『韓國史論』 25, 1995.

로버트 버즈웰, 「국가시대 이전의 한국불교」, 『21세기 문명과 불교, 1996.

覓　丁, 「일본불교의 역사적 성격과 갈등」, 『한국불교의 현실과 전망』, 1986.

睦楨培, 「韓龍雲의 平和思想」, 『佛敎學報』 15, 1978.

睦楨培, 「박한영과 현대불교운동론」, 『실천불교』 3, 1985.

睦楨培, 「김동화의 불교철학 탐구」, 『해방50년의 한국철학』, 1996.

朴杰淳, 「三・一獨立宣言書 公約三章 起草者를 둘러싼 論議」, 『한국독립운동 사 연구』 8, 1994.

朴敬勛, 「근대불교의 僧職제도」, 『僧伽敎育』 3, 2000.

박명수, 「한말 민족주의자들의 종교 이해」, 『한국기독교와 역사』 5, 1995.

박성진, 「1920년대 전반기 사회진화론의 변형과 민족개조론」, 『한국민족운동 사연구』 17, 1997.

박승길, 「일제무단통치시대의 종교정책과 그 영향」, 『현대한국의 종교와 사 회』 1992.

박찬승, 「한말 일제시기 사회진화론의 성격과 영향」, 『역사비평』 32, 1996.

박희승, 「불교정화운동 연구」, 『불교평론』 3, 2000.

박희승, 「智庵 李鍾郁 研究」, 동국대 불교대학원 석사학위논문, 2000.

박희승, 「조선불교조계종의 주역연구」, 『조선불교조계종의 창립과 주역연 구』, 조계사 창건 91주년 학술토론회, 2001.

房慶逸, 「역사적 맥락에서 본 일제하 불교」, 『東國思想』 20, 1987.

배금자, 「종단분규, 어떻게 볼 것인가」, 『불교운동』 3, 1991.

배재민, 「불교 정화운동의 현재적 조명」, 『불교와 한국사회』 3, 1989.

寶印・日眞, 「日帝時代의 佛敎政策과 韓國佛敎敎團」, 『修多羅』 열번째, 1995.

徐景洙, 「韓國佛敎百年史」, 『省谷論叢』 4, 1973.

徐景洙,「日帝의 佛教政策 - 寺刹令을 중심으로」,『佛教學報』25, 1982.

徐景洙,「開化思想家와 佛教」,『崇山朴吉眞博士古稀紀念 韓國宗教思想史』,
　　　1984.

徐景洙,「韓龍雲의 政教分離論에 對하여」,『佛教學報』22, 1985.

송현주,「現代 韓國佛教 禮佛의 性格에 관한 研究」, 서울대 박사학위논문,
　　　1998.

송현주,「근대 한국불교 개혁운동에서 의례의 문제」,『종교와 문화』6, 2000.

申淳鐵,「開港 이후 日本宗教의 國內活動과 그에 대한 反應」,『圓光史學』3,
　　　1984.

申淳鐵,「일본의 식민지 종교정책과 불법연구회의 대응」,『圓佛教思想』17・
　　　18, 1994.

安啓賢,「三・一運動과 佛教界」,『三・一運動 50周年紀念論文集』1969.

安秉直,「朝鮮佛教維新論의 分析 - 그 社會思想史的 측면을 중심으로」,『創作
　　　과 批評』14-1호 1976.

安厚相,「戊午年 濟州 法井寺 항일항쟁 연구」,『宗教學研究』15, 1996.

梁銀容,「李能和의 學文과 佛教思想」,『崇山朴吉眞博士古稀紀念 韓國宗教思
　　　想史』, 1984.

梁銀容,「權相老 佛教改革思想의 研究」,『震山韓基斗博士華甲紀念 韓國宗教
　　　思想史의 再照明』, 1993.

梁銀容,「近代 佛教改革運動」,『韓國思想史大系』권6, 1994.

여익구,「중생해방을 위한 민중불교운동」,『승가』3, 1986.

여익구,「민중불교의 새로운 지평을 열며」,『승가』7, 1990.

圓頓・東日,「日帝下 佛教界의 親日에 관하여」,『修多羅』열번째, 1995.

遠藤一,「淨土眞宗本願寺派朝鮮開教への發端」,『龍谷大佛教文化研究所紀
　　　要』27, 1989.

柳炳德,「日帝時代의 佛教」,『崇山朴吉眞博士華甲紀念 韓國佛教思想史』,

1975.

尹永海,「근대 한국불교의 역사와 과제」,『釋林』26, 1993.

李　萬,「근대불교의 주체적 전개」,『佛教學報』24, 1987.

이경순,「일제시대 불교유학생의 동향」,『僧伽教育』2, 1998.

李光麟,「開化僧 李東仁」,『創作과 批評』가을호, 1970.

李光麟,「숨은 開化思想家 劉大致」,『개화당연구』, 1973.

李光麟,「舊韓末 進化論의 受容과 그 影響」,『世林學術論叢』1, 1977.

李逢春,「근대 佛教改革論의 이념과 실제」,『釋林』26, 1993.

李逢春,「근세 天台宗의 전개와 동향」,『天台學研究』창간호, 1998.

李祥純,「韓龍雲의 社會思想에 關한 一考察」,『梨大史苑』17, 1980.

李相哲,「韓龍雲의 社會思想」,『韓國學報』30 · 31, 1983.

李善榮,「韓龍雲의 大乘的 歷史認識」,『世界의 文學』여름호, 1982.

李性陀,「鏡虛時代의 禪과 結社」,『震山韓基斗博士華甲紀念 韓國宗教思想史
　　　의 再照明』, 1993.

李性陀,「鏡虛禪師의 禪世界」,『韓國佛教學』22, 1997,

李永觀,「日帝의 佛教政策과 韓國佛教」,『釋林』26, 1993.

李英茂,「韓國佛教思想史에 있어서의 韓龍雲의 位置 - 朝鮮佛教維新論을 중심
　　　으로」,『人文科學 研究』14, 1982.

李永子,「白龍城研究序說」,『불교사상』6, 1974.

李永子,「近代 居士佛教思想」,『崇山朴吉眞博士古稀紀念 韓國宗教思想史』,
　　　1984.

李在軒,「근대 한국 불교개혁 패러다임의 성격과 한계」,『종교연구』17, 1999.

李在軒,「근대 한국 불교학의 성립과 종교 인식」, 한국정신문화연구원 박사학
　　　위논문, 1999.

이준식,「일제침략기 기독교 지식인의 대외인식과 반기독교 운동」,『역사와
　　　현실』190, 1993.

李炫熙,「日帝의 文化侵略政策과 그 實際」,『韓國史學』8, 1986.

인권환,「만해학의 성립과 전개」,『현대사의 반성과 만해문학의 국제적 인식』, 1999.

일 문,「80년대 민중불교운동에 대한 고찰」,『釋林』24, 1990.

임도문,「白龍城 祖師의 사상」,『대각사상』창간호, 1998.

임혜봉,「불교계의 친일인맥」,『歷史批評』22호, 1993.

임혜봉,「불교계의 일제잔재」,『일제잔재 19가지』, 1994.

임혜봉,「해인사를 오염시킨 친일승려 변설호」,『일제잔재 19가지』, 1994.

임혜봉,「일제시대 불교 법난사」,『僧伽』12, 1995.

임혜봉,「최범술 - 열렬한 민족주의자였던 기승」,『선우도량』13, 1998.

장석만,「한·중·일 삼국의 정교분리담론」,『역사와 현실』4, 1990.

全寶三,「韓龍雲의 3·1독립정신에 관한 일고찰」,『伽山李智冠스님華甲紀念 韓國佛教文化思想史』하, 1992.

全寶三,「한용운 화엄사상의 一考察」,『萬海學報』창간호, 1992.

全寶三,「開化期 僧侶의 現實救濟와 內省·維新的 傾向」,『國民倫理研究』36, 1997.

鄭珖鎬,「日帝의 宗教政策과 植民地佛教」,『韓國史學』3, 1980.

鄭珖鎬,「'明治' 佛教의 Nationalism과 韓國侵略」,『人文科學論文集』14, 1988.

鄭珖鎬,「日本 침략시기 佛教界의 민족의식」,『尹炳錫教授華甲紀念 韓國近代史論叢』, 1990.

鄭珖鎬,「韓國近代佛教의 '帶妻食肉'」,『韓國學研究』3, 1991.

鄭珖鎬,「日本 侵略 初期의 韓國佛教」,『伽山李智冠스님華甲紀念 韓國佛教文化思想史』하, 1992.

鄭珖鎬,「日帝 侵略時期의 法難 狀況」,『釋林』28, 1994.

鄭珖鎬,「開化期의 革新運動과 佛教(Ⅰ)」,『인하사학』5, 1997.

鄭性本,「滿空禪師의 生涯와 禪思想 研究」,『韓國佛教學』22, 1997.

鄭舜日, 「韓龍雲의 佛敎思想」, 『崇山朴吉眞博士古稀紀念 韓國宗敎思想史』, 1984.

鄭英熹, 「韓末 宗敎界의 敎育活動에 관한 硏究」, 『實學思想硏究』 5·6합집, 1995.

鄭英熹·金炯睦, 「韓末佛敎界의 親日化過程에 관한 硏究」, 『民族文化硏究論叢』 2, 1995.

鄭英熹, 「韓末 日本佛敎의 浸透過程」, 『竹堂李炫熙敎授華甲紀念 韓國史學論叢』, 1997.

정혜정, 「일제하 승가교육의 근대화론」, 『僧伽敎育』 2, 1988.

조원경, 「8·15직후의 불교적 과제와 불교혁신세력활동」, 『불교와 한국사회』 2, 1988.

조종현, 「불교인으로서의 만해」, 『나라사랑』 2, 1971.

蔡尙植, 「한말 일제시기 梵魚寺의 사회운동」, 『韓國文化硏究』 4, 1991.

蔡印幻, 「近代佛敎講院의 履歷制度」, 『崇山朴吉眞博士古稀紀念 韓國宗敎思想史』, 1984.

崔柄憲, 「日帝佛敎 浸透와 '朝鮮佛敎維新論'」, 『震山韓基斗博士華甲紀念 韓國宗敎思想史의 再照明』, 1993.

崔柄憲, 「日帝佛敎의 浸透와 植民地 佛敎의 性格」, 『韓國思想史學』 7, 1995.

崔柄憲, 「근대 선종의 부흥과 경허의 역사적 위치」, 『덕숭선학』 창간호, 1999.

韓啓傳, 「만해 한용운과 건봉사 문하생들에 대하여」, 『萬海學報』 창간호, 1992.

韓啓傳, 「만해사상 형성 배경 고찰」, 『현대 시의 반성과 만해문학의 국제적 인식』, 1999.

韓基斗, 「近代 韓國佛敎의 실학적 傾向」, 『韓國宗敎』 2, 1975.

韓基斗, 「近代韓國의 禪思想」, 『崇山朴吉眞博士古稀紀念 韓國宗敎思想史』, 1984.

韓普光,「龍城禪師의 修行方法論」,『伽山李智冠스님華甲紀念 韓國佛教文化
　　思想史』하, 1992.

韓普光,「龍城禪師의 譯經事業이 갖는 歷史的 意義」,『釋林』26, 1993.

韓普光,「最近世의 萬日念佛結社」,『佛教學報』34, 1997.

韓普光,「龍城스님의 前半期 生涯」,『대각사상』창간호, 1998.

韓普光,「龍城스님의 중반기의 생애」,『대각사상』2호, 1999.

韓鍾萬,「白龍城의 大覺敎 思想」,『崇山朴吉眞博士古稀紀念 韓國宗敎思想
　　史』, 1984.

韓鍾萬,「佛敎維新思想」,『崇山朴吉眞博士古稀紀念 韓國宗敎思想史』, 1984.

한중광,「경허의 선사상」,『백련불교논집』5·6, 1996.

허우성,「만해의 불교이해」,『萬海學報』창간호, 1992.

허우성,「만해와 성철을 넘어서」,『萬海學報』2호, 1995.

洪潤植,「『朝鮮佛敎維新論』의 近代的 意味」,『石金昌洙敎授華甲紀念論文集』
　　1992.

洪以燮,「한용운과 불교사상」,『문학과 지성』14호, 1973.

洪一植,「3·1獨立宣言書硏究」,『한국독립운동사연구』2, 1989.

색　인

감 수

印幻스님
동국대 명예교수

無觀스님
조계종 교육원 교재편찬위원회 위원장

연구 및 집필

金敬執
동국대 불교학과 박사과정 수료, 문학박사, 동국대 강사

金光植
건국대 사학과 박사과정 수료, 문학박사, 부천대학교 초빙교수

金相永
동국대 사학과 박사과정 재학, 중앙승가대학교 불교학과 교수

金淳碩
고려대 사학과 박사과정 수료, 한국국학진흥원 연구원, 고려대 강사

朴熙昇
동국대 불교대학원 석사과정 수료, 문학석사, 조계종 교육원 연구차장

安厚相
성균관대 박사과정 수료, 문학박사, 전 보조사상연구원 간사

李璟珣
서강대학교 사학과 박사과정 수료, 한국불교근현대사연구회 간사

李在軒
한국정신문화연구원 박사과정 수료, 문학박사

韓相吉
동국대 사학과 박사과정 수료, 문학박사, 동국대 강사

曹溪宗史 근현대편

개정 초판 1쇄 펴냄 2015년 02월 23일

엮은이 | 대한불교조계종 교육원
발행인 | 이자승
편집인 | 김용환
펴낸곳 | (주)조계종출판사

출판등록 | 제300-2007-78호(2007.04.27)
주   소 | 서울 종로구 우정국로 67 대한불교조계종 전법회관 7층
전   화 | 02-720-6107~9
팩   스 | 02-733-6708
홈페이지 | www.jogyebook.com
도서보급 | 서적총판사업부 02-998-5847
구입문의 | 불교전문서점 02-2031-2070~3 / www.jbbook.co.kr

ⓒ 대한불교조계종 교육원, 2015

ISBN 979-11-5580-034-8 93220